国家社会科学基金一般项目"农业转移人口城市性测评及其市民化路径研究"（项目编号:18BRK018）成果

农业转移人口
城市性测评及其
市民化路径研究

崔铭香　著

Research on the Urbanization Assessment and
Citizenship Path of Agricultural Transfer Population

中国社会科学出版社

图书在版编目（CIP）数据

农业转移人口城市性测评及其市民化路径研究 / 崔铭香著 . -- 北京：中国社会科学出版社，2024.8
ISBN 978 - 7 - 5227 - 3495 - 8

Ⅰ.①农… Ⅱ.①崔… Ⅲ.①农业人口—城市化—研究—中国②城市建设—研究—中国 Ⅳ.①C924.24②F299.2

中国国家版本馆 CIP 数据核字（2024）第 085380 号

出 版 人　赵剑英
责任编辑　许　琳
责任校对　苏　颖
责任印制　郝美娜

出　　版　中国社会科学出版社
社　　址　北京鼓楼西大街甲 158 号
邮　　编　100720
网　　址　http://www.csspw.cn
发 行 部　010 - 84083685
门 市 部　010 - 84029450
经　　销　新华书店及其他书店

印　　刷　北京君升印刷有限公司
装　　订　廊坊市广阳区广增装订厂
版　　次　2024 年 8 月第 1 版
印　　次　2024 年 8 月第 1 次印刷

开　　本　710×1000　1/16
印　　张　19.75
插　　页　2
字　　数　304 千字
定　　价　118.00 元

前　言

中国特色社会主义进入新时代，我国社会主要矛盾已经转化为人民日益增长的美好生活需要和不平衡不充分的发展之间的矛盾。今后的农业转移人口市民化既要实现量的增加，也要实现质的提升。"推进以人为核心的新型城镇化"一直是我国城镇化发展的底层逻辑。高质量的农业转移人口市民化、以人为核心的城镇化将共同助力于新型城镇化的实现，为实现"人民生活更加美好，人的全面发展、全体人民共同富裕取得实质进展"的 2035 年远景目标奠定基础。

党的十八大以来，我国走出了一条符合自身实际、具有自身特色的新型城镇化道路，千万农业转移人口在城市实现了有序市民化。学界关于农业转移人口市民化的研究已有较为丰富的成果，为该课题的研究提供了有益的借鉴思路。从以往研究来看，农业转移人口市民化即是发展不平衡与不充分的问题、人的现代化问题、人的全面发展问题。

农业转移人口市民化包括退出农村或农业、进入城市和融入城市三个过程。在这三个过程中，实现职业、地域等的转移，再实现其各个方面的融合或融入。现实中，农民原有稳定的价值观念、行为模式、社会联结、生活方式在一定程度上成为了市民化的阻碍因素，降低了市民化质量。由此产生了诸如有研究者早已提出的"都市乡民"，以及身份上已经成为市民，但整体素质未完成重塑，以及仍然存在的半城镇化等问题。

本书认为，提升农业转移人口整体素养、重塑个体属性即，提升城市性将成为提高市民化质量，实现农业转移人口从"新市民"到"市民"转变的关键要素。城市性视角下的农业转移人口市民化即：一方面实现农业转移人口身份与角色的转变，争取形成全体社会成员身份与角色平等的局面；另一方面通过外部赋权与内部增能来提升素养，形成一定的价值观念与行为模式，在新的生活方式与行为模式指引下，提高在城市中适应与发展的能力，以新的角色来履行社会责任与享受权利。由此本书进行了以农业转移人口城市性测评量表及其调查问卷为工具，抽样调查了解农业转移人口城市性现状，总结其城市性及其市民化问题的工作。

农业转移人口城市性测评体系：本书选择了农业转移人口价值观念、思维特质、生活方式、行为模式、人格特质 5 个一级指标，30 个二级指标，60 个三级指标，通过试测与修正，编制了正式的农业转移人口城市性测评量表。

为深入了解农业转移人口在城市生活的基本状况，2019 年 4 月至 2019 年 10 月，本书课题组通过联系外来人口聚居区、工业园区、人力资源机构等选取了农业转移人口流入数量较多的省份（即当前被调查者居住城市），在非工作时间展开了线上调查。调查对象为原户籍地在农村，以务工、创业等形式在城市生活 1 年以上有工作的且从事非农行业的非城镇职工的劳动者。在调查过程中，剔除了部分无效作答问卷，获得问卷 1773 份，再剔除部分小样本城市的问卷后（样本量小于 50 份），获得有效问卷 1585 份。

农业转移人口城市性现状表现：第一，在价值观念维度，农业转移人口的公正观念、平等观念、守法观念、践法观念、责权观念、参与观念、包容观念、保健观念和养生观念的被调查者合格占比均低于 70%，其中公平观中的公正观念和平等观念及健康观中的养生观念合格占比不到 60%。第二，在思维特质维度，农业转移人口的周密思维、辩证思维、分析思维、综合思维、转化思维、更新思维、预测思维、超前思维、全面思维、多元思维、求异思维和求新思维的被调查者合格占比均低于 70%，其中缜密性中的周密思维、整合性中的分析思维、发展性中的预测思维和超前思维、多样性中的全面思维和多元思维、创新性中的求异思维和求新思维合格占比均不及 60%。第三，在生活方式维度，农业转移人口的生活方式所有三级指标被调查者合格占比均低于 70%，其中工作方式中的追求高效、消费方式中的过度消费、学习方式中的交互学习、交往方式中的避免投入和社会疏远及休闲方式中的多样休闲占比均不及 50%。第四，在行为模式维度，农业转移人口的行为模式下的所有三级指标被调查者合格占比均低于70%，其中联结模式中的业缘联结、规范模式中的标新立异、参与模式中的深入参与、支持模式中的来源多样和认同模式中的群体认同占比均不及50%。第五，在人格特质维度，农业转移人口的人格特质中除去崇尚法律和宽厚仁爱外其他所有三级指标被调查者合格占比均低于70%，其中理智性中的精明冷静和讲求实用、高效性中的遵守时间和讲求效率、进取性中的意志坚定、自主性中的独立决断占比均不及60%。

本书课题组通过对农业转移人口城市性影响因素进行实证分析后发现，人口流动政策、社会支持状况，以及农业转移人口家庭状况、工作状况、个体素质、流动经历等是城市性得分高低的重要影响因素。此外，具有以下特征的调查参与者在各个维度得分较低，分别是：年龄在46岁以上；小学及以下学历；父母所在地、爱人所在地、子女受教育城市与自己工作地分离；生活过的城市数量较多；从事建筑、交通运输、家政服务行业；工作时长较长（大于10h）；没有职业资格证书；家中仍有土地（给亲属种植或者弃为荒地）；通过亲友熟人老乡介绍求职；缺少家人、城市人支持。

本书课题组通过调查发现，约60%的调查参与者在价值观念、思维特质、生活方式、行为模式与人格特质方面的得分能达到合格，而近40%的调查参与者得分较低，在各个维度的得分情况与城市性要求仍有差距。主要宏观原因在于当前流动人口政策的执行滞后、城乡文化隔阂以及农业转移人口生存环境限制、个体重塑困境重重等。概括而言，农业转移人口提升城市性还面临如下问题：职业非农化难以深入；户籍居民化制度改革执行有效性较低；居住城镇化实现难度较大；农业转移人口价值观念、思维方式重塑困难；农业转移人口社会行为、生活方式调适滞后；农业转移人口人格重塑矛盾重重等。

实现高质量的市民化，提升农业转移人口城市性可以从如下方面着手：一是实现职业非农化：在政策方面给予农业转移人口倾斜，帮助其就业，增加职业技能培训；二是户籍居民化：提高户籍制度改革的有效性，提高基本公共服务均等化水平；三是居住城镇化：建设好农业转移人口安居工程、促进失地农民村改居货币化、实现农业转移人口社区化居住；四是权益市民化：确保新市民各项权利，做好子女入学工作；五是观念城市化：重点养成科学、开放的现代化生存观念，养成民主、法治的现代化政治观念，养成竞争、高效的现代化经济观念，养成健康、积极的现代化生活观念；六是思维现代化：养成分析思维，提升思维缜密性和整合性，养成决策思维，提升思维发展性和迭代性，养成创造思维，提升思维多样性与创造性；七是社会行为市民化：适应次级社会化联结模式，包容反常规社会规范模式，接受广泛社会参与模式，参与多元化社会支持模式，认可规则式社会适应模式，接纳归属性社会认同模式；八是生活方式市民化：践行平行且高效的工作方式，适应超前化多样化消费方式，适应超负荷去人情化社交方式，构建立体化交互式学习方式，构建多样化文明化休闲方式；九是人格市民化：重点养成理智、尚法、高效、进取、自主、宽容的人格特质。

综上，本书研究的创新之处在于用"农业转移人口城市性"来破解当前农业转移人口市民化质量不高、半城市化等问题，并编制了测评量表对"新市民"城市性发展水平进行了测评。一方面，城市性视角下农业转移人口市民化是农民的终结问题，是实现以人为核心的新型城市化，归根结底是在特定条件下重塑人的特质与属性问题，是人的全面发展和人的现代化问题；另一方面，城市性提升作为实现农业转移人口市民化的主要抓手，将人的素养提升，特质生成作为主要目标，从而破解制度、城乡发展不协调、农业转移人口社会参与不足等问题。

农业转移人口市民化作为人口学重要的研究领域，当前学界在内容上已取得重要进展，研究成果人文关怀价值逐步凸显，面对未来研究问题复杂化、实现高质量发展要求，今仍需对研究问题进行广度和深度上的拓展，以更强的研究力度，形成整合度更高的研究体系与实践性更强的研究成果。在农业转移人口城市性研究方面，当前团队研究较少，跨学科研究成果有待增加，研究成果系统性与操作性有待加强。今后应当以构建中国特色的农业转移人口"城市性"研究体系为研究基本点，将跨学科合作与研究方法现代化并行作为研究转折点，将农业转移人口市民化与城市性提升的信息化研究作为创新点，将农业转移人口城市性的测评与提升机制研究作为研究生长点，实现农业转移人口城市性研究的转折与生长。

　　社会急剧转型、经济的高速发展是加速人口区域流动的根本原因，人类自然而然会追求更加方便、更加舒适的生活。当前，中国特色新型城镇化宏伟蓝图正在逐步实现，城市工业化、信息化发展为人的现代化发展提供了优良的条件。"城市，让生活更美好"，表征着城市化在人类生存生活中的重大意义。在城市化过程中，提升人的城市性是贯穿人的城市化过程始终的牵引线，人的无形城市化就体现在人的城市性的提升过程中。农业转移人口城市的提升将带来高质量的市民化，从而为加快我国的城市化助力，带动我国经济的繁荣发展，为早日实现"两个一百年"奋斗目标贡献力量。

目　录

第一章

绪　　论

第一节　研究缘起与研究意义

一　研究缘起

随着我国新型工业化、信息化和农业现代化的深入发展和农业转移人口市民化政策落实落地，10 年来，我国新型城镇化进程稳步推进，城镇化建设取得了历史性成就。据第七次人口普查主要数据，居住在城镇的人口为 90199 万人，占 63.89%。[①] 但仍然存在较多流动人口，人户分离人口为49276 万人，其中，市辖区内人户分离人口为 11694 万人，流动人口为37582 万人，其中，跨省流动人口为 12484 万人。与 2010 年相比，人户分离人口增长 88.52%，市辖区内人户分离人口增长 192.66%，流动人口增长 69.73%。[②] 我国经济社会持续发展，为人口的迁移流动创造了条件，同时流动人口也为我国经济社会的发展作出了重要贡献。在此背景下，我国城镇化的稳步推进面临新的课题。

"有序推进农业转移人口市民化"[③] 在 2014 年被写入了《国家新型城镇化规划（2014—2020 年)》，成为国家战略的重要组成部分。在实践中，关于推进农业转移人口市民化的各项政策措施在不同的层面上不断推出。

[①]　国家统计局：《第七次全国人口普查主要数据情况》（2021 – 5 – 11）［2022 – 6 – 21］，http：//www. stats. gov. cn/xxgk/sjfb/zxfb2020/202105/t20210511_ 1817195. html。

[②]　国家统计局：《第七次全国人口普查主要数据情况》（2021 – 5 – 11）［2022 – 6 – 21］，http：//www. stats. gov. cn/xxgk/sjfb/zxfb2020/202105/t20210511_ 1817195. html。

[③]　中共中央国务院：《国家新型城镇化规划（2014—2020 年)》（2014 – 03 – 16）［2021 – 02 – 01］，http：//www. gov. cn/zhengce/2014 – 03/16/content_ 2640075. htm。

党的十八大之后的五年，城镇化率年均提高 1.2 百分点，8000 多万农业转移人口成为城镇居民①。2019 年，近 1400 万农业转移人口在城镇落户②，户籍人口城镇化率达到 44.38%。③ 2021 年政府工作报告指出，"1 亿农业转移人口和其他常住人口在城镇落户目标顺利实现"④。推进农业转移人口市民化一直是我国新时期建设中国特色社会主义的重大战略部署。21 世纪以来，党中央、国务院不断出台促进农业转移人口就业和市民化的政策，支持和鼓励农业转移人口市民化。"十五"计划以"农民工就业"为重点，"十一五"规划以保护农民工合法权益为中心，"十二五"规划期间开始推进农业转移人口市民化，"十三五"规划期间形成完备的政策体系，在新型城镇化的背景下推进农业转移人口市民化⑤。

中国特色社会主义进入新时代，我国社会主要矛盾已经转化为人民日益增长的美好生活需要和不平衡不充分的发展之间的矛盾。⑥ 今后的农业转移人口市民化工作，既要实现量的增加，也要实现质的提升。如何从形式完成质量的提升，将是今后一个时期的重要主题。"加快农业转移人口市民化"是党中央根据我国现阶段国情，把握经济社会发展与改革进程而做出的目标要求。《中共中央关于制定国民经济和社会发展第十四个五年规划和二〇三五年远景目标的建议》重申"推进以人为核心的新型城镇化"⑦，即农业转移人口市民化工作的实质性进展，其底层逻辑就是"以人为核心"，真正促进农业转移人口从"经济人"到"社会人"的转变。高

---

① 习近平：《决胜全面建成小康社会 夺取新时代中国特色社会主义伟大胜利》，《人民日报》2017 年 10 月 28 日第 1 版。

② 《国务院 2019 年政府工作报告》［DB/OL］，（2019 – 03 – 15）［2021 – 02 – 01］，http://www.gov.cn/zhuanti/2019qglh/2019lhzfgzbg/。

③ 张金萍：《提高农业转移人口市民化质量》，《宏观经济管理》2020 年第 9 期。

④ （两会受权发布）《政府工作报告》（2021 – 03 – 12）［2022 – 06 – 21］，http://www.xinhuanet.com/politics/2021 – 03/12/c_ 1127205339. htm。

⑤ 祁晓玲、罗元青、宋周等：《农业转移人口市民化理论及政策研究》，人民出版社 2019 年版，第 284 页。

⑥ 习近平：《决胜全面建成小康社会 夺取新时代中国特色社会主义伟大胜利》，《人民日报》2017 年 10 月 28 日第 1 版。

⑦ 《中共中央关于制定国民经济和社会发展第十四个五年规划和二〇三五年远景目标的建议》，《人民日报》2020 年 11 月 4 日第 1 版。

质量的农业转移人口市民化、以人为核心的城镇化将共同助力于新型城镇化的实现，为实现"人民生活更加美好，人的全面发展、全体人民共同富裕取得实质进展"的 2035 远景目标奠定基础。

城市性是城市人心理与行为总体特征的重要体现，是农业转移人口市民化的重要参照指标。此视角下的农业转移人口市民化以提高农业转移人口城市性为目标，一方面，重点针对农业转移人口在身份上已经成为市民或者在地域上已经在城镇但是城市性不足的问题，或者城市化过度但城市性不足的问题，即解决部分研究者提出的半城镇化、隐性户籍、市民化过程中农业转移人口交往内卷化等问题；另一方面，以此来提高农业转移人口市民化质量，促进农业转移人口市民化，提高人民生活质量，推进新型城镇化。

二 研究意义

（一）学术价值

1. 有助于深化对农业转移人口城市融合和市民化的理性认识

城市性的测评和提升作为农业转移人口市民化、城市融入、城市适应的重要抓手，以往较少受到研究者的关注，在农业转移人口城市融入、市民化的制度性障碍及相关支持政策得以"破冰"后，农业转移人口获得城市性自我形塑便显得尤为重要。本书拟系统、清晰地厘清农业转移人口城市性基本内涵、构成要素、测评体系，对农业转移人口城市性从理论上作出系统剖析，从而有助于深化对这一主题的理性认识。

2. 有利于拓展对农业转移人口问题导致的公共事件的认知

农业转移人口虽然迁移到城镇，如果城市性缺失，不能真正市民化，就会感觉自己既不是农村人，也不像城市人，两栖与边缘的社会生活状态，容易导致一些仇富、怨恨等社会心态甚至违法犯罪等行为发生，这些行为和事件将会影响社会的稳定与和谐。而以上事件的发生很大程度上在于农业转移人口没有归属感、安全感，在于其城市性不足，很难成为真正的城市人。由此，开展关于农业转移人口城市性测评及其市民化路径的理论研究，有利于增强解决农业转移人口问题导致的公共事件的理论阐释力。

（二）应用价值

1. 有利于促进农业转移人口城市性的获得和市民化

党的十九大报告指出，要"以城市群为主体构建大中小城市和小城镇协调发展的城镇格局，加快农业转移人口市民化"。本研究着眼于农业转移人口的城市性的测评与提升，通过揭示他们的城市性现状，提出促进农业转移人口城市性提升的策略，有利于农业转移人口通过自身的主体性努力，获得城市性，顺利融入城市，实现市民化。

2. 有利于为政府制定相关农业转移人口政策提供指导和借鉴

开展农业转移人口城市性的测评及其市民化路径研究，一方面有利于农业转移人口城市性的获得，为农业转移人口城市素质提升、本领增强奠定良好基础；另一方面也将为政府制定农业转移人口教育培训、市民化等相关政策提供重要支撑，为应对农业转移人口问题导致的社会公共事件提供指导和借鉴。

第二节　农业转移人口市民化研究综述

学术研究中关于农业转移人口市民化的讨论也从未止步，随着政策的改革与实践问题的发展，农业转移人口市民化的研究经历了研究问题的复杂程度增加、研究成果数量的下降、研究方向与研究方法的变革、研究对象与研究视角的扩展等的发展变化。本部分采用知识图谱工具 Citespace 对农业转移人口市民化相关研究的文献概况、关键词、突现词等进行可视化分析，基于对农业转移人口市民化相关研究文献的挖掘，对农业转移人口市民化的内涵、现状、影响因素、实现路径等关键观点进行梳理与分析，以期对后续相关研究提供参考。

一　研究回顾设计概述

本书采用标准化文献可视性量化分析技术和总结式描述方法，对关于学术论文写作研究的期刊、报纸、学位论文、会议论文等文献进行具体分析和描述。在文献选择上，本研究以"CNKI"（中国知网）数据总库作为文献来源，采用一框式检索的方式进行了跨库检索，全面收集相关文献。将检索条件设置为"主题＝'市民化'"或者"关键词＝'市民化'"或者"篇名＝'市民化'"采用模糊匹配，检索日期为 2019 年 5 月 17 日。检索合计得到文献 5986 篇，其中博士学位论文 228 篇，硕士学位论文 1017 篇。为进一步提升数据分析的准确性，对会议通知等无关文献进行了删除，最终得到文献总数为 5874 篇。根据研究和分析的需要，本研究结合运用文献题录信息统计分析工具 SATI 对年发文量、作者发文量分析，并采用文献分析工具 Citespace 对作者、机构、主题词进行聚类分析以说明学术论文写作的研究现状。

（一）总体发文图谱分析

本书将处理后的 5874 篇文献输入 SATI 进行年份提取，并应用 Excel 绘制成发文总量时间图，如图 1 - 2 - 1。从图 1 可知，我国关于市民化研究发文量从 1989 年起至今总体呈现出先上升后下降的趋势。在 2001 年前平均文献在 10 篇以下，增长很缓慢。2002—2009 年呈现较为缓慢的增长，发文总量也逐渐突破了 100 篇。2009—2015 年急速增长，短短七年间，发文总量翻了将近五倍。然后，从 2016 年开始发文总量逐渐下降，尤其是 2017—2018 年，成倍下降。由此可见，研究者们对于市民化相关研究的关注度起伏较大。

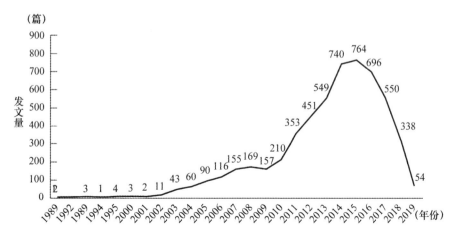

图 1 - 2 - 1　农业转移人口市民化研究总体发文趋势分析

(二) 作者图谱分析

笔者将知网检索文献输入文献题录信息统计分析工具 SATI 进行作者发文量统计分析，取发文量前 20 名制成图 1 - 2 - 2，以此探究我国"市民化"研究的核心研究学者。表中显示刘传江发表论文数量最多，共计 25 篇。发文量达到 10 篇的作者有 18 位，绝大部分作者在此领域只发表了一篇相关论文。依据普莱斯定律发文量在 4 篇或 4 篇以上的作者可视为该领域的核心作者。统计核心作者为 214 人，总发文量为 1227 篇，约占发文总量的 20%，这意味着该主题学术论文写作研究领域尚未形成稳定的核心研究者群。

在 Citespace 中，将分析项目设置为作者（author），时间切片设置为 10 年，阈值设置为（2，2，20）（4，3，20）（4，3，20），绘制研究者合作可视化网络图 1 - 2 - 3，共有 158 个节点和 38 根连线。图中圆环代表这个研究者的发文历史。圆环的颜色代表相应的发文的时间，一个圆环的

作者	发文量
刘传江	25
文军	17
黄锟	15
吴业苗	14
丁静	14
郑爱翔	14
刘小年	14
王竹林	14
何晓红	12
高君	12
杨风	12
姜作培	12
何玲玲	11
韩俊	11
李强	11
张国胜	10
李学坤	10
贺文华	10
刘洪银	9
张铁军	9

图 1 - 2 - 2　发文量前 20 的作者汇总

图 1 - 2 - 3　作者合作图谱

厚度与此时间分区内发文量呈正比例关系，圆环越厚，发文数量越多。从图中可以看出发文最高的是刘传江，与统计表一致。若两个作者出现在同一篇文章中即视为一次合作，图中作者分布比较松散，比如，发文量高

的作者刘传江并没有连线，意味着他与其他学者间没有合作，同时发文量较多的学者大多数都是"单打独斗"进行市民化的相关研究。

总之，基于图表，在市民化研究领域中研究者暂未形成稳定的核心研究者群，也尚未形成紧密的合作网络。

（三）机构图谱分析

Citespace 是通过对用户收集的文献题录数据进行分析，知网包含 PT（文献类型）、AU（作者）、SO（期刊）、DE（关键词）、AB（摘要）、C1（机构）的数据。而在知网收录的文献中，作者在介绍自身机构时通常采用的表述方式是作者所在学校的学院，因此 Citespace 在机构合作分析的图谱中会呈现出以学院为单位的节点，因此在图谱的连线较多呈现的是某一院校间不同学院间的合作。鉴于知网的"计量可视化分析"对研究机构划分更为明确清晰，故本研究再结合知网的"计量可视化分析"和 Citespace 的机构合作图谱对于研究机构进行分析，绘制成机构合作图 1-2-4。

知网统计结果为武汉大学研究成果最为丰富，共计 91 篇。在 Citespace 的图谱中最大的节点却并不是武汉大学，作者在机构表述中的学院划分是一个重要原因。图中清晰可见在少有的连线中就有武汉大学经济与管理学院、武汉大学经济发展研究中心和武汉大学人口资源环境经济研究中心的合作。也同样是因为作者在机构表述中的学院划分，使得部分学校的学院被单列，但是因为学院间没有合作，故而即便是同一所学校依旧没有连线，如图中中南财经政法大学和中南财经政法大学财经学院就是典型的例子。为了清晰地呈现图谱，故而一些节点较小相关研究成果较少的学院并不能清晰地在图谱中呈现。这也就是为何图谱中的节点与知网统计属性图并不完全一致的主要原因。通过 Citespace 的机构合作图谱和知网统计图谱的结合分析中体现了现在对于市民化的研究中并没有表现特别突出的研究机构。虽然武汉大学的成果最多，紧随其后的华中师范大学在研究成果总量上与其相差也并不大。更值得关注的是各大学院在相关研究中缺乏合作，甚至同学校间的学院间合作也较为匮乏。而农业转移人口市民化问题的解决不仅仅牵涉人口学，还涉及经济学、政治学、社会学等其他学科，因此需加强学院间、学校间的合作，打破当前研究机构"各自为营"的局面。

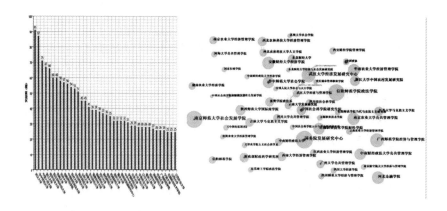

图 1 -2 -4　机构合作图谱

二　农业转移人口市民化现状的研究

为更加全面与深入地了解农业转移人口市民化研究现状，以下将从不同维度、不同视角对农业转移人口市民化已有研究进行回顾。

（一）不同理论视角下的农业转移人口市民化现状

社会排斥视角下的农业转移人口市民化现状：社会排斥理论原是西方国家用来研究弱势群体的一个社会理论，已成为一个成熟的理论研究范式，对社会政策产生了重要影响。熊光清指出，在转型时期的中国，农民工这一社会群体正在面临政治、经济、公共服务和社会关系等方面的排斥，更为严重的是，这一问题同样也是老一代农民工所面临的，排斥并没有随着中国经济的发展和农民工的代际更换而减轻①。朱洁琼以社会排斥为切入点，对江苏省徐州市新生代农民工社会排斥现状进行了研究，其研究表明新生代农民工正面临着政治、经济、文化、社会保障及其户籍方面的被动排斥和自我认同的主动排斥等问题，其工资低于全市平均工资，从而限制了消费能力，其参政意识淡薄，也缺少参政机制，虽然新生代农民工学历不低，但是，与城市市民相比，依然较低。此外，新生代农民工自

①　熊光清：《新生代农民工社会排斥问题分析——基于五省市的实地调查》，《学习与探索》2014 年第 6 期。

我认同较低，对自己对城市的贡献较为迷茫①。

社会差异视角下的农业转移人口市民化现状：社会差异视角源于参照群体理论，个体的满足感源于个体与参照对象的差距值。在农村，农民以村里人为参照，其意识不到差距，进入城市后，农业转移人口基本以城市居民作为参照，差距凸显。李冰水根据其调研数据发现，新生代农民工面临制度身份、文化、就业、社会保障、教育等方面的差异。新生代农民工社会差异感受到工作与行业影响较小，而受到家庭负担、教育年限、技术级别、个人能力和家庭状况等直接影响较多②。

社会资本视角下的农业转移人口现状：当前仍然在探索社会资本与农业转移人口市民化的相互关系，已有研究中对社会资本与农业转移人口市民化相互作用认识的出发点是类似的。社会资本作为一种社会资源，从根源上影响农业转移人口市民化，其拥有量对农业转移人口得到相关社会资源的数量和个人心理状态有较大的影响。洪玉婷根据中国社会科学调查中心提供的中国家庭追踪调查数据得到如下发现：在求助途径方面，当前农民工在城市中寻求帮助的对象以亲人和家人为主，社区、社会组织和政府部门较少；在城市社会人际交往方面，34.7%选择与同城老乡交往，24.6%选择与当地朋友交往，22.6%选择与工作同事交往，三者比例在近几年都处于微上升状态，而12.7%处于无社交状态，在近几年也无变化；在随迁子女学校待遇方面，96.7%认为子女在学校未受歧视对待；这反映出当前农民工在社会资本方面依然面临人缘关系弱、社会活动参与度低、歧视现象仍然存在等问题③。

政治参与视角下的农业转移人口市民化现状：作为我国公民个体的农业转移人口，其政治参与不仅是个人自身政治权利的实现问题，更关系到社会稳定和政治经济建设。吕朔对武汉市新生代农民工进行了调查，对农民工政治参与的各维度表现进行了数据描述，发现其政治需求上升但是其

①　朱洁琼：《新生代农民工社会排斥研究》，硕士学位论文，江苏师范大学，2018年。
②　胡宏伟、李冰水、曹杨、吕伟：《差异与排斥：新生代农民工社会融入的联动分析》，《上海行政学院学报》2011年第4期。
③　洪玉婷：《社会资本对农民工市民化的影响研究》，硕士学位论文，山东财经大学，2019年。

政治参与度较低，同时，政治参与渠道有限，政治参与效能感也较低①。

除以上四个主要视角以外，还有学者从其他视角对农业转移人口市民化现状进行了研究。赵阳基于公共文化服务均等化的视角，指出当前农民工市民化面临政府公共服务理念不强、服务水平不高、公共文化服务资源不足、文化生活单调的问题，其收入差距导致了公共文化服务消费不均等②。杨丽莎从以平等和共享为核心的包容视角出发，指出当前农民工市民化存在就业机会不均等、社会福利待遇不平等、市民化意愿与心理融入度不高、市民化成本较高等问题③。

综上所述，当前的研究已经从不同视角对农业转移人口市民化进行了研究，对该问题已经有了理论方面和实证方面的积累，但仍处于起步阶段，更加深入的专题研究与实证研究还有待探索。从实践角度来看，不同视角下农业转移人口市民化状善目前正在得到改善，但是情况仍不容乐观，其总体的市民化还需要更有实践性的对策来推进。

（二）不同区域的农业转移人口市民化现状

总体来看，中国农业转移人口数量庞大，市民化程度有限，总体规模呈扩大趋势，但是其增速在放缓，本地农业转移人口数量在增加。同时，不可否认东部地区的吸引力是最大的，但2011—2016年西部地区的吸纳力在逐步增强。经济快速发展对农业转移人口的就业技能提出了更高的要求，即使农业转移人口受教育程度较高，半数以上为高中毕业，但是仍然达不到用工单位的要求，而接受技能培训的农业转移人口比重较低且有下降的趋势。此外，农业转移人口年龄呈上升趋势，并且出现返乡与回流现象④。

---

① 吕朔：《新生代农民工政治参与的路径研究——以武汉市农民工调查为例》，《荆楚学刊》2017年第6期。

② 赵阳：《公共文化服务均等化视角下新生代农民工市民化研究》，硕士学位论文，山东师范大学，2017年。

③ 杨丽莎、周亚蕾：《包容性发展视角下农业转移人口市民化问题研究》，《农场经济管理》2019年第3期。

④ 刘巧红、范晓非：《中国农业转移人口市民化的路径选择》，《东北财经大学学报》2018年第3期。

不同省份的农业转移人口市民化现状各异，转移人口流入数量较大的省份主要有广东省、江苏省、浙江省、上海市、北京市等，流出较多的省份有安徽省、湖南省、四川省、江西省、湖北省等。以下梳理部分省份的农业转移人口市民化现状。

周春山利用第六次广东省人口普查数据，发现广东省农业转移人口数量居全国第一，深圳、东莞、广州和佛山的转移人口数量占据全省转移人口数量的75%，而广东省外的转移人口数量占据全省70%左右。此外，50%的转移人口有市民化意愿，研究还发现广东省农业转移人口市民化人均需要的成本是93523元，其高低与当地经济发展水平呈正相关①。

张付远对江苏省13个地级市农民工群体进行了调查，并研究了相关年鉴，发现江苏省农民工市民化总体水平是49%，该水平已经接近中等市民化水平，此外，外来农民工市民化水平是47.95%，江苏省本地农民工市民化水平是50.63%。江苏省农民工市民化呈现各维度不均衡、差异明显等特点。在五个层面的市民化状况中，经济方面的市民化水平最高，政治参与方面的市民化水平最低②。此外，郑洋发现江苏省农业转移人口市民化由城镇化与新农村建设双轮驱动，在群众自愿与政府引导的有机结合下，实现了农业现代化和工业化与城市化的统筹发展，大中小城市和小城镇协调推进。当然，江苏省农业转移人口工作也存在布局复杂、制度框架不够成熟、市民化配套措施不足、市民化成本较高等问题③。

国家统计局浙江调查总队农民工监测调查报告显示，2018年，浙江省农民工数量比2017年减少，以本地农民工为主，62.6%农民工在本乡镇范围内就业，91.5%的外出农民工在省内工作。新生代农民工占比继续上升至32.5%，初中文化水平的农民工占比下降，但是仍以初中文化水平为主，占

① 周春山、杨高：《广东省农业转移人口市民化成本——收益预测及分担机制研究》，《南方人口》2015年第5期。

② 张付远：《江苏省农民工市民化程度评价体系的构建与实证研究》，硕士学位论文，南京财经大学，2017年。

③ 郑洋：《江苏农业转移人口市民化进程的现状与难点》，《邢台学院学报》2019年第1期。

43.3%。浙江省农民工全年以从事第二产业为主，第三产业从事人员占比逐步在提高，主要从事制造、批发和零售、建筑、居民服务、交通运输、仓储与邮政、住宿和餐饮等行业，其中建筑业、交通运输、邮政行业收入较高①。此外，农民工收入满意度一般，缴纳城镇职工社保比例不高，参与医疗保险的比例高于养老保险，自身参保意识较弱。对于子女教育状况，55.8%在务工地公办学校就读，69.1%的农民工对随迁子女受教育学校环境较为满意②。

秦陈荣根据2015年四川省进城务工人员的调查数据，发现受访者普遍具有较长的外出务工经历，近六成受访者工作是"雇员"，分散在建筑业、服务业、住宿和餐饮业等。近一半与配偶和子女在工作地一起生活，住房、养老与子女教育是当前的主要诉求，有一半受访者有购房需求，面临收入低、房价高、就业不稳定的障碍。即使对当前城市生活表示基本满意，但是城市生活成本高、农村土地承包权及其土地未来的增值成为了不愿意在城镇落户的主要原因③。

谭小示根据湖北省统计局2014年的数据，发现湖北省农业转移人口数量在增加，总量呈现上升趋势，同时其结构在向高质化方向发展，但是农村留守的劳动力呈现出低质化趋势；从区域分布来看，就近转移人口较少，多数向大中城市集聚；从就业情况来看，第二、第三产业从业人数比重增加，第一产业减少，同时，就业收入显著提高，低收入人群比重降低；此外，80后、90后新生代农业转移人口由于自身能力与素质相对较高，主要从事服务业文员、制造业等④。

王俊沾对甘肃省定西市安定区407户有子女入城就读的农村户籍人口进行了调查，其研究表明，在生计方面，多数人的工作已经转为非农业，半数处于半工半农状态；在生活方式上，与城市居民有差异，与农村居民接近；在社会融合方面，绝大多数城市交往较为频繁，融合度较高，受访者年龄越

---

① 魏永利：《2018年浙江省农民工监测调查报告》，《浙江经济》2019年第5期。

② 洪玉、周众帏、张全跃、庞静：《浙江省农民工市民化进程研究》，《浙江经济》2016年第23期。

③ 秦陈荣：《四川省农民工市民化影响因素及路径探析》，《决策咨询》2018年第1期。

④ 谭小示：《湖北省农业转移人口市民化的思路与实现路径》，硕士学位论文，湖北省社会科学院，2016年。

小，受教育程度越高，则市民化程度越高①。

此外，还有关于山东省、湖南省农业转移人口现状的研究。许月恒对山东省农业转移人口市民化现状进行分析后发现，农业转移人口在市民化进程、享受城市公共服务、就业能力、融入城市生活等方面总体水平偏低。② 李亮通过对湖南省 375 名农民工进行调查，建立农民工市民化指标体系，发现其总体市民化水平较高，自身素质和经济融入度方面指标较高，在政治参与、社会服务、意识行为方面的指标较低③。

通过以上研究梳理可以发现：农业转移人口总量上，多数省份处于增加的趋势，但是，市民化水平总体来说较低。从农业转移人口结构来看，第一代农民工逐步退出，并面临养老问题，新生代农民工比重增加，因适应力较强，市民化水平相对乐观。从区域特征来看，东部地区有较大的吸纳能力，市民化水平也相对较高，并且越是经济较为发达的省份，本地农民工数量与占比越大。从市民化的维度来看，经济方面的转变总体较为乐观，收入呈增加趋势，生活方式的转变较为缓慢，水平较低，值得注意的是，政治参与方面的市民化水平在各个区域都处于较低水平。此外，从教育程度来看，初中教育水平的农民工比重呈下降趋势，但仍然占较大的比重，并且市民化水平与教育水平呈正相关。当然，也透露出部分农业转移人口市民化过程中的问题，诸如市民化成本仍然过高、市民化分担机制与政策尚未成熟、农业转移人口保障机制缺乏、农业转移人口就业素质有待提升、乡村发展进程仍然较慢等。

（三）不同行业的农业转移人口市民化现状

基于分行业视角研究农业转移人口市民化源于分类实现市民化的逻辑，直接相关的研究较少，研究农业转移人口分行业生存与发展现状较多。农业转移人口市民化的程度与进程受到其收入的影响，而其收入除了受到自身素

---

① 王俊沽：《子女入城就读的农村户籍人口市民化研究》，硕士学位论文，兰州大学，2018 年。
② 许月恒、任栋：《山东省农业转移人口市民化问题研究》，《宏观经济管理》2018 年第 4 期。
③ 李亮、贺艺、李兴华：《城镇化进程中湖南农民工市民化评价指标体系研究》，《湖南农业科学》2018 年第 12 期。

质影响外，与从事的行业也有关系。这里以建筑业和家政服务业为例进行论述。

建筑业作为劳动密集型产业，从业人员较多，对此领域进行市民化研究有较大的代表性。刘剑文通过对1995—2014年的数据进行分析发现，我国建筑行业农民工市民化进程缓慢，1995—2006年进程缓慢，处于低市民化状态，2006—2014年农民工市民化进程加速，接近较高市民化状态。可见当前建筑行业的稳定与政府对"三农"问题的重视对建筑业农民工有较大影响作用。此外，基尼系数、市场分配比例、受教育年限及其建筑业发展状态对农民工市民化进程有较大影响。①

黄磊以山东省微山县为例探究了家政服务业农民工市民化问题，发现家政服务业吸收女性农民工就业较多，可以促进农民工在城市安家，为稳定融入城市奠定基础。其次，由于家政服务业以新型城市建设为服务对象，因此家政服务业的从业者在此过程中提高了自身的综合素质，改变了生活方式，提升了就业能力。②

此外，还有学者对餐饮业农民工参与体育健身状况③、职业保护状况④、制造业农民工就业质量⑤、人力资本现状⑥等问题进行了探讨，丰富了行业视角下农业转移人口市民化研究体系。

（四）不同质性的农业转移人口市民化现状

除了固有的群体划分，当前农业转移人口内部已经出现分化，不同的转移人口群体，在市民化方面有不同的特征。以下从性别、代际两个方面来分析当前研究现状。

---

① 刘剑文：《建筑业农民工市民化制度研究》，硕士学位论文，河北工业大学，2016年。
② 黄磊、田思源：《家政服务业与农民工市民化——以山东省微山县家政服务业市场为例》，中国培训：1［2019 – 07 – 18］，https://doi. org/10. 14149/j. cnki. ct. 20170615. 288.
③ 王浩宇：《郑州城市餐饮业农民工参加体育健身活动状况调查研究》，硕士学位论文，河南大学，2016年。
④ 刘天平：《长春市餐饮业新生代农民工职业保护现状及对策研究》，硕士学位论文，长春工业大学，2012年。
⑤ 刘小果：《制造业农民工就业质量及其影响因素研究》，硕士学位论文，福建农林大学，2017年。
⑥ 郭倩倩：《农民工城市融入影响因素研究》，硕士学位论文，西南大学，2014年。

在性别方面，张付远通过对江苏省 13 个地级市的农民工群体进行调查发现，男性农民工的市民化水平一般高于女性农民工，已婚的高于未婚的，并且市民化程度随着年龄和受教育水平的增加而提高。[1] 国家统计局浙江调查总队 2018 年农民工监测调查报告显示，一般来说，男性农民工收入高于女性农民工，但是差距在缩小。[2]

在不同代际农业转移人口方面，当前主要分化为"第一代"和"第二代"，第二代又称作"新生代"。两代农民工在家庭经济、务工地生活方面存在差异，在人力资本方面，老一代农民工在职务等级与职称方面比新生代农民工有优势，技术程度较好，新生代农民工参加职业技能培训人数较多，但老一代农民工参与培训更为频繁；在社交网络方面，工作遇到问题时，老一代农民工会向老乡、亲戚求助，新生代农民工会向老乡、亲戚和其他朋友求助；在业余文化生活中，新生代农民工使用网络和电脑较多，老一代使用手机交流，对象多数为家庭成员，与外界联系较少[3]。

对于农业转移人口内部分化问题，从 1996 年开始，学术界很早就展开了讨论，农业转移人口的内部分化是工业化与城市化的拉力、农村发展推力、人口结构自然变化的结果，[4] 不同类别农业转移人口，在市民化能力和条件上存在较大差异，深入研究其分化现状，对分类推进市民化有重要意义。

通过基于不同思路对农业转移人口市民化现状的回顾，可以发现如下现状与动态：第一，农业转移人口市民化这一问题已经受到各个学科与各个视角的关注，学者们没有停止对这一问题本质与现状探讨的脚步，不同视角与不同学科的研究有助于推进农业转移人口市民化的思路扩展。第二，农业转移人口市民化现状反映出区域的不平衡、行业的不同步、群体的不一致等问题，这是新的问题，既是需要分类深入研究的新问题，也是城镇化发展过程

① 张付远：《江苏省农民工市民化程度评价体系的构建与实证研究》，硕士学位论文，南京财经大学，2017 年。

② 魏永利：《2018 年浙江省农民工监测调查报告》，《浙江经济》2019 年第 5 期。

③ 周庆林：《安徽省农民工市民化代际差异研究》，硕士学位论文，安徽财经大学，2015 年。

④ 张永丽、王博：《农民工内部分化及其市民化研究》，《经济体制改革》2016 年第 4 期。

中市民化的次生问题。第三，对农业转移人口市民化现状的探讨呈现出滞后性，主要体现在研究数据的滞后上，当前城镇化发展飞速，政府办公效率大幅提高，对实践工作的推进速度提高，而在已有研究中，鲜有利用最新数据进行研究与探讨的，此后的研究需要进一步结合现代化研究与分析工具，增加研究的时效性。

三 农业转移人口市民化的主要影响因素及其作用机制的研究

对农业转移人口市民化影响因素的研究，可以增加农业转移人口市民化研究的科学性，有助于构建系统科学的市民化研究机制；从实践上来看，一方面有助于了解市民化现状，另一方面可以为寻求可操作措施奠定基础。已有研究认为，影响农业转移人口市民化因素主要为制度因素、经济因素、成本因素、社会因素、个体因素等，有专题性的深入探讨，也有系统性的综合研究；有对其多方面作用的讨论，也有对其作用机制的深度描绘。

（一）制度因素

制度因素是影响农业转移人口市民化外在的根源性因素，农业转移人口市民化问题根源于城乡二元体制。韩亚辉认为，我国农业转移人口市民化相关制度的改革过程实质上是一个制度供求非均衡状态通过一系列制度变革后最终实现制度供求均衡的过程。[1] 对政策与制度因素的讨论主要集中在户籍制度、土地制度、就业制度、教育制度、住房制度、医疗制度、养老制度、保障制度方面等。对于早期的市民化来说，家庭联产承包责任制解放了大量的农村劳动力，提高了劳动效率与生产效率，而工业化的发展与户籍制度的松动，为农民走向城市创造了就业条件与制度条件。[2] 当前较新的研究指出，户籍门槛与福利差距是造成农业转移人口进城落户难的主要因素，以等级制为特征的城市行政体制是影响

---

[1] 韩亚辉：《农业转移人口市民化的制度困境及对策研究》，硕士学位论文，西南交通大学，2017年。

[2] 郑玲玲：《中国农业转移人口市民化的政策与路径研究》，博士学位论文，东北师范大学，2017年。

农业转移人口市民化均衡配置资源的障碍，农村土地制度改革滞后是农业转移人口市民化的延缓器，不合理的财税体制是农业转移人口市民化的重要因素。[①] 因此，制度对农业转移人口的影响是根源性的，它决定了入城的门槛、资源分配的资质、是否留城的意愿等。此外，已有研究体现出如下两点缺憾：一是已有研究缺少对制度研究的辩证性，多数研究探讨其政策的阻碍作用，却鲜有探讨其政策与制度对市民化的促进作用；二是已有研究在政策制度研究方面缺乏时效性，当前政府改革力度在加大，行政效率在提高，对实践的推进作用也愈发明显，而当前研究较少关注最新政策的实效作用。

（二）经济因素

经济因素主要指个人家庭经济状况、务工收入、消费水平等。其中收入是影响其市民化能力的最主要因素，如果收入足够高，市民化将不受外部因素的影响。[②] 梅建明基于对全国的调研数据，建立 Logistic 回归模型对各类影响农民工市民化意愿的因素进行了分析，新生代农民工收入较低，但是市民化意愿强烈，其市民化能力与愿望却不呈正比[③]。在消费方面，有学者进行了消费与市民化进程的数理关系分析，发现农民工与城市居民相比，农民工消费水平较低，市民化效应不高。[④] 由此可见，经济因素对农业转移人口市民化是有直接性影响的，与其他因素相比，经济因素是第一位的影响因素。

（三）成本因素

农业转移人口市民化成本指的是达到市民化目标，成功实现各方面转化与融入所需要的资金与其他资源投入。在对成本因素的已有研究中，对成本构成、成本测算、成本分担机制讨论较多。农业转移人口市民化成本

---

① 马晓河、胡拥军：《一亿农业转移人口市民化的难题研究》，《农业经济问题》2018 年第 4 期。

② 朱佳琳：《农民工市民化影响因素研究》，硕士学位论文，浙江农林大学，2017 年。

③ 梅建明、袁玉洁：《农民工市民化意愿及其影响因素的实证分析——基于全国 31 个省、直辖市和自治区的 3375 份农民工调研数据》，《江西财经大学学报》2016 年第 1 期。

④ 粟娟：《基于消费视角的农民工市民化效应测评及对策》，《中国流通经济》2014 年第 4 期。

按主体划分一般包括私人成本、企业成本、公共成本。① 按成本的性质可以划分为资金成本、制度成本、心理成本等。在成本测算方面，测算方法以核算法、分类加总、累计法为主，测算内容一般包含政府、企业、社会和个人四个方面。在成本因素与市民化的相互关系中，学者们通过运用不同方法，对不同地区、不同成分的成本进行测算，形成了较为一致的观点：当前市民化成本较高是造成农业转移人口市民化进程较慢、程度不高的主要原因。例如，佐赫认为，消除城乡之间公共服务水平差距所需要的巨大成本没有得到有效分担是造成市民化进程缓慢的根本原因，并且基于年鉴与数据，结合问卷调查，采用分类加总法对农业转移人口市民化成本进行了估算，结合市民化特点，采用边际分析法得出市民化需要的整体成本，发现当前农业转移人口市民化存在成本一次性支付比例过高、分担主体间权责不明等问题②。因此，从经济学的角度来看，成本的投入对农业转移人口市民化的影响是基础性的，对农业转移人口市民化成本的精确测算与合理分担是连接市民化投入与产出的关键环节。

（四）社会因素

影响农业转移人口市民化的社会因素主要指农业转移人口的社会资本、社会排斥等因素。较早的相关研究虽然偏向于思辨分析与简单实证，但是也有重要发现：农业转移人口社会资本的缺失阻碍了其市民化，③ 现代型社会资本是农业转移人口市民化过程中的重要资源，④ 社会资本不是一种可以直接使用的资本，但是可以通过一定的途径转化为经济资本。⑤ 以后的研究越来越多将社会资本与市民化进行量化实证分析，对于两者关系的描述更加确化。洪玉婷根据中国社会科学调查中心的调查数据，将社会资本划分为关系型社会资本、组织型社会资本，并进行了社会资本对农业转移人口市民化

---

① 单笑笑：《农民工市民化成本测算及其分担方式研究——以昆山市为例》，《江南论坛》2019 年第 6 期。

② 佐赫：《农民工市民化成本分担机制研究》，博士学位论文，东北林业大学，2018 年。

③ 赵立新：《社会资本与农民工市民化》，《社会主义研究》2006 年第 4 期。

④ 肖日葵：《人力资本、社会资本对农民工市民化的影响——以 X 市农民工为个案研究》，《西北人口》2008 年第 4 期。

⑤ 熊辉、杨金平：《社会资本与农民工市民化》，《理论与现代化》2009 年第 1 期。

作用的机理分析，发现关系型社会资本的存量增加对市民化的影响表现为其社交载体增多，能化解城市与农村的隔阂，但是也导致了生活成本增加、思想观念和行为方式冲突等问题；组织型社会资本的作用以参与社会活动为主要表现形式来显现，通过拓宽社交范围来增加社会资源分配数量和增大社会支持力度，通过社交渠道多元化来获得较多的就业机会和社会福利，并提高城市认同感，最终提高市民化意愿，促进市民化进程。① 此外，有研究发现，新生代农民工在城市中面临的制度、经济与文化等方面的社会排斥抑制了社会资本所具有的拓宽就业途径、稳定组织系统关系的效用，社会资本与社会排斥成为影响新生代农民工驻与返的重要因素②。黄佳豪将新生代农民工在市民化过程中遇到的排斥归结为结构性排斥与功能性排斥，并分析了不同排斥对市民化的不同作用。③ 综上可以看出，社会性因素对农业转移人口市民化的影响因农业转移人口状况不同而不同，对其关系可以用量化的方式来进行数理式的分析。此外，从形式上看，对于农业转移人口市民化社会性影响因素的研究起步较早，研究结论从单一走向多维度、多层次，研究范式与思路从简单思辨到数理关系的实证分析，表明社会性因素对农业转移人口的研究仍然有较大价值，并且这方面的研究将更加深入。

（五）个体因素

个体因素主要是指与农业转移人口个人意识与思维相关的行为、能力等，诸如个人人力资本、心理资本等。较早的研究已经表明人力资本投资较弱是导致市民化进程缓慢的原因：其从劳动经济学角度出发，对农业转移人口市民化过程中的人力资本投资与收益进行探讨，从宏观上把市民化进程划分为两阶段，在第一阶段的劳动力迁移过程中直接获得的工资收益等吸引劳动力向城市转移，成为了第一阶段市民化的动力，而第二阶段由于投资成本较高，预期收益有限而导致了人力资本投资的减弱，从而导致

---

① 洪玉婷：《社会资本对农民工市民化的影响研究》，硕士学位论文，山东财经大学，2019 年。

② 刘丽：《新生代农民工"市民化"问题研究——基于社会资本与社会排斥分析的视角》，《河北经贸大学学报》2012 年第 5 期。

③ 黄佳豪：《社会排斥视角下新生代农民工市民化问题研究》，《中国特色社会主义研究》2013 年第 3 期。

了市民化进程的缓慢。① 之后的研究不仅在对"人力资本"的内涵理解上有了扩展，也更加注重农业转移人口人力资本对市民化影响的实证分析。首先，农民工人力资本的提升不仅是劳动技能和文化素养的提升，同时也是价值观念和行为方式的改变过程。② 其次，有学者通过对农民工的个案分析发现：人力资本决定了农民工的职业状况和收入水平，为农民工市民化奠定了经济基础。③ 较新的研究发现，人力资本对农民工的就业机会、收入水平与社会流动等有重要影响，教育培训可以提高农民工的人力资本，④ 而文化程度、培训效果与培训意愿对农民工市民化有显著影响，需要特别指出的是，实证分析发现务工经历不能成为农民工的人力资本。⑤ 当前较新的研究通过对统计局的数据进行了实证分析，认为人力资本投资能够提高农民工市民化能力，进而加速其市民化进程，并且论证了人力资本投资对农民工市民化的作用机理，人力资本投资能够提高农民工的职业转换能力、薪酬、职场竞争力和社会融入能力。⑥

关于农业转移人口的心理资本，较早关注的是农民工心理资本不同对其心理资本与城市文化契合的作用。⑦ 之后有学者指出，心理资本是社会资本与人力资本发挥作用的基础，心理资本可以提高农民工适应力，对促进农民工就业有比较重要的意义。⑧ 徐建役通过对浙江省农民工调查数据进行分析后，发现心理资本对农民工工资收入有显著的正向影响，是人力

---

① 姚先国、孙景蔚：《我国农民市民化进程中的人力资本投资分析》，《中国劳动经济学》2006 年第 3 期。

② 徐晖：《农民人力资本提升在市民化过程的作用探析》，硕士学位论文，东北师范大学，2011 年。

③ 肖日葵：《人力资本、社会资本对农民工市民化的影响——以 X 市农民工为个案研究》，《西北人口》2008 年第 4 期。

④ 张悦玲、高彦：《基于人力资本培训的农民工市民化问题研究》，《农村经济与科技》2012 年第 2 期。

⑤ 黄进：《人力资本对农民工市民化的影响研究》，《中国劳动》2016 年第 10 期。

⑥ 李玲：《人力资本投资对农民工市民化的影响研究》，硕士学位论文，辽宁大学，2018 年。

⑦ 刘莹：《城市文化与农民工心理资本契合过程分析》，《农业经济》2010 年第 4 期。

⑧ 林竹：《农民工就业：人力资本、社会资本与心理资本的协同》，《农村经济》2011 年第 12 期。

资本发挥对工资收入影响的中间因素。① 此外，心理资本对新生代农民工就业质量有显著的正向影响②。关于心理资本对农业转移人口市民化影响的单一性研究不多，已有研究较多集中于心理资本与社会资本和人力资本之间的相互关系对市民化的影响上。例如肖振钦通过问卷调查与实证分析，探讨了人力资本与心理资本交互作用下对工作绩效和周边绩效的影响，其研究结果表明，心理资本对工作绩效的相关系数优于人力资本，其在人力资本与工作绩效之间存在正向的中介作用。③ 于米通过对多个行业中女性农民工的体面劳动现状及其影响因素进行分析，验证了心理资本的中间调节作用，即心理资本与社会资本正向调节了人力资本与社会资本对体面劳动的影响。④

综上，从人力资本因素与心理资本因素对农业转移人口市民化的影响研究中可以发现：第一，这方面的研究起步并不早，早期以笼统性和思辨性探讨为主，而当前已然深入到了市民化各个细节的实证分析；第二，人力资本因素与心理因素作为个体方面的影响因素，其中介效应较为明显；第三，人力资本因素与心理资本因素对农业转移人口市民化的影响在不同阶段与不同情境下，作用效果有差异。此后的研究将在实证的视角下更加深入地探讨其在市民化各个环节与各个方面的中介作用，并且更加注重其与社会资本等的相互协同作用。

（六）多因素相互关系对农业转移人口市民化影响的研究

第一，社会资本与人力资本的相互关系对农业转移人口市民化的影响研究。周密通过对农民工市民化程度进行测评以后，基于静态角度发现人力资本与社会资本有互补关系，人力资本的提升对市民化具有重要的促进

---

① 徐建役、姜励卿、谢海江：《心理资本与农民工工资收入的相互影响——以浙江省为例》，《浙江社会科学》2012 年第 9 期。

② 沈诗杰：《心理资本调节下新生代农民工就业质量影响因素研究——基于吉林省调查数据的分析》，《学习与探索》2018 年第 6 期。

③ 肖振钦：《新生代农民工人力资本、心理资本对工作绩效的作用研究》，硕士学位论文，福州大学，2014 年。

④ 于米：《人力资本、社会资本对女性农民工体面劳动的影响——心理资本的调节作用》，《人口学刊》2017 年第 3 期。

作用，而人力资本与社会资本的耦合度越高，市民化程度越高；基于动态角度分析发现农民工市民化需求的增加可以促进整个社会效用最大化，要产生稳定的均衡需要政府提供的市民数量大于农民工市民化的需求数量。①

第二，社会资本、心理资本与人力资本对农业转移人口市民化协同作用的研究。林竹认为，人力资本在农民工择业与保持就业过程中有重要作用，社会资本可以帮助农民工在就业过程中获取和发送就业信息、降低信息操作成本，并在就业过程中获得物质与心理帮助，而心理资本则成为人力资本与社会资本发挥作用的基础。在农民工就业过程中，三者相互影响，共同作用于农民工市民化：人力资本与社会资本是相互促进的，积极的心理资本有利于人力资本的发挥与良好社会资本的形成与积累，三者的共同发展有利于就业能力的提升。② 还有学者发现，人力资本对农民工工资有直接影响，并且通过心理资本对其收入产生间接效应。③ 此外，社会资本、心理资本与人力资本对农业转移人口市民化的协同作用还体现在对农民工创业绩效的影响④、对创业意愿⑤的影响中。

第三，社会资本与身份认同的相互关系对农业转移人口市民化的影响研究。于宏基于对 385 个失地农民的实证调查，进行了社会资本对市民化影响的微观多元回归分析，发现社会资本对失地农民的身份认同与长期归属感的影响是正向的，对生活方式的影响是负向的，这是因为失地源于被动，而失地农民的主要社会资本存留在农村，入城后不适应城市生活，同时发现身份认同是其社会资本与市民化进程之间的中介传导因素。⑥

---

① 周密：《新生代农民工市民化程度的测度及其影响因素》，博士学位论文，沈阳农业大学，2011 年。

② 林竹：《农民工就业：人力资本、社会资本与心理资本的协同》，《农村经济》2011 年第 12 期。

③ 徐建役、姜励卿、谢海江：《心理资本与农民工工资收入的相互影响——以浙江省为例》，《浙江社会科学》2012 年第 9 期。

④ 马红玉：《社会资本、心理资本与新生代农民工创业绩效研究》，博士学位论文，东北师范大学，2016 年。

⑤ 马红梅、罗春尧：《人力资本、社会资本及心理资本对农民工创业意愿影响研究——基于贵州省 953 个农民工创业样本》，《吉林工商学院学报》2016 年第 4 期。

⑥ 于宏、周升起：《社会资本对失地农民市民化进程的影响》，《城市问题》2016 年第 7 期。

第四，制度与社会资本的相互关系对农业转移人口市民化的影响研究。较早的研究发现，身份和户籍政策造成农民工社会资本先天不足和积累困难，从而使进城农民工在城市陷入生存和发展困境。[1] 有学者将制度与规范看作一种公用型社会资本，指出制度与规范是增加社会资本量的有力保障，制度与规范能保证组织成员关系正常、规范和有序，减少个体社交的不确定性，进而保障农业转移人口的就业和劳动权利，营造出一个良好就业环境，同时推动良好制度的产生，最终增加市民化意愿。[2]

从以上对农业转移人口市民化影响因素的研究梳理中可以发现如下成就与趋势：第一，从宏观角度来看，已有研究对各个影响因素的定位已经基本形成一致结论：制度与政策是根源性因素、经济是第一位的因素、成本是基础性的因素、社会性因素与个体性因素随实践不同而情况各异，这为后续进行更深入研究与多学科交叉对话奠定了基础；第二，制度与政策因素、经济因素的作用较早被发现，其研究与市民化实践进程基本同步；而成本因素、社会性因素与个体因素的作用，对其集中探讨较晚，而随着市民化的推进，今后还会有新的影响因素出现，这方面的研究，在方法与关注角度方面，仍然有较大的发展空间；第三，已有研究中对相关影响因素的探讨深度大于广度，除了制度因素难以量化以外，其他影响因素均已显现出量化趋势，以数理思维分析其关系，可以见其深度，而对市民化的影响探讨，较多集中于对市民化进程的研究，对市民化进程中某方面内容或某个环节的研究较少，除了量化研究少以外，也体现在研究角度与研究学科的狭窄方面，今后的研究将在延续其深度的基础上进一步推进其广度。

四　农业转移人口市民化实现路径的研究

已有研究基于不同学科与不同视角，对农业转移人口市民化路径进行了理论上的探讨：第一，过程视角：鲁强将农业转移人口市民化过程划分为

---

① 熊辉、杨金平：《社会资本与农民工市民化》，《理论与现代化》2009 年第 1 期。
② 洪玉婷：《社会资本对农民工市民化的影响研究》，硕士学位论文，山东财经大学，2019 年。

"农村退出—城市进入"和"城市进入—城市融入"两部分，在两个过程中分别实现生存职业、社会网络、社会保障、自身素质与意识行为的非农化和市民化；[1] 第二，主体性视角：周君璧认为针对"农民—市民"的被动情况要做好补偿与就业安置工作，针对"农民—农民工—市民"的主动情况应当基于走得出、留得下、融得进来制定对策；[2] 第三，中外借鉴视角：刘向辉总结了英国从圈地运动和工业革命过程中采取的诸如政府引导，第二、第三产业发展，制定法律规范，发展职业教育的农业人口转移成功经验，结合中国实践提出在产业发展、法制建设和农民培训方面的对策；[3] 此外，还有突破障碍视角、不同主体视角等，基于以上研究视角的成果虽然不多，但是作为理论研究成果，其对关于市民化实现路径的研究有非同一般的借鉴意义，其对问题的认识开拓了问题解决的思路，进一步推动了其他相关研究的深入开展。当然，不可否认，以上研究视角在操作上有较大的难度，所以下面将结合 Citespace 分析结果中的关键词与突现词图谱，以相关研究因素为基础，从政策、成本分担、社会组织、个人素质四个方面对农业转移人口市民化实现路径的研究成果进行梳理。

（一）深化制度与政策改革

政策是农业转移人口市民化的根源性影响因素，在市民化过程中，政策与制度安排显得尤为关键，与农业转移人口市民化息息相关的即是户籍制度、就业制度、教育制度、财政政策、住房制度与城乡保障制度等。

在总体的政策设计上，丁静指出，当前农业转移人口市民化的政策应当更加偏重"人的城镇化"，其政策设计要遵循转移人口意愿与城市发展规律，同时兼顾主体利益调动各方积极性形成合力来推进市民化。[4] 胡杰成发现我国农民工群体已经出现高度分化，不同阶层、代际、不同行业与

① 鲁强：《农民工市民化问题研究综述——研究范式、现实障碍与路径趋势》，《山东财经大学学报》2017 年第 3 期。

② 周君璧：《新型城镇化背景下农业转移人口市民化路径障碍及对策分析》，《求实》2014 年第 9 期。

③ 刘向辉：《基于英国经验借鉴的中国农业人口转移问题研究》，《世界农业》2016 年第 7 期。

④ 丁静：《农业转移人口市民化政策运行的逻辑起点与理性回归》，《求实》2018 年第 6 期。

不同城市之间，地位、需求与意愿皆有不同，需要在以人为本与公平对待基础上把握需求与特点，进行系统的政策设计，针对不同群体进行分类管理与服务，明确不同政策针对的重点群体与问题偏向，解决不同问题，从而促进城镇化健康发展。诸如在特大城市中实行居住证与积分制度、在部分行业中注重满足市场需求的职业技能培训、重点解决老一代农业转移人口的养老问题等。①

在户籍制度方面，2014 年《关于进一步推进户籍制度改革的若干意见》的颁布是户籍制度改革的重要进步，是通过促进农民工市民化从而促进经济和提高人民生活水平的关键步骤②。中央政府主导户籍制度改革，逐步剥离与户籍挂钩的社会福利，区域资源均衡配置，完善户籍法律体系，从而促进农业转移人口市民化。③ 在财政政策方面，刘亚玲从财政分权与财政转移支付的角度分析了目前农业转移人口市民化过程中存在的问题，以中央与地方财权与事权匹配原则提出事权上移财权下放的财政改革建议。④ 在就业制度方面，一要深化改革，统一城乡劳动力市场，逐步消除导致就业不平等的障碍；二要加强城乡统一的劳动服务网络构建；三要建立政府主导多方合作的就业培训制度；四要加强对于农民工劳动合法权益的保护力度；五要完善农民工就业扶持政策。⑤ 在社会保障制度方面，有学者认为，推进农民工市民化的关键在于加强社会保障，应当树立整体治理理念，构建农民工社会保障制度框架与网络化治理载体，完善其他支撑性政策，以此来优化社会保障制度。⑥

总之，推进农业转移人口市民化，既要做好顶层制度设计，也要注意

---

① 胡杰成：《以分类治理推进农民工市民化》，《宏观经济管理》2015 年第 11 期。
② 谷乐：《户籍制度改革背景下农民工市民化问题研究》，硕士学位论文，海南大学，2018 年。
③ 金代志、高洁：《新生代农民工市民化的户籍制度障碍及应对策略》，《中国市场》2019 年第 7 期。
④ 刘亚玲：《论以财政改革推进农业转移人口市民化进程》，《公共经济与政策研究》2018 年第 1 期。
⑤ 赵排风：城乡二元就业制度对农民工市民化的影响分析》，《学理论》2016 年第 4 期。
⑥ 魏雪琴：《农民工市民化进程中社会保障的制度困境及优化研究》，硕士学位论文，华中师范大学，2014 年。

其他配套政策的实行，做到以人为核心的整体性改革与优化。

（二）构建市民化成本分担机制

农业转移人口市民化的成本投入对农业转移人口市民化的影响是基础性的。市民化成本分担机制研究方面的成果非常多，不同学者从不同角度运用不同的方法对农业转移人口市民化成本进行了测算，并提出了相应的分担机制。

博弈均衡的视角：该视角强调市民化过程中多方利益主体的收益最大化且收益均衡。农业转移人口市民化成本分担的均衡点是多方博弈的均衡解，应当采用政治、经济与社会发展权逐步赋予农业转移人口的还权赋能的办法构建分担机制，在财权与事权方面重构中央与地方的关系。[①] 有学者以企业为切入点，指出企业经营收益加上政府让利之和大于农业转移人口薪酬之和是企业承担农业转移人口市民化成本的临界点，因此政府应当合理分配其承担比例。[②]

不同承担主体视角：该视角重在探讨各个市民化利益主体方应当承担何种与多少市民化成本，以构建合理的分担机制。例如中央政府兜底、地方政府主导、企业为主体、个人为辅助。[③] 当前农民工的市民化成本构成较为复杂，从形态上呈现出区域性特征、分批分期特征、隐形与显性特征，在承担责任主体划分方面，政府是第一责任主体，个人（家庭）是第二主体，企业以及社区是第三责任主体，其中个人及其家庭承担转移成本，例如生活费用、租房费用，政府承担后期新增的成本，例如文化教育、公共卫生与基础设施费用，企业保障其劳动权益，社区承担起管理服务费用。[④]

公共服务均等化的视角：该视角认为，农业转移人口市民化进程慢，

---

① 谌新民、周文良：《农业转移人口市民化成本分担机制及政策涵义》，《华南师范大学学报》（社会科学版）2013 年第 5 期。

② 王莹：《农业转移人口市民化过程中的企业行为研究——基于博弈论的视角》，《安徽农业科学》2016 年第 19 期。

③ 傅东平、李强、纪明：《农业转移人口市民化成本分担机制研究》，《广西社会科学》2014 年第 4 期。

④ 黎红、杨聪敏：《农民工市民化的成本分担与机制构建》，《探索》2018 年第 4 期。

无法融入城市的表现即是转移人口无法与市民享有均等化的公共服务。实现公共服务的均等化需要有合理的财政政策做保障，处理好各级政府的纵向与横向关系，以完善的转移支付制度来增加各级地方政府在公共服务上的覆盖。①

除以上视角外，部分学者还注意到了市民化成本分担过程中的多对关系：中央政府与地方政府、地方各级政府、流入地与流出地政府、政府与企业、企业与农业转移人口个人等。例如在中央与地方成本分担方面，有学者提出，义务教育生均经费和城乡养老保险基础兜底基金应当由中央重点解决，此外，中央政府重点解决跨省农业转移人口市民化成本分担，地方政府重点解决跨县市农业转移人口成本分担包括公用设施建设、卫生服务与就业指导等支出。②

综上，成本分担机制的构建对市民化的作用几乎是决定性的，不仅涉及多方利益主体，更要协调多方主体之间的利益关系，而这种利益关系又是复杂的、动态的。因此，在市民化的成本分担方面，政府的作用是第一位的，而企业、社会团体与转移人口个人（家庭）的作用是相对第二位的，农业转移人口市民化的成本分担，既需要政策与制度支持，也需要各方主体提高承担能力。

（三）社会组织协同

社会组织协同指的是以企业、社区为主的社会组织在农业转移人口市民化过程中，克服部分社会性因素的负面作用并发挥其正面作用和连接农业转移人口个人与政府的作用。该路径方面的专题性研究不多，多以综合研究的成果展现，但是专题性研究成果呈现增加的趋势。

第一，社区教育促进市民化。有学者提出，可以以社区教育支持促进农民工市民化：政府部门通过社区教育的统筹规划和经费资助发挥管理作用，社区通过统筹规划、获取多方支持等来整合社区教育整体机制，同

---

① 林祝琼：《基于基本公共服务均等化的农业转移人口市民化成本测算分析》，浙江财经大学，2015年。

② 马晓河、胡拥军：《一亿农业转移人口市民化的难题研究》，《农业经济问题》2018年第4期。

时，建立全面、高质量的学习资源平台，确保社区内的学习资源平台与设备能得到充分利用，提高社区资源共享性，从而实现新生代农民工市民化的新发展。①

第二，市民化社区支持机制的构建。社区是居民生活的载体，提供着一定的规范环境，为转移人口提供资源支持、强化情感认同和重构社会资本，应当通过以合理规范的行政构建、社区多主体互动的社会构建和具体的实践来构建社区支持机制②。

第三，工会服务促进市民化进程。工会可以协助政府与党委推进农民工问题的解决，工会应当发挥自身优势，搭建平台与创新工作机制，拓展服务领域和扩大服务对象范围，通过打造品牌与细化服务内容将工会服务工作推上新台阶，促进市民化。③

社会组织与团体的性质区别于政府和转移人口个人，应当树立以人为核心的理念，创新工作机制，以转移人口迫切需求为导向，做好政府与转移人口个人之间的连接工作，建设好促进转移人口市民化的优质环境。

（四）个人素质提升

农业转移人口群体的个人素质决定了市民化的成功率，市民化问题归根结底是人的问题，个人素质的提升是推进农业转移人口市民化的关键一环，可以提高农民工在城市中的适应能力和与城市的融合水平。以下从政府、转变促进者、农业转移人口个人角度对已有研究进行梳理。

首先，政府应当在宏观上发挥作用。较早的研究就已经指出输入地政府应当把农民工培训当作一项重要任务做好，配备培训经费、场地、师资等，对农民工进行文化和业务技能上的培训，提升其在城市中的竞争力。④即政府应加强对相关制度与环境的塑造，通过营造有利于农民工培训的社

---

① 蔡璐、黄兴华：《"互联网＋"时代农民工市民化的社区教育支持》，《继续教育研究》2018年第1期。

② 李云新、吴智灵：《农业转移人口市民化的社区支持机制研究》，《农村经济》2016年第3期。

③ 李斯玺：《新时代背景下工会服务农民工工作的路径探析——基于广西情况的思考》，《天津市工会管理干部学院学报》2018年第1期。

④ 姜作培：《农民市民化必须突破五大障碍》，《中共杭州市委党校学报》2002年第6期。

会环境、法律环境、体制环境和相关的制度环境，保证农民工培训工作的顺利开展。① 具体来说，应当完善服务机制，构建多层次的农业转移人口培训系统，优化教育平台与信息资源建设，促进与产业、高校等的激励机制建设，促进人力资本收益的公平性。② 当前，已有研究对政府责任做了进一步精确的描述：一是政府应当完善就业体系，持续提供形式多样的培训；二是提高培训质量，防止培训机构寻租乱象的发生，加强对外包培训机构的监督；三是在培训内容上以社会需求为导向，与工作内容接轨，切实提高培训质量与就业质量。③ 此外，有学者从职业教育角度提出了政府加强转移人口职业技术教育的措施：以大力发展职业院校与加强校企合作来构建新生代农民工职业技术教育体系，通过给予企业优惠与奖励和给予新生代农民工补贴与奖励调动各方参与职业教育的积极性，从而使新生代农民工入校学习，提高其就业质量。④

其次，发挥转变促进者的作用。这里的转变促进者一般指企业、职业院校（或成人高等院校）和教育者。从企业角度来看，农民工培训是企业的责任，企业应当建立完整合理的培训制度和培训体系，同时提供职前培训机会，提升转移人口的就业能力。⑤ 并且在培训中，企业应当提升对培训重要性的战略认识，设计合适的培训时间与满足需求的精准课程，并且建立效果反馈机制和加深培训效果转化⑥。从职业院校的角度看，应当根据转移人口特点更新培训内容，注重内容的实用性，加强师资队伍建设与教师实践教学能力的提高，同时应当注重校企合作，将订单式培养作为培

---

① 崔铭香、刘建坤：《城市适应：农民工之转化学习》，《现代远距离教育》2014 年第 1 期。

② 颜铭、权琨：《基于人力资本理论的新型农民工继续教育体系构建》，《中国成人教育》2017 年第 21 期。

③ 曲佳霖：《政府培训对农民工人力资本提升的影响》，硕士学位论文，东北财经大学，2018 年。

④ 李佳楠：《职业技术教育对我国新生代农民工职业选择的影响研究》，硕士学位论文，郑州大学，2017 年。

⑤ 曲佳霖：《政府培训对农民工人力资本提升的影响》，硕士学位论文，东北财经大学，2018 年。

⑥ 任旭：《经济新常态下中小企业新生代农民工培训研究》，硕士学位论文，陕西科技大学，2018 年。

训的重要方式。① 从教育者即成人教育者的角度来看，城市适应力的提高是一个转化学习的过程，成人教育者应当通过密切双方关系来成为转化学习的助推者，通过创设情境来营造轻松理性的对话氛围，最后给予农民工鼓励与支持。② 而在其内容方面，应当加强职业技能培训、社会知识培训、人文心理知识教育来提升经济适应力、社会适应力和心理适应力，以此来提升农民工城市性。③

最后，农业转移人口个人的主观努力。一是提升个人重视。较早的研究中已经意识到了个人努力对于素质提升的关键作用，姜作培在强调进城农民工必须意识到成为市民的重要性和紧迫性与提升自身素质的自觉性之间的关系。④ 农业转移人口应当有适当的个人人力资本投入，积极培养正确的兴趣爱好，积极参加提升自己职业技能的培训，实现个人综合素质和职业技能的提升。⑤ 二是学习观念上的更新。农业转移人口应当树立终身学习理念，以实际行动践行终身学习，做有心人，在日常生活、工作中学习和积累技能、知识。⑥ 三是在学习方式与学习方法上的改变。农业转移人口应当增强学习本领，养成良好的学习习惯和自觉性，在"学会"的基础上争取"会学"，以此实现从"学会的个人"到"会学的个人"的转变⑦。

在农业转移人口市民化过程中需要实现农民工职业技能、市民素质、信息素质与心理素质等方面的提升，同时也要实现其人力资本的提升。在此过程中，转移人口个人是主角，个人的努力至关重要，而政府扮演着总导演的角色，企业及其职业院校扮演着助推者的角色，其中政府与职业院

---

① 胡少云：《职业院校新生代农民工教育培训对策研究》，硕士学位论文，湖南师范大学，2010年。

② 崔铭香、刘建坤：《城市适应：农民工之转化学习》，《现代远距离教育》2014年第1期。

③ 崔铭香、刘建坤：《论成人教育与农民工"城市性"的提升》，《河北师范大学学报》（教育科学版）2013年第1期。

④ 姜作培：《农民市民化必须突破五大障碍》，《中共杭州市委党校学报》2002年第6期。

⑤ 张元昭：《宁波市成人高等院校参与新生代农民工培训研究》，硕士学位论文，宁波大学，2017年。

⑥ 崔铭香、段寅雪：《学习与超越：农民工学习行为探究》，《教育学术月刊》2013年第11期。

⑦ 崔铭香、段寅雪：《学习与超越：农民工学习行为探究》，《教育学术月刊》2013年第11期。

校和企业对整个转移人口培训体制构建与教学改善起着决定性的作用。在农业转移人口市民化过程中个人素质提升主要以人力资本提升的形式表现出来，成为人力资源开发、劳动科学、职业教育与成人教育等领域的问题，依据当前趋势，对农业转移人口个人的主观努力情况进行研究与探讨，仍有较大的价值，今后将会有更深入的研究。

对农业转移人口市民化实现路径已有研究总结如下：第一，已有研究对同一问题的解决建议存在微小差别，其主要原因在于不同的研究有不同的视角，同时也由于基于对不同群体的研究，但总体来看，已有研究在如下方面达成共识：一是农业转移人口市民化应当经历从农村农业退出到进入城市再到融入城市的过程，二是农业转移人口当中已经出现了内部群体的分化，不同群体有不同的策略，三是认可市民化过程中制度与政策设计和政府规划的作用。第二，从已有研究中可以发现，制度与政策设计和政府的规划是市民化实现的基本条件和政治保障，成本分担可以解决市民化过程中的物质基础问题，社会各组织团体的协调是市民化的催化剂，而农业转移人口的个人主观努力成为市民化的关键一步。第三，当前研究在市民化的政策讨论中注入了诸多人文关怀色彩，今后的研究将更加趋向理性，真正向"以人为核心"的价值立场靠拢。

第三节 农业转移人口城市性研究综述[①]

从人的发展而言，城市性提升是农业转移人口从边际人转变为市民、新市民的关键。由此，开展农业转移人口城市性研究具有重要价值与意义，目前，关于农业转移人口城市性研究已取得丰硕的成果，但同时也存在一定的问题。本研究将运用文献计量学和知识图谱的方法，呈现农业转移人口城市性研究的阶段性发展规律。总体而言，该类研究主题大致经历了初步探索、快速发展以及深化创新三阶段，研究热点集中在影响因素、

[①] "农业转移人口城市性研究综述"这一部分以《农业转移人口城市性研究反思：成就、热点与展望》为题发表在《河北师范大学学报》（教育科学版）2021年第2期。

程度测评与实现路径等方面，具体如下：

一 研究设计概述

本书采用标准化文献可视性量化分析技术和总结式描述方法，以"CNKI"（中国知网）数据总库作为文献来源，将检索条件设置为"主题=农业转移人口市民化或农民工市民化，或者主题=农业转移人口城市融入或农民工城市融入，或者主题=农业转移人口城市适应或农民工城市适应，或者主题=农业转移人口城市性或农民工城市性，或者主题=农业转移人口现代性或农民工现代性，或者主题=农业转移人口城市融合或农民工城市融合，采用模糊匹配进行跨库期刊检索，检索日期为 2019 年 6 月 29 日。检索合计得到文献 5114 篇。删除无关文献，共得有效文献 4775 篇。运用文献题录信息统计分析工具 SATI 对年发文量、作者发文量分析，采用文献分析工具 Citespace 对作者、机构、主题词进行聚类分析以说明国内有关农业转移人口城市性研究现状。

（一）发文量：总体呈现先增长后减少的态势，在 2014 年达到最热

从图 1-3-1 可知，近年来，国内对于市民化研究的发文量总体呈现倒 U 的态势。总体来看，大致可以分为三个阶段，平稳增长期（1986—2002 年）、快速增长期（2002—2014 年）、逐步下滑期（2014 年至今）。

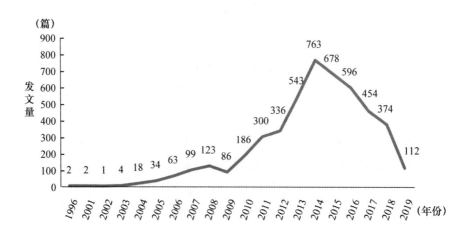

图 1-3-1 总体发文趋势分析

（二）作者图谱：形成基本稳定核心研究者群，但尚未建成紧密的合作网络

据 SATI 统计与 Citespace 研究合作图谱分析，发文量达到 10 篇的作者有 19 位，绝大部分作者在此领域只发表了一篇相关论文。刘传江发表论文数量最多，起步也较早，共计 25 篇。依据普莱斯定律发文量在 4 篇及其以上的作者可视为该领域的核心作者。已有数据中核心作者为 230 人，总发文量为 1337 篇，约占发文总量的三分之一左右，这意味着学术论文写作研究领域基本形成稳定的核心研究者群。同时，从合作图谱中可以看出，作者分布比较松散，连线甚少，其中大部分连线的研究者都出自同一院校或机构。因此，在该研究领域中虽然基本形成稳定的核心研究者群，但尚未形成紧密的合作网络。

序号	姓名	发文量
1	刘传江	25
2	丁静	16
3	张广胜	14
4	刘小年	13
5	何晓红	13
6	钱文荣	12
7	王竹林	12
8	江立华	11
9	傅晨	11
10	黄锟	11
11	马晓河	10
12	张超	10
13	韩俊	10
14	李学坤	10
15	罗竖元	10
16	刘洪银	10
17	张国胜	10
18	高君	10
19	吴业苗	10
20	魏后凯	9

图 1-3-2 发文总量前 20 位研究者

图 1-3-3 作者合作图谱

（三）机构图谱：无特别突出机构，各研究机构缺乏合作

武汉大学 85 篇，数量最多，中国人民大学紧随其后。图谱中显示没有特别突出的研究机构，并且各院校间缺乏合作，同院校的不同院系间的合作也较为匮乏。而农业转移人口市民化的问题解决不仅仅牵涉人口学，还涉及经济学、政治学、社会学等其他学科，因此，需加强学院间、学校间的合作，打破当前研究机构"各自为营"的局面。

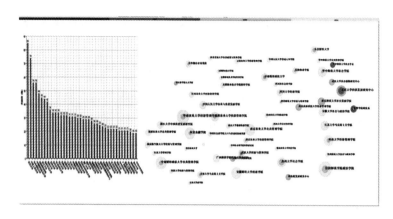

图 1-3-4　机构合作图谱

（四）关键词图谱："农民工市民化"起关键作用

在 Citespace 中，经过切片与剪枝处理，得到关键词图谱（聚类较为理想）。其中节点较大的是一些标识研究对象的关键词："市民化""农民工""新生代农民工"等。根据频率前 20 的关键词列表（图 1-3-5），

关键词	频次	中心性	出现年
农民工市民化	432	0.69	2004
农村	58	0.67	2006
城镇户籍	11	0.67	2005
障碍	57	0.53	2004
影响因素	88	0.52	2006
社会支持	2	0.52	2019
农民	41	0.49	2004
劳动者	21	0.48	2013
土地	16	0.48	2010
农民工	1772	0.39	1996
工业化	4	0.35	2008
对策	160	0.33	2005
农业转移人口市民化	394	0.32	2013
城市化	167	0.32	2005
户籍人口	27	0.32	2015
户籍制度	136	0.3	2004
农民市民化	46	0.3	2005
财政管理	24	0.3	2007
第一代	4	0.29	2006
新生代农民工	985	0.28	2006

关键词	频次	中心性	出现年
市民化	1866	0.04	1996
农民工	1772	0.39	1996
新生代农民工	985	0.28	2006
城市融入	489	0.09	2006
新型城镇化	476	0.04	2012
农民工市民化	432	0.69	2004
农业转移人口	431	0.01	2013
农业转移人口市民化	394	0.32	2013
城镇化	344	0.11	2006
城市化	167	0.32	2005
对策	160	0.33	2005
市民化意愿	136	0.3	2004
户籍制度	93	0.14	2007
城市适应	91	0.17	2003
影响因素	88	0.52	2006
就业	88	0.14	2006
社会保障	87	0.01	2006
城镇化率	81	0.04	2013
社会资本	76	0.04	2006
困境	70	0.06	2008

图 1-3-5　关键词前 20 列表

发现大部分高频关键词均出现于较早的年份。图中紫色圈环越厚，其中心性越强，中心性值就越大。中心性值最大的五个关键词分别是"农民工市民化""农村""城镇户籍""障碍"和"影响因素"。虽然关于"市民化"的研究成果的数量最多，但是在相关研究中占主导地位的是"农民工市民化"，关键词间的联系更多是通过"农民工市民化"建立起来的。

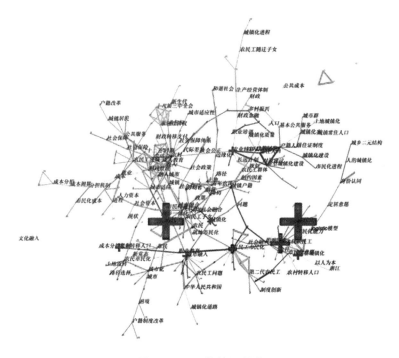

图 1 - 3 - 6 关键词图谱

（五）突现词图谱：词类齐全，人文关怀突出

本书选取最近20个研究热点形成图1-3-7，总体可以划分为四类，第一类是研究对象，即"农业转移人口""新型城镇化""人的城镇化"；第二类是影响因素，包括客观影响因素和主观影响因素。客观影响因素即制度因素和经济因素，如"户籍人口""居住证制度"和"市民化成本"；主观影响因素，如"市民化意愿""居住意愿""身份认同"；第三类是"现状"，如"新常态""成本测算"和"成本预算"；第四类是实现路径，

如"基本公共服务""成本分担""分担机制"与"土地流转"。从最新突现词来看，近年对于农业转移人口的研究强调以人为本。而户籍问题依旧是阻挠农业转移人口市民化的一大障碍，市民化的经济成本与经济收入是影响农业转移人口迁移的主要因素，同时户籍壁垒和经济成本进一步影响着农业转移人口的市民化意愿和居住意愿。

关键词	年份	强度	起始年	终结年	1996 - 2019
新型城镇化	1996	23.7066	2014	2017	
基本公共服务	1996	4.2141	2014	2015	
农业转移人口	1996	45.2664	2015	2019	
成本分担	1996	7.9893	2015	2019	
新常态	1996	4.8747	2015	2016	
户籍人口	1996	7.0646	2015	2019	
成本测算	1996	7.4168	2015	2019	
人口	1996	4.8747	2015	2016	
现状	1996	4.066	2015	2016	
分担机制	1996	7.1306	2015	2019	
户籍制度改革	1996	5.7863	2015	2016	
身份认同	1996	5.0601	2016	2019	
人的城镇化	1996	3.3507	2016	2019	
居住证制度	1996	4.8203	2017	2019	
市民化成本	1996	5.0582	2017	2019	
土地流转	1996	4.8203	2017	2019	
市民化意愿	1996	6.7401	2017	2019	
定居意愿	1996	3.7481	2017	2019	

图 1-3-7 突现词图谱

二 农业转移人口城市性研究的发展阶段

从发文概况、重要政策节点和城镇化发展进程来看，农业转移人口城市性研究可以概括为以下三个阶段。

（一）政策与实践交互作用下的初步探索期（1982—2002 年）：农业转移人口城市性研究在探究与尝试中崭露头角

这一阶段的研究随着实践中转移人口的增长和政策关注点的增多而以不同形式增加，以探讨相关现象为主，没有形成体系化的研究和成熟的理论。

20 世纪 60 年代，农业转移人口的出现直到改革开放后的大规模增长，中央层面对农民工管理的政策总体属于"控制范式"①。这一阶段的研究出现了三次增长。第一次增长来自于 1978 年农业和农村经济改革与党的十二

---

① 徐增阳、付守芳：《改革开放 40 年来农民工政策的范式转变——基于 985 份政策文献的量化分析》，《行政论坛》2019 年第 1 期。

大以后，商品流动改革深入与城市建设中"承包工"群体的出现；第二次增长，在 1989 年至 1999 年，源于南方谈话后东南沿海经济发展较快，同时，召开了全国首次流动人口管理工作会议；第三次增长在 1999 年至 2002 年，源于农民工问题被写进了政府工作报告和加入世贸组织，沿海地区劳动密集型产业用工需求增加。这三次增长体现出研究追寻政策的逻辑，研究主题也较为简单。该阶段关注的话题主要有亦工亦农人口①、农村人口城镇化②、农业剩余劳动力③、农业劳动力转移④、城乡人口分析⑤、转移人口与城镇化的关系⑥、转移人口的特征及其成因⑦、民工潮治理对策⑧、农业劳动力转移的困境⑨、农业人口城镇化的主要途径⑩、农民工城市适应性⑪等。

该阶段的研究成果对该问题的认识限于现象层面的探讨，但伴随着政策的推进与城镇化的发展，"农业转移人口城市性"的研究问题初现原型。

（二）政策引导与推动下的纵深发展期（2002—2013 年）：农业转移人口城市性研究在扩展与深入中奠定格局

第二阶段在发文趋势上出现了 2008 年与 2013 年两次上升与下降，原因如下：一是全球金融危机对国内经济的冲击导致产业调整，用工密集型企业的数量发生变化；二是 2009 年中央经济工作会议对农业转移人

---

① 康就升：《亦工亦农人口与农业劳动力转移》，《人口研究》1984 年第 4 期。
② 康就升：《农业劳动力转移与农村人口城镇化》，《人口学刊》1985 年第 3 期。
③ 李士慧：《关于农业剩余劳动力转移模式及其理论分歧》，《农业经济问题》1987 年第 1 期。
④ 董辉：《我国农业劳动力转移模式与城镇化道路》，《人口学刊》1989 年第 6 期。
⑤ 宁吉喆：《我国农业劳动力转移及乡村人口变动分析》，《经济研究参考》1993 年第 Z7 期。
⑥ 陈锡根、吴志冲：《试论农业劳动力转移与城镇建设的关系》，《农业经济问题》1993 年第 8 期。
⑦ 戴凌：《我国农业剩余劳动力转移的特征及成因》，《改革》1991 年第 3 期。
⑧ 丁金宏、孙小铭、戴淑庚、黄晨熹：《试论民工潮的形成机制和治理对策》，《科技导报》1994 年第 7 期。
⑨ 曾福生：《我国农业劳动力转移的困境与战略抉择》，《科技导报》1995 年第 8 期。
⑩ 王映健：《我国农业人口城镇化的主要途径》，《四川财政》1995 年第 5 期。
⑪ 田凯：《关于农民工城市适应性的调查与思考》，《人口学刊》1996 年第 4 期。

口城镇落户的重视，引发了对于诸如子女教育与社会保障等问题的讨论，三是十八大提出了"有序推进农业转移人口市民化"的新要求。基于新的要求，有关农业转移人口的城市性研究奠定了基本格局并呈现成长态势。加入世贸组织与中央一号文件促成了"农业转移人口城市性研究"的又一次广阔而深入的发展，研究主题、研究角度、研究方法随之有所创新。该阶段的研究主要聚焦在农民工市民化①、农民工城市适应②、城市农民工③、农民工城市融入④等议题上，并且，与此相关的学者数量，也呈现爆发式增长，如：江立华、刘传江、朱力、吕柯、赵立新、韩俊强、何军等。

此时"农业转移人口城市性"的研究范围与框架主要涉及内涵、成本、影响因素、水平、进程、路径等。首先，在"市民化成本"方面，从简单的城市房价成本⑤，深入到将生活成本、空间成本、社会成本合为"综合成本"来探讨⑥，并且开始讨论成本测算及其分摊机制⑦；其次，在影响因素方面，外在因素中制度因素（流动管理制度、户籍制度、保障制度）与政策是首要探讨对象，城镇化水平、社会文化环境、组织、生活水平等成为热点；内在因素中人力资本、心理形态、思想意识是主要因素。再次，在水平与进程方面，不可否认，农业转移人口成为市民是一个漫长而复杂的过程，由单一的衡量因素探讨，到后期多角度剖析，如从经济层面（就业、经济收入、消费、居住环境）、心理层面（心理认同、角色认知）、社会层面（社会交往、政治参与）、自身素质（价值观念、人力资

---

① 姜作培：《从战略高度认识农民市民化》，《中国城市经济》2002 年第 11 期。

② 江立华：《城市性与农民工的城市适应》，《社会科学研究》2003 年第 5 期。

③ 刘卫星：《城市农民工与农民市民化》，《贵州师范大学学报》（社会科学版）2004 年第 5 期。

④ 李晓丽：《影响农民工城市融入的推力和拉力因素分析》，《山东省农业管理干部学院学报》2006 年第 5 期。

⑤ 陈广桂、徐汝琦：《从农民市民化成本角度看我国的城市化发展》，《农村·农业·农民》2003 年第 9 期。

⑥ 杨轾波：《江西农民市民化"成本—收益"分析》，《商业文化》（学术版）2007 年第 6 期。

⑦ 杨先明：《构建农民工市民化的社会成本分摊机制》，《经济界》2011 年第 3 期。

本）等四个方面来测算"市民化水平"与"城市融入程度"等。另外，关于农民成为市民的路径与策略方面的研究在此类研究中占据了大半。学者们从各个角度进行了探讨，可分为三种范式，第一种为"制约—突破"范式，认为应当突破思想观念、城镇建设与发展、农民工权益保障、制度层面、城乡一体化劳动力市场建设及政府的管理和服务等制约[①]；第二种是"退出—进入—融合"范式，从职业、社会网络、自身组织、思想意识等方面脱离"农业"，然后再在这几个方面实现市民化，最后快速融入城市[②]；第三种即"促进"范式，通过政府政策、社会支持、个人主观努力，来实现劳动方式的适应、职业能力的提升、社会保障的健全、价值观念的更新、个人综合素质的改良等。

综上，该阶段的研究经历了从"简单的理论探讨"到"规范的实证调查"再到"多学科方法与多元研究工具的运用"的变化，为后续深入研究奠定了基础。

（三）新形势促发下的积极创新期（2013 年至今）：农业转移人口城市性研究在追寻与嬗变中获得新进展

该阶段的研究以全面与深度市民化为导向，在研究数量上总体呈下降趋势，但《中共中央关于全面深化改革若干重大问题的决定》《国家新型城镇化规划》等政策的指引，增强了学者们对该方面的理性探讨，其研究进展如下。

首先，研究对象延伸。原有的研究体系中，多关注进城农民工的现状，对于失地农民、随迁家属等群体关注较少。党的十八大之后，关于"农业转移人口"的学术研究从 2013 年开始剧增，2014 年平稳增长。2015 年，对区域特征明显的群体的研究增加，以江苏、安徽、湖北、广东、福建等地较为突出。农业转移人口的内涵更是引起了诸多学者的探讨。总体来看，开展了对以下研究对象的探讨：少数民族新生代农民工[③]、随迁老人[④]、农民工随

① 姜作培：《农民市民化：制约因素及突破思路分析》，《浙江社会科学》2003 年第 6 期。
② 刘传江：《当代中国农民发展及其面临的问题（二）　农民工生存状态的边缘化与市民化》，《人口与计划生育》2004 年第 11 期。
③ 张静：《少数民族农民工市民化中文化适应问题研究》，《理论探讨》2014 年第 6 期。
④ 余昆：《关于随迁老人社会融入的文献综述》，《社科纵横》（新理论版）2013 年第 4 期。

迁子女①、失地农民②、新疆少数民族农民工③、农民创业者④、女性农民工⑤、非农就业农民⑥、农民工出租车司机⑦、"城中村"居民⑧、大学生"农民工"⑨ 等。总之，从职业、地域、民族、社会角色等各个角度展开了对"农业转移人口"的研究，丰富了农业转移人口的内涵。

其次，研究内容拓展。该阶段从"城市性"的笼统研究发展到"城市性"内涵、成本、影响因素、水平、进程、路径等细化研究，例如基于政治意识与行为的城市融入⑩、农民工市民化的红利效应⑪、城市融入的净成本分析⑫、逆市民化⑬、城市身份认同研究⑭、就业稳定性等。另外，出现了新的研究点，例如，城市融入过程中的思想政治教育⑮、分类市民化⑯、

---

① 罗竖元、李萍：《社区文化：农民工随迁子女城市融入的现实载体》，《广西社会科学》2013 年第 12 期。

② 谭日辉：《社会认同视角下失地农民的市民化研究》，《湖南社会科学》2014 年第 6 期。

③ 丁红艳：《新疆少数民族农民工的城市适应性研究》，新疆农业大学，2015 年。

④ 吴瑞瑞：《城镇化背景下农民创业环境评价研究》，硕士学位论文，大连工业大学，2015 年。

⑤ 苏映宇：《城镇化进程中女性农民工劳动权益保障研究》，博士学位论文，福建师范大学，2016 年。

⑥ 赵智、郑循刚、李冬梅：《土地流转、非农就业与市民化倾向——基于四川省农业转移人口的调查分析》，《南京农业大学学报》（社会科学版）2016 年第 4 期。

⑦ 陈永燊、周彬、张仲伍：《临汾市农民工出租车司机市民化问题研究》，《山西大同大学学报》（社会科学版）2018 年第 3 期。

⑧ 韩雨诗、王宇雄：《"城中村"居民城市融入问题研究》，《长治学院学报》2019 年第 1 期。

⑨ 章丽萍、王娅莉：《大学生"农民工"城市融入问题浅析——以合肥市为例》，《行政事业资产与财务》2019 年第 2 期。

⑩ 胡艳辉：《农民工城市融入：基于政治意识与行为的维度》，《求索》2014 年第 1 期。

⑪ 胡艳辉：《农民工城市融入：基于政治意识与行为的维度》，《求索》2014 年第 1 期。

⑫ 王家庭、赵一帆、倪方树、冯树：《新型城镇化进程中农民工市民化的净成本测度——以中国五大城市群为例》，《城市观察》2016 年第 2 期。

⑬ 吴波：《农业转移人口逆市民化：现象辨析、潜在影响及扭转路径》，《东北农业大学学报》（社会科学版）2017 年第 6 期。

⑭ 赵迎军：《从身份漂移到市民定位：农民工城市身份认同研究》，《浙江社会科学》2018 年第 4 期。

⑮ 宋璐怡：《新生代农民工城市融入过程中的思想政治教育》，硕士学位论文，南京理工大学，2015 年。

⑯ 齐红倩、席旭文：《分类市民化：破解农业转移人口市民化困境的关键》，《经济学家》2016 年第 6 期。

新生代农民工生育意愿①等，研究内容得到了进一步扩展。

再次，研究视角新颖。例如，在农民工市民化方面有职业教育视角②、人力资本的视角③、公共产品视角④、类型学的视角⑤、企业行为与博弈论的视角⑥、社会资本的视角⑦、社会交换的视角⑧；在农民工城市适应方面有文化适应的视角⑨、成人教育与转化学习的角度⑩、"共生视域"⑪、传播学的视角⑫。在城市融入方面有环境心理的视角⑬、消费融入的视角⑭、教育培训的视角⑮、新媒体视角⑯、文化消费与构建视角⑰。以上研究视角，

①　梁土坤：《二律背反：新生代农民工生育意愿的变化趋势及其政策启示》，《北京理工大学学报》（社会科学版）2019 年第 3 期。

②　孟凡华：《农民工市民化：职业教育何为》，《职业技术教育》2014 年第 27 期。

③　王竹林、范维：《人力资本视角下农民工市民化能力形成机理及提升路径》，《西北农林科技大学学报》（社会科学版）2015 年第 2 期。

④　费菊：《农民工市民化供求决定机理——基于公共产品理论模型》，《学术论坛》2015 年第 7 期。

⑤　吴越菲：《农业转移人口的"选择性市民化"：一项类型学考察》，《中国农业大学学报》（社会科学版）2016 年第 2 期。

⑥　王莹：《农业转移人口市民化过程中的企业行为研究——基于博弈论的视角》，《安徽农业科学》2016 年第 19 期。

⑦　孔祥利、卓玛草：《农民工城市融入的非制度途径——社会资本作用的质性研究》，《陕西师范大学学报》（哲学社会科学版）2016 年第 1 期。

⑧　刘小年：《农民工市民化非均衡现象分析——社会交换的视角》，《农业经济问题》2018 年第 1 期。

⑨　李强、李凌：《农民工的现代性与城市适应——文化适应的视角》，《南开学报》（哲学社会科学版）2014 年第 3 期。

⑩　崔铭香、刘建坤：《城市适应：农民工之转化学习》，《现代远距离教育》2014 年第 1 期。

⑪　姚德超：《"共生"视域下农业转移人口市民化问题治理研究》，硕士学位论文，华中师范大学，2014 年。

⑫　赵呈晨：《传播学视角下的新生代农民工城市适应研究综述》，《新闻界》2015 年第 5 期。

⑬　滕瀚、黄洪雷：《城镇化进程中农业转移人口的社会融入——基于环境心理的视角》，《江淮论坛》2014 年第 1 期。

⑭　郑欣、章译文：《"消费式融入"：新生代农民工的城市生活实践及其抗争——基于长三角地区的实证研究》，《中国地质大学学报》（社会科学版）2016 年第 1 期。

⑮　潘晓红：《社区教育视角下新生代农民工城市融入对策研究》，硕士学位论文，西华师范大学，2017 年。

⑯　任靖：《新媒体使用对新生代农民工城市融入的影响研究》，硕士学位论文，郑州大学，2017 年。

⑰　王婉婉：《从"文化消费"到"身份建构"——新生代农民工城市融入的文化策略》，《东北农业大学学报》（社会科学版）2019 年第 2 期。

为丰富农业转移人口城市性研究注入了新鲜血液。

此外，诸多学者对该阶段已有研究存在的问题进行了深刻反思。有学者认为，研究对象需要扩展，应建立整体性的思考与研究；在水平现状方面，应当增加量化的比较研究，探讨地区差异与内在规律；在影响因素方面，建立城乡统筹规划的思维，避免"为城镇化而城镇化"；在突破路径上，强调关注微观的个体[1]等。也有学者指出，已有成果存在研究假设存在误区、突破路径过度依赖制度、"相关信息化研究缺失"等问题[2]。

总之，该阶段研究对象增加、视角新颖、内容拓展、聚焦点突出，特别凸显了"人的城镇化""市民化个人意愿""个体路径"等微观层面的研究。同时，研究方法更为多元，比较研究、差异研究等方法的应用，促发了许多角度新颖、内容深刻的研究成果。

三　农业转移人口城市性研究的主题

(一) 影响因素：农业转移人口城市性研究的基点

影响农业转移人口城市性的因素可归纳为客观因素与主观因素。

客观因素指的是对农业转移人口成为市民具有推、拉、阻等外力作用的因素，使这一行为成为"被动"，例如制度因素、经济因素、成本因素等。

第一，制度因素。制度因素是农民成为市民的主要影响因素，包括户籍制度、就业制度、教育制度、住房制度、医疗制度、养老制度、保障制度等。具体而言，二元户籍制度是农民工难以市民化的根本性障碍，城乡分割的劳动力市场制度制约着农民工融入城市，僵化的土地制度制约着农民工从农村退出，落后的教育培训制度不利于促进农民工市民化，政府管理和职能转变不到位阻碍农民工融入城市[3]。

---

① 单菁菁：《农民工市民化研究综述：回顾、评析与展望》，《城市发展研究》2014 年第 1 期。

② 孙友然、凌亢、张新岭、白先春：《我国农业转移人口市民化研究综述》，《西北农林科技大学学报》(社会科学版) 2016 年第 2 期。

③ 钟德友、陈银容：《破解农民工市民化障碍的制度创新——以重庆为例证的分析》，《农村经济》2012 年第 1 期。

第二，经济因素。从宏观来看，社会经济发展促使农业转移人口投身于各行各业，创造更多的经济价值，农业转移人口的就业也缓解了流出地的经济状况①。从微观来看，农业转移人口在城市的消费、生活开销、租房成本等都是重要影响因素，粟娟通过建立消费预期、消费习惯、消费能力之间的数理关系，通过函数式得出：农民工消费能力释放度越大，则农民工市民化特征也越显著②。

第三，成本因素。关于农业转移人口市民化成本或者农民工市民化成本的研究，主要集中于成本构成、成本测算与成本分担三个方面。在成本构成方面，对成本内容构成划分角度较多。市民化成本包括公共成本与私人成本③、经济成本、心理成本与社会成本④、制度成本与转移成本⑤、退出成本与融入成本⑥、变迁成本与转型成本⑦。在成本测算方面，测算方法以核算法、分类加总、累计法为主，测算内容一般包含政府、企业、社会和个人四个方面的成本。在成本分担机制方面，农业转移人口市民化成本源于个人劳动创造，是一个跨区域、长期分散的过程⑧，其间，政府成为主要承担者与推动者，个人参与成本分摊，主要是市民化后的私人成本，企业应当主动承担劳动保障成本，而社会组织起辅助性作用。⑨

第四，社会资本因素。社会资本是农业转移人口在社会联系与网络中，靠个体能够获得的发展资源。农民工的边缘性地位与其社会资本的占

---

① 葛信勇：《农民工市民化影响因素研究》，博士学位论文，西南大学，2011年。

② 粟娟：《基于消费视角的农民工市民化效应测评及对策》，《中国流通经济》2014年第4期。

③ 陈广桂：《房价、农民市民化成本和我国的城市化》，《中国农村经济》2004年第3期。

④ 曹宗平：《农村剩余劳动力转移的成本分析及路径选择》，《山东社会科学》2009年第4期。

⑤ 许玉明：《重庆市农民工市民化的成本约束与制度创新》，《西部论坛》2011年第2期。

⑥ 曹兵、郭玉辉：《论农民工市民化的社会成本构成》，《经济论坛》2012年第8期。

⑦ 康涌泉：《农业转移人口市民化的成本及收益解析》，《河南师范大学学报》（哲学社会科学版）2014年第6期。

⑧ 孙正林、佐赫：《农民工市民化成本估算与分担机制》，《学术交流》2016年第10期。

⑨ 伍雪媚、李学坤、李鹤、宗玉萍、李彦蓉、李萍、姜明慧：《重庆市农民工市民化成本模型构建及测算》，《重庆文理学院学报》（社会科学版）2016年第5期。

有和使用具有高度的相关性，农民工的社会资本主要集中在以亲缘、地缘和血缘这种"三缘关系网络"为纽带的社会关系网络中①，这样的社会关系网络为求职提供了便利。同时，社会网络资本对农民工城市就业质量具有显著的促增效应，② 但是，这一类型的社会资本是社会地位较低层次的人最常使用的社会资本，在市民化不断推进的情况下，这一资本将会向现代契约型资本过渡。同时，有学者将社会资本分为本土性社会资本与再生性社会资本，本土性社会资本对农民工初入城市具有帮助作用，但长期来看，不利于其市民化，农民工再生性网络交往规模太小，对市民化的促进作用不足③。此外，还有如下的研究发现：一是在个人经济收入方面，社会资本是导致农民工工资差异的重要因素④；二是在组织参与方面，农民工的原始型社会资本通过影响农民工对工会的信任间接促成农民工工会参与行为。⑤

另外，主观因素指的是农业转移人口成为市民过程中，与个人思维与意识相关的行为、决策等，包括个人资本、个人心理状况、文化资本等。

第一，人力资本因素。农业转移人口的人力资本指的是其在接受正式与非正式教育、参与健康投资与转移流动中凝结在个人身上的各种能力的综合，其核心是教育水平与职业能力。人力资本对农业转移人口的就业有直接影响，对个人市民化有深层次的间接影响。首先，人力资本为农民工市民化奠定经济基础，并影响着农民工再构现代型社会资本能力。⑥ 其次，

---

① 刘传江：《当代中国农民发展及其面临的问题（二） 农民工生存状态的边缘化与市民化》，《人口与计划生育》2004 年第 11 期。

② 邓睿、冉光和：《健康自评和社会网络资本对农民工就业质量的影响》，《城市问题》2018 年第 2 期。

③ 黄进：《本土性与再生性社会资本对农民工市民化的影响研究》，《中国劳动》2015 年第 22 期。

④ 李根强、谭银清、陈益芳：《人力资本、社会资本与农民工工资差异》，《华中农业大学学报》（社会科学版）2016 年第 2 期。

⑤ 郑琪、汪雯：《社会资本对农民工工会参与的影响研究——以苏州市为例》，《中国林业经济》2019 年第 3 期。

⑥ 肖日葵：《人力资本、社会资本对农民工市民化的影响——以 X 市农民工为个案研究》，《西北人口》2008 年第 4 期。

人力资本是影响农民工市民化能力的最主要因素①，其相关要素如受教育程度、技能水平等，通过就业效应、融合效应、保障效应和学习效应等对农民工市民化产生重要影响。② 此外，增加人力资本投资能够提升其市民化能力，进而促进农民工市民化的进程③。

第二，个人心理资本。心理资本是一种区别于社会资本和人力资本的重要心理要素，其包含了自我认知、工作态度、生活态度、对城市认同感等。心理资本作为积极的心理要素，会影响农民工对待日常工作与生活的情感态度，并进一步影响其心理感受与行为状态。④ 心理资本对农业转移人口市民化的影响可以从直接与间接两方面来分析。直接影响比如心理资本中乐观、自我效能感、希望和坚韧显著促进新生代农民工市民化⑤，新生代农民工对城市的认同感以及其自尊水平两个变量高度影响其是否愿意真正实现市民身份的转变。⑥ 间接影响如对工资的影响：心理资本对农民工工资产生正向作用，其背后的自我效能感和希望是其对农民工工资的主要内在推动力⑦。

第三，文化资本。文化资本表现为农业转移人口的行为方式、价值观念、语言风格等文化能力。文化资本的缺乏直接制约了城市融入，同时也影响着人力资本与社会资本的积累。⑧

综上可以发现，农业转移人口市民化与城市性提升的影响因素，是"农业转移人口市民化"研究中的一个基础性课题，具有重要影响。诚然，目前学界还没有全面揭示出这些因素之间的关系，但结合实践深入探索相

---

① 张世梅、高双、李凯鹏：《人力资本视角下吉林省农民工市民化能力分析》，《河南科技大学学报》（社会科学版）2019 年第 1 期。
② 徐美银：《人力资本、社会资本与农民工市民化意愿》，《华南农业大学学报》（社会科学版）2018 年第 4 期。
③ 李玲：《人力资本投资对农民工市民化的影响研究》，硕士学位论文，辽宁大学，2018 年。
④ 刘雅婷、黄健：《心理资本对农民工城市融入的作用机制及教育规导路径》，《现代远程教育研究》2018 年第 3 期。
⑤ 吴轩：《新生代农民工市民化影响因素的实证研究》，硕士学位论文，广西大学，2017 年。
⑥ 陈延秋、金晓彤：《新生代农民工市民化意愿影响因素的实证研究——基于人力资本、社会资本和心理资本的考察》，《西北人口》2014 年第 4 期。
⑦ 马颖杰：《心理资本对农民工工资的影响研究》，硕士学位论文，暨南大学，2014 年。
⑧ 刘辉武：《文化资本与农民工的城市融入》，《农村经济》2007 年第 1 期。

关影响因素解析各个因素的作用机制并理清其内在关联，是今后研究的重要使命。

（二）实现路径：农业转移人口城市性研究的终点

农业转移人口城市性的提升路径是此类研究的重要主题。主要有以下范式：历程类、不同主体视角类、主观能动性视角类、中外借鉴类、成人教育视角类等。

第一，历程类。该视角将农业转移人口市民化及其城市性提升看作一个分阶段发生的过程，每个阶段有其发展的目标，应有不同的对策。例如，谢宇认为，农业转移人口市民化实质在于实现其与城市户籍人口的公共服务均等化，要经历缩小差距、与城市并轨、融入城市三个过程，将"缩差""并轨"与"融合"实现相互关联，建构融合模式，实现顺利就业、文化供给丰富、素质教育进一步提高，以此来提升农民工融入城市的认同感、归属感和使命感。[①]

第二，不同主体视角类。该视角认为，推进农业转移人口市民化与城市性提升，需要政府、组织、企业等多个利益相关方共力协调推进。许世刚对该过程进行了分析，探索出了政府创新服务、财政分担外部成本、企业强化社会责任、主动维权、社会组织因地制宜、培育多样化和专业化的服务机构的共治路径[②]。

第三，主观能动性视角类。该视角根据实际情况的不同，将市民化划分为主动与被动两类，并提出与此对应的路径。周君璧认为，农业转移人口市民化可以分为主动（农民—市民）与被动（农民—农民工—市民）两条路径，可以采取遵循市场原则的方式做好被征地人口的补偿与就业安置工作的被动措施与有序引导土地流转实现走得出、放开公共服务实现留得下、放开户籍融得进三步走的主动措施，共同实现农业转移人口的市

---

① 谢宇、谢建社：《缩差、并轨与融合：G 市农民工市民化路径探索》，《福建论坛》（人文社会科学版）2016 年第 8 期。

② 许世刚：《新型城镇化背景下农民工市民化的困境与路径优化》，《社会福利》（理论版）2018 年第 8 期。

民化。①

第四，中外借鉴类。该视角主要借鉴国际上各个国家农业转移人口市民化的运作与管理经验，根据中国实践情况，提出有针对性的措施，刘向辉总结了英国在圈地运动和工业革命过程中政府引导，第二、第三产业发展，制定法律规范，发展职业教育的农业人口转移的成功经验，结合中国实践提出在产业发展、法制建设和农民培训方面的对策。②

第五，成人教育的视角。该视角认为，农业转移人口市民化及其城市性的提升，本质上即实现农业转移人口在思维方式、价值观念、生活方式与行为方式上发生转变，接近城市市民，从而适应和融入城市，将成人教育、职业教育、继续教育作为农业转移人口获得职业技能、城市生活素养和破解市民化能力瓶颈的关键，内容上主要进行人文素养与公民素养教育，从而为培养未来的城市市民做准备。例如，有学者将农民工城市适应过程作为一个成人转化学习的过程，提出密切关系、创设情境、鼓励支持的成人教育对策。③ 综上可知，一方面结合了诸如大规模人口流动与城乡协调发展等中国特殊国情，强调了政策与制度的重要性；另一方面围绕"人的城镇化"与"人的现代化"来讨论该问题，注重农业转移人口的归属感，体现了人文关怀情怀。

（三）程度测评：农业转移人口城市性研究的亮点

"测评"是一种对"市民化"与"城市性"水平进行考察或者对"城市适应"与"城市融入"程度进行衡量的一种方式。该研究主题的创新开拓与深入，是新近研究的一大亮点，使得学界对该问题的认识更加深刻，研究结论更加科学。其研究历程如下：

首先，在该项研究初始阶段，关于"测评"的相关研究不多，主要有孟祥林（2010）、张斐（2011）、陈旭峰（2012）、李长鑫（2013）等人采

---

① 周君璧：《新型城镇化背景下农业转移人口市民化路径障碍及对策分析》，《求实》2014年第9期。

② 刘向辉：《基于英国经验借鉴的中国农业人口转移问题研究》，《世界农业》2016年第7期。

③ 崔铭香、刘建坤：《城市适应：农民工之转化学习》，《现代远距离教育》2014年第1期。

用赋权的方法建立指标体系对市民化水平和城市融入程度进行了测量与调查。

其次，从 2014 年伊始，该类研究进入迸发阶段，主要以利用现有数据为主、调查为辅的方式进行，并且区域特征明显。在利用现有数据方面，苏丽锋利用 2014 年全国流动人口动态监测数据，建立多维度指标体系，测算中国流动人口的市民化水平，并利用工具变量法估计四类特征因素对市民化水平的影响，发现中国流动人口市民化水平较低，不同省份之间的差异较小。① 在区域研究方面，吴颖以苏州市农民工为研究对象，通过问卷调查和访谈搜集数据，利用 SPSS18.0、AMOS21.0 和 STATA10.0 统计软件对教育培训对农民工收入和市民化水平影响程度进行了实证研究与分析，建立了市民化指标体系，分析了教育培训对农民工市民化的影响。②

总之，"测评"研究经历了视角上从宏观到微观、内容方面从综合的水平测评到单一的影响因素对水平影响的测评、研究工具从传统的问卷调查到量表与现代化研究工具相结合的过程，现代化研究工具的应用使得对"市民化水平"的分析更加细致，得出的结论更具科学性。

第四节　研究对象界定

本书的主要研究对象为"农业转移人口"，该词在学术研究领域最先于 1983 年由张玉林教授提出，在 2009 年 12 月中央经济会议上正式出现："要把解决符合条件的农业转移劳动力逐步在城镇就业和落户作为推进城镇化的重要任务"。在此之后，解决农业转移人口的各项入城问题成为政府的一项重要工作。2012 年 11 月，党的十八大报告提出：加快户籍制度改革，有序推进农业转移人口市民化。关于"农业转移人口"的学术研究成果也从 2013 年开始剧增。此后以农业转移人口为研究对象的研究成果逐步增加。

---

① 苏丽锋：《中国流动人口市民化水平测算及影响因素研究》，《中国人口科学》2017 年第 2 期。

② 吴颖：《教育培训对农民工收入和市民化水平影响的实证研究》，硕士学位论文，苏州大学，2017 年。

关于农业转移人口的界定，已有研究对此争议不大，根据研究与调研需要，对原有农村户籍人口，按以下三个原则进行界定：一是职业上产生了转变，从传统农业生产转为非农业工作，经历劳动与收入来源方式的转变，诸如建筑行业农民工、手工与制造企业职工、乡镇企业职工、进城创业与经商人员；二是生活地域发生了长时间的改变，从原来生活的农村转到城镇，经历城乡迁移，诸如易地搬迁人口、随迁非劳动人口（子女、老人）、失地农民；三是社会身份发生了实质性的改变，由农民转为市民，诸如就地城镇化农民。农业转移人口与农民工相比，减少了歧视性色彩，更加中性，同时关注到了更多的群体。[①]

第五节　研究内容与研究方法

本书的研究内容框架与研究方法，概括呈现如下。

一　研究内容

本书的总体研究内容框架包括理论分析、实证研究和对策探讨三个方面。

（一）农业转移人口城市性的理论分析

1. 阐明农业转移人口城市性内涵

农业转移人口流动到城市，面临的重要问题是适应城市，即获得或提升其城市性。城市性是指一种生活方式，是城市有别于乡村的一整套社会与文化特质，是一种城市生活的基调。

2. 解析农业转移人口城市性基本表征

农业转移人口的城市适应是他们的农村生活、工作、思维、行为方式等"惯习"向城市生活、工作、思维、行为方式转变的过程，是城市生活方式、价值观念影响、同化农村生活方式、价值观念的过程，是逐步提升

---

① 杨菊华：《农业转移人口市民化的维度建构与模式探讨》，《江苏行政学院学报》2018年第4期。

城市性的过程。农业转移人口的城市性到底有怎样的具体表征，本书将从其理性化人格、次级社会关系、超负荷社会交往模式、亚文化环境、创新与反常规、宽容等方面加以揭示。

（二）农业转移人口城市性测评体系构建

1. 深入研究国内外最新研究成果，提出农业转移人口城市性构成要素

在归纳总结和深入的实证调研基础上，采集形成农业转移人口城市性的构成要素。

2. 构建农业转移人口城市性测评体系，明确构建的原则、思路、影响因素及排序

运用各种数据分析工具，探寻农业转移人口城市性的维度、影响因素及权重，构建农业转移人口城市性测评体系，包括构建原则、构建思路、影响因素及各因素排序。

（三）农业转移人口城市性测评实证研究

以农业转移人口城市性测评量表及其调查问卷为工具，抽样调查了解农业转移人口城市性现状，总结其城市性及其市民化问题。

1. 分析农业转移人口城市性总体情况

对我国农业转移人口进行抽样测评，掌握其城市性及其市民化总体状况，并进行分析。

2. 揭示农业转移人口城市性不足表现及问题表征

农业转移人口在城市适应过程中面临着城市性不足问题，对此将在调查研究基础上予以揭示。

3. 阐释农业转移人口城市性不足原因

对于导致农业转移人口城市性不足的原因也将进行深层次剖析，在此基础上"对症下药"，提出促进农业转移人口城市性提升及其市民化的对策。

（四）农业转移人口城市性提升及其市民化的对策探究

结合理论与实证的分析，提出促进农业转移人口城市性提升的策略与机制，为推进农业转移人口城市适应、市民化提供理论与实践指导。

二 研究方法

本书所采用的研究方法主要有以下几种：

（一）文献法

全面查阅与本课题相关的国内外文献，掌握研究的现状和前沿动态，为本研究提供参考和借鉴。

（二）问卷调查法

设计调查问卷，对农业转移人口的城市适应状况进行问卷调查，从城市性结构、特征、影响因素等角度了解农业转移人口城市性及其市民化现状。在省内几个不同类型城市做预调查和信度、效度检验之后，对调查问卷进行修改，确定调查问卷的最终稿。最终选取我国中部流入人口较多的城市的农业转移人口为抽样调查对象。

（三）统计分析法

运用各种数据分析工具，包括探索性因素分析、验证性因素分析、多因素回归分析等量化统计分析技术进行结果统计，探寻农业转移人口城市性的维度、影响因素及权重，建构农业转移人口城市性测评体系。

第二章

农业转移人口市民化、
城市性的理论认识

第一节　农业转移人口市民化的理论认识

一　农业转移人口市民化问题的起源：矛盾、差异、耦合

农业转移人口市民化是一个综合问题，其起源与发展根源于诸多因素的相互作用。

（一）矛盾：实践中进城农民的低质量生存与高质量城市化发展要求的矛盾

随着农村农业生产发展条件的改善与城市经济社会城镇化的积极推进，农村剩余劳动力以多种多样的形式进入城市生存、发展，成为新的移民群体。在此过程中，他们成为城市基础建设的重要力量，成为城市发展与建设不可缺少的一部分，同时，他们也面临无法全面融入城市生活而出现的观念歧视、生活方式难以适应、正当权益缺乏保障、职业发展受限等生存问题。虽然他们成为了统计意义上的"城镇人口"[①]，但实际上他们的总体生活境遇与城市人生活境遇有较大差距，成为城市的"边缘群体"。基于数据调查发现，这样的劳动力转移模式限制了农民工消费水平的提高，他们增加储蓄而降低消费，这样的低质量城市化模式影响了我国内需的扩大和经济增长[②]。

[①]　国务院发展研究中心课题组、刘世锦、陈昌盛、许召元、崔小勇：《农民工市民化对扩大内需和经济增长的影响》，《经济研究》2010 年第 6 期。

[②]　国务院发展研究中心课题组、刘世锦、陈昌盛、许召元、崔小勇：《农民工市民化对扩大内需和经济增长的影响》，《经济研究》2010 年第 6 期。

而经济发展质量与社会民生发展质量又是评价城镇化质量的重要指标①，高质量、健康的城镇化发展强调完成形式上的城镇化的同时实现质量方面的城镇化，实现人的转移的同时促进人的素质和幸福感提升，即"以人为核心的城镇化"必须重视人的心理与行为适应以及城乡文化的融合。② 因此，农业转移人口市民化，是推进以人为核心的城镇化的首要任务，同时也成为扩内需、调结构的主要抓手，是破除城乡二元结构的根本途径。

（二）差异：发展经济学理论的"一次转移"与中国特色"二次转移"的差异

发展经济学以研究发展中国家经济问题诸如农业、人口、经济结构等为核心内容，主要关注落后国家向经济发达状态转变的一般规律。发展经济学经典理论发现了发展中国家"农村人口城市化"和"农业剩余劳动力非农化"的两个问题。王桂芳认为，20 世纪 80 年代以来，我国的城乡人口转移并非呈现出如多数市场经济国家一样的农民到市民实现一次性合一的地域和职业同时转换，而是呈现出独特的"中国路径"，即首先由农民或农业剩余劳动力转变为农民工，再由城市农民工转变为产业工人好市民，实现身份与职业的转换。而从当前来看，完成第一个转变是没有障碍的，而完成第二个转变较为艰难。因此，从发展经济学角度来看，我国的农民工市民化需要建立区别于市场经济国家的"农村人口城市化"一次性模式的独特的两步转移模式：农民非农化 + 农民工市民化③。

（三）耦合：城镇化发展的目标与人自由全面发展的价值耦合

中国的城镇化是以人为核心的城镇化。城镇化就是各种生产要素向城镇集聚的过程，原有的城镇从农村演变而来，经济的发展促进了各种经济要素的流动，城镇化就是这些要素流动的结果。即城镇化就是社会化的过程，其主体与核心是人。城镇化与现代化的问题归根结底是人的问题，是

---

① 彭璇：《京津冀城镇化质量综合评价与提升路径研究》，硕士学位论文，首都经济贸易大学，2016 年。

② 江波：《"以人为核心"的城镇化：内涵、价值与路径》，《苏州大学学报》（哲学社会科学版）2017 年第 3 期。

③ 王桂芳：《城市农民工市民化问题研究综述》，《中共山西省委党校学报》2008 年第 5 期。

人与社会自由发展的诉求问题，其核心价值在于人对自由发展的理想生活的追求①。发展经济社会的根本目的，就是满足人民群众不断增长的物质和文化的需要，实现人的全面发展。这一"以人为本"的传统理念与人的自由而全面发展的价值理念不谋而合，其关怀人的生存，重视人的价值，一切为了人的发展。因此，要实现经济与社会的发展，必然同时要实现人的发展，农业转移人口市民化的推进，是实现经济社会跨越发展的前提。

二　农业转移人口市民化内涵

厘清对农业转移人口市民化内涵的认识是研究该问题的起点，影响着研究者的立场与研究思路。迄今为止，因研究角度与研究思路的差异，学者们对农业转移人口市民化的内涵界定也各有特色。

通过文献回顾发现，已有研究将农业转移人口市民化定义为一种转变或者进化的过程、一种转化的结果、结果与过程的混合。不同的学者从不同的角度来认识与研究农业转移人口市民化问题，诸如刘传江从现象的角度定义，强调其事实，而结果观则强调其程度。这里依据研究发文概况与研究概念的变化，对关于农业转移人口市民化（农民工市民化、农民市民化）内涵的代表性观点进行梳理。

综上可以发现，农业转移人口市民化既是一个复杂与动态的过程，也是一个多方面转变的综合性结果。从结果的角度来看，农业转移人口市民化是一种状态、一种程度，最终应当实现制度身份、社会身份、职业、生活方式、基本权利、价值观念的根本性转变，达到城市化的要求；从过程的角度来看，农业转移人口市民化包括退出农村或农业、进入城市、融入城市三个过程，在这三个过程中，首先实现职业、地域等的转移，再实现各个方面的融合或者融入。农业转移人口市民化作为一种结果来认识的时候，强调其静态，重点关注其程度；作为一种过程来认识的时候，强调过程中的动态因素，重点关注其变化。

---

①　张沐：《统筹城乡的城镇化研究》，硕士学位论文，中央民族大学，2012年。

表 2 - 1 - 1　　　　部分学者对农业转移人口市民化的界定

	研究者	内涵
过程观	王桂新	是指迁居城市的农民工在城市社会环境中逐步向城市居民转变的过程①
	吕炜	农民到市民的个人转变过程；劳动力自由迁徙，经济格局重构的经济转变过程；兼具空间和时间的动态渐进过程；全民公共意识与社会文化水平的提高，社会治理模式转变过程②
	崔玉平	有意愿并迁居城市的农民工在城市社会环境中获得长期生存能力，同时享受与当地市民同等待遇与福利，逐步拥有城市市民身份、城市行为活动、城市文明认同以及更高公民素质的进化过程③
结果观	赵一凡	农民工在推进工业化发展和城镇化进程中，对自我价值观念、社会地位、权利、生活方式以及他人认同度等方面向城市市民的一种转变，进而在公共服务、社会保障等基本权利方面与城市居民获得相同的待遇④
综合观	刘传江	离农务工经商的农民工克服障碍最终转变为市民的过程和现象。⑤
	赵立新	离开原居住地半年以上并在城市务工经商的农民逐步向城市居民转化的过程，是农民身份向城市居民身份的彻底转化。⑥
	成姗姗	农民工在地域、职业、身份、价值观和生活方式等方面的转变，既是一个发展过程，又是一个发展结果⑦

　　总体来看，以不同学科为基础的对农业转移人口市民化内涵的研究，既关注到了城镇化与工业化的宏观背景，也抓取了农业转移人口市民化过程中经济、公共服务、社会文化等微观要素；既意识到了这是一个需要长时间的渐进过程，是一个从退出农村、农业到进入城市最后再融入城市的过程，也意识到了这是一个在质与形上都需要转变的过程，职业与地域转变是农业转移人口市民化的外在表现，价值、意识、素质的转变是农业转移人口市民化

---

① 王桂新、沈建法、刘建波：《中国城市农民工市民化研究——以上海为例》，《人口与发展》2008 年第 1 期。

② 吕炜、谢佳慧：《农业转移人口市民化：重新认知与理论思辨》，《财经问题研究》2015 年第 11 期。

③ 崔玉平、吴颖：《非货币化收益视角下教育培训对农民工市民化水平的效应——基于苏州市农民工样本的实证研究》，《华东师范大学学报》（教育科学版）2019 年第 2 期。

④ 赵一凡：《我国农民工市民化问题及其影响因素研究》，硕士学位论文，北京工业大学，2018 年。

⑤ 刘传江：《中国农民工市民化研究》，《理论月刊》2006 年第 10 期。

⑥ 赵立新：《社会资本与农民工市民化》，《社会主义研究》2006 年第 4 期。

⑦ 成姗姗：《新型城镇化进程中农民工市民化的问题研究》，硕士学位论文，吉林大学，2018 年。

的内在体现。同时，也指出了农业转移人口市民化应当实现的基本目标，即在公共服务、基本权利、社会保障等方面得到与市民的同等待遇。

三 农业转移人口市民化问题的实质

农业转移人口市民化问题与中国经济发展与改革、城镇化建设、现代化建设等息息相关，不单一是某个领域或者某个学科的问题，从不同角度来看，农业转移人口市民化问题的实质各有不同。深化对农业转移人口市民化问题实质的认识，是全面、深入地推进农业转移人口市民化研究与实践的基础。

农业转移人口市民化问题是发展不平衡与不充分的问题。[1] 我国社会的主要矛盾已经转变为人民日益增长的美好生活需要和不平衡不充分的发展之间的矛盾。农业转移人口市民化难便是不平衡发展不充分发展的表现之一。一方面源于城乡发展不平衡、资源分布不平衡引发的劳动力转移，城市具有较好的基础设施与公共服务，转移人口进入城市追求更美好的生活与发展；另一方面是农村的发展不充分，当前乡村虽然有了新的面貌与新的发展，部分农民有了新的家园，但是农业产业结构不健全、农村深度贫困、农村公共服务水平较低等问题依然存在。因此，对城市较好生活的向往与乡村发展不充分而形成的矛盾，引发农业人口转移，本质上是城乡发展的不平衡与不充分的问题。

农业转移人口市民化问题是人的现代化问题。[2] 人的现代化问题是改革开放40多年来中国社会现代化取得了初步成果之后仍然存在的人的现代化发展与社会现代化发展不协调的问题，体现为"人的建设"滞后于"物的建设"[3]。在社会现代化建设过程中，不仅要完成经济、文化、生态等的现代化，更要完成人的现代化。人的现代化是人的素质的全面提高，是传

---

① 杨丽莎、周亚蕾：《包容性发展视角下农业转移人口市民化问题研究》，《农场经济管理》2019年第3期。

② 齐勇：《新型城镇化背景下农业转移人口价值观研究》，博士学位论文，北京科技大学，2019年。

③ 张智：《社会主义现代化与人的现代化的协同发展》，《重庆社会科学》2014年第8期。

统人到现代人的转化，其包含生活、素质、能力、关系、思维、观念等层面的现代化，当人的综合素质与现代化相适应或者超越之时，人的行为、思维等也会与现代化相协调，这就是人的现代化。农业转移人口市民化是一个传统农民向现代人转化的过程，是一个素质、思维及其能力等从传统向现代转化的过程，最终目标是实现人的发展与现代化发展的协调。由此而言，农业转移人口市民化可以看作是人的现代化的初级阶段①，农业转移人口市民化与人的现代化应当是同步进行的。

农业转移人口市民化问题是人的自由全面发展的问题。② 农业转移人口属于城市的新增人口，但却不是纯粹传统意义上的农民，因为其思想、行为与素质在城市中出现不适应与不能融入的问题。从马克思人学的角度来看，农业转移人口市民化体现了自觉性、全面性、现实性与社会性，实质上就是人的自由全面发展的问题，③ 是农业转移人口寻求关系、素质、能力、个性自我提升、自我完善与追求自我实现的过程，是人的全面发展在新时代的表现，体现了现实性与超越性的结合、合理性与价值性的统一。因此，农业转移人口问题实质上是人的自由全面发展的问题。

第二节 农业转移人口城市性的理论认识

一 国外学者对城市性的认识

城市是由各个部分有机联结在一起的社会组织，不仅有着物理形态，还有着精神道德上的特征。④ 城市化是"社会生产力和社会关系、人类精神世界和生活方式迈向现代化的综合反映"。⑤ 因此，城市不仅仅是一群人

---

① 齐勇：《新型城镇化背景下农业转移人口价值观研究》，博士学位论文，北京科技大学，2019 年。

② 毛隆凤：《马克思主义人学视阈下新增城市人口"市民化"研究》，硕士学位论文，江西理工大学，2015 年。

③ 毛隆凤：《马克思主义人学视阈下新增城市人口"市民化"研究》，硕士学位论文，江西理工大学，2015 年。

④ Park, R. E., "The City as a Social Laboratory", *Chicago: An Experiment in Social Science Research*, 1929, pp. 1 - 19.

⑤ 郑杭生：《社会学概论新编》，人民大学出版社 1987 年版，第 343 页。

共同居住的地域，还体现出"城市性"的心理状态和生活方式。① 随着迁移入城的农业转移人口的增加及城市的扩张与发展，西方学者也将研究重心从对城市的研究逐渐转移到对城市性的研究。

（一）研究总览

城市化和城市现代化是城市社会结构变迁的必然结果。② 城市化的发展产生了城市性，但城市性强调的是一种城市特性而不是城市化。因此，城市化并不一定直接导致城市性。③ 路易斯·沃思区分了城市、城市性和城市化这三个概念。他指出，在社会学意义上，城市是一个相对较大的、密集的、异质的、永久定居的人的定居点。城市性是一种塑造城市生活方式的特征，是城市的特点。城市化是城市特征要素发展和扩散的过程。

1. 路易斯·沃思的"城市性"研究

路易斯·沃思（Louis Wirth）是最早提出"城市性"概念的城市社会学芝加哥学派的代表人物。1926 年，沃思发表了《少数民居聚居地》（The Ghetto），对马克斯维尔街邻里的描绘反映出沃思对芝加哥犹太社会发展的认识和理解。路易斯·沃思（Louis Wirth）在 1938 年发表《作为一种生活方式的城市性》（Urbanism as a way of life）一文，他从社会学的角度对城市进行了界定，认为城市是一种相对大型的、相对稠密的、相对长久的异质个体定居的聚落。他强调城市作为一个空间环境对个体行为方式的影响。他将城市产生的独特行为称为"城市的生活方式"并将城市生活方式聚焦于三个因素：人口规模、密度和异质性。④

（1）规模效应

路易斯·沃思认为，人口规模越大，社会角色的多样性就越大。因为人口缺乏一种共同的身份，竞争和正式的社会机制将取代初级亲属关系成

---

① 李艳春：《新生代女性农民工城市适应性研究》，社会科学文献出版社 2016 年版，第 168 页。

② 张鸿雁：《侵入与接替——城市社会结构变迁新论》，东南大学季出版社 2003 年版，第 113 页。

③ 郭强、黄华玲：《城市性及其获致》，《创新》2012 年第 5 期。

④ Wirth, L., "Urbanism as a Way of Life", *American Journal of Sociology*, Vol. 44, No. 1, 1938, pp. 1 - 24.

为组织社会的一个重要手段，使得社会互动中存在着匿名性、人们的关系高度隔离、社会交往中的碎裂化现象增加，以上这些还会造成释放效应，导致行为失范和社会解体。

（2）密度效应

城市人口密度的增加将会强化人口的规模效应，增加个体或群体间的竞争，从而产生一个专门化的需求。一方面，较大的城市人口密度产生更大的与陌生人亲密共处的忍耐力。另一方面，不共享一个共同身份的各群体间的相互接触也会产生较大的压力。激烈的竞争造成相互间的剥削，导致对于调节过度刺激的需要也会更大。

（3）异质性效应

城市中的个体或群体在许多方面会与自身在许多方面不同的人接触，如不同种族、不同社会地位人之间的交往。异质性间的接触会提升群体间的忍耐力，从而逐渐打破了种族和阶层壁垒。这个效应也会把个体角色和交际划分成各地独立的部分，异质性效应进一步加深了公共生活中的匿名性和自我丧失感。

沃思通过分析规模、密度效应及居民异质性效应对城市生活方式的影响总结了城市的四个特性。第一，复杂的社会结构产生了高度专业化的机构。第二，人口和文化的异质性明显。第三，暂时性亲属关系纽带减弱，次属交往替代首属交往，家庭的社会意义功能随之降低，社会整合的传统基础被破坏。第四，城市中的交往具有肤浅性、短暂性、匿名性和非人格性等特征。

2. 罗伯特·E. 帕克的"城市性"研究

罗伯特·E. 帕克（Robert Ezra Park）是芝加哥大学的城市社会学派的主要代表人物之一。芝加哥学派社会学家认为城市是人类生态学的一个分支，城市里所有的个体都被卷入竞争之中，并且以各种方式适应它。

罗伯特·E. 帕克认为，城市的社会组织产生于生存斗争，人们为了与他人竞争而努力去做他们最擅长的工作，产生了明确而高度负责的劳动力分工。帕克指出，城市生活是由生物层面和文化层面组织起来的。其中生物层面是指在物种对稀有环境资源的竞争中所产生的组织形式。生物层面强调生物学因素对理解社会组织和城市经济竞争结果的重要性。文化层面是指符号和心理的适应过程。在城市文化的作用下，有着相似背景的邻里通过共享文化价值的合作联系被维系在一起。具有合作性和象征性的"道德秩序"将社区生活组织起来。① 因此，罗伯特·E. 帕克认为，城市绝非简单的物质现象，也绝非简单的人工构成物，而是一种心理状态。因此，城市化也不仅是一堆硬性的能勾勒出社会经济图景和外在风貌的统计数字和物质景象，它也是一种文化心理状态，"是一种心理物理过程"②。

3. 克劳德·S. 菲舍尔的城市性亚文化理论

由于路易斯·沃思的城市生活理论否认了生态因素的重要性而受到其他学者的批评，但是，克劳德·S. 菲舍尔（Claude S. Fischer）认为，尽管后续学者对于城市性的研究比路易斯·沃思更准确，但是却未能解释城市生活中普遍存在的诸如偏离之类的"非常规性"行为。因此，他重新引入大小的变量，提出了亚文化理论。

克劳德·S. 菲舍尔认为，导致文化和行为差异的因素不仅是赫伯特·J. 甘斯（Gans, Herbert J.）提出的大社区和小社区在人口组成、年龄、种族、教育水平等方面存在着的许多差异，城市以外的社区特征，如经济机会和政治结构，将在一定程度上也会产生文化和行为的差异。③ 克劳德·S. 菲舍尔赞同路易斯·沃思提出的异常和无序对城市规模和密度有影响的主张。然而，导致这些结果的过程与路易斯·沃思的假设截然不同。他认为城市中较高的"偏差和无序"率并不是由异化、匿名和非个性等因素造成的，而是由数量众多"临界群体"所造成的，因为这些数量众多的人足以维持可行的非传统亚文化。他将这种亚文化的行为表现称为"越轨"。亚文化会鼓励或容忍更广泛社会的异常或不寻常的行为。

克劳德·S. 菲舍尔的亚文化模式④如图所示。克劳德·S. 菲舍尔基于此模型提出了七个命题，这七个命题分别是：第一个命题是一个地方城市

---

① Park, R. E. (1952), Human Communities: The City and Human Ecology.

② 孟祥远、邓智平：《个人的城市性与城市的发展》，《城市问题》2009 年第 9 期。

③ Gans, H. J. Urbanism and Suburbanism as Ways of Life: A Re-evaluation of Definitions. ‖ People and Plans: Essays on Urban Problems and Solutions.

④ Fischer, C. S., "Toward a Subcultural Theory of Urbanism", *American Journal of Sociology*, Vol. 80, No. 6, 1975, pp. 1319 – 1341.

化程度越高，它的亚文化多样性就越大；第二个命题是一个地方越是城市化，其亚文化的"强度"就越高。这种"强度"主要是指亚文化人口以及亚文化的种类和规模。一个亚文化的人口越多，它的"制度完整性"就越大。一个地方的亚文化种类越多，规模越大，它们之间的对比和冲突程度就越大；第三个命题是一个地方的城市化程度越高，它的传播源就越多，扩散到亚文化的程度就越大；第四个命题是一个地方城市化程度越高，城市中的越轨行为比例就越大；第五个命题是对于既定的亚文化，其扩散效应在周边地区影响上应该是最大的，在中心地区上影响应该是最小的，并且随着城市化的发展，亚文化强度的增加先于外来元素向亚文化的扩散；第六个命题是城市中的越轨行为没有一个普遍的方向；第七个命题是城乡人口的文化差异是持久的。因此，亚文化滋养了城市中的越轨行为。

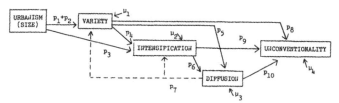

Fig. 1.—A schematic representation of a subcultural theory of urbanism

Processes (p): listed in order of discussion

p_1 = structural differentiation
p_2 = size of migration catchment area
p_3 = "critical mass"
p_4 = culture clash
p_5 = variety of sources
p_6 = social strength of sources
p_7 = assimilation (conventional to unconventional diffusion)
p_8 = compositional effect
p_9 = in-group socialization and influence
p_{10} = unconventional to conventional group diffusion

Exogenous influences (examples) (μ):

μ_1 = economic structure of city; migration type; degree of interaction ("dynamic density")
μ_2 = degree of distinctiveness; demographic structure; power and status of groups
μ_3 = relative sizes, power, prestige of groups; degree of contact; utility of diffused item
μ_4 = political structure; material resources for protection; climate of tolerance

图 2 - 2 - 1　克劳德·S. 菲舍尔的城市性的亚文化模型

（二）有关城市性概念的界定

西方城市性研究中并没有统一的对于"城市性"概念的界定，不同的学者有着不同的见解。此部分先对不同学者对于"城市性"的概念界定进行简单梳理，并形成表 2 - 2 - 1。

表 2 – 2 – 1　　　　　　　　　　城市性概念界定汇总表

作者	城市性概念界定
路易斯·沃思（Louis Wirth）	作为生活方式的城市性①
拉尔夫·利昂·比尔斯（Beals, R. L.）	城市性是一种文化适应过程②
内尔斯·安德森（Anderson, N）	城市性就是现代城市的生活方式③
马歇尔·B. 克里纳德（Clinard, M. B.）	城市性是指包括非人格性、高度流动性和差别接触在内的一系列社会关系特征④
萨德·埃丁·易卜拉欣（Saad Eddin Ibrahim）	城市性是人的观点、行为模式及去创建并参与的组织网络的质的变迁，是一种具有精明、容忍变化、普世主义和非人格关系等特征的生活方式⑤

　　路易斯·沃思、内尔斯·安德森和萨德·埃丁·易卜拉欣认为，城市性是一种生活方式。生活方式既是一种物质消费方式，又是一种精神生活方式，是物质文明与精神文明的有机统一。它是全部自然和社会条件、物质和精神因素对人们生活综合起作用的结果，是一个动态的过程。马歇尔·B. 克里纳德通过描述城市性的社会关系特征对城市性进行说明。不论是人的观点、行为模式还是非人格化、高流动性，也都是一个变化的过程，农民离开农村、进入城市，在完成职业、居住地、身份城市化的同时，还应该逐渐形成城市人的人格特征，接受城市生活的方式，培养城市人的相应素质，也就是逐渐积累"城市性"，⑥ 这亦是

---

　　① Wirth, L., "Urbanism as a Way of Life", *American journal of sociology*, Vol. 44, No. 1, 1938, pp. 1 – 24.

　　② Beals, R. L., "Urbanism, urbanization and acculturation", *American Anthropologist*, Vol. 53, No. 1, 1951, pp. 1 – 10.

　　③ Anderson, N., "Urbanism and urbanization", *American Journal of Sociology*, Vol. 65, No. 1, 1959, pp. 68 – 73.

　　④ Clinard, M. B., "A Cross-cultural Replication of the Relation of Urbanism to Criminal Behavior", *American Sociological Review*, Vol. 25, No. 2, 1960, pp. 253 – 257.

　　⑤ Ibrahim, S. E., "Over-urbanization and Under-urbanism: The Case of the Arab World", *International Journal of Middle East Studies*, 1975, pp. 29 – 45.

　　⑥ 王兴周：《都市乡民的终结——新市民城市性积累与市民化》，科学出版社 2016 年版，第 34 页。

一个动态的过程。拉尔夫·利昂·比尔斯提出，城市性是一个适应过程。适应有两重含义，第一重含义是指分析器的感受性由于受刺激物的持续作用而发生的变化。第二重含义是指对自然环境的顺应，对社会环境的迁就，根据环境条件改变自身。顺应变化，也是一个动态的过程。不同学者对城市性有着不同的理解和界定，但是都表明了城市性是一个动态的过程。

（三）有关城市性获致对象的界定

从农村迁移到城市的人口作为城市性获致的主体，不同学者对从农村转移到城市的人口有不同的界定。易卜拉欣（Ibrahim）指出，都市乡民就是指进入城市生活、实现了职业非农化、获得平等公民权但没有完成人格和生活方式转型的"乡城移民"及其后代。里默尔（Riemer）提出"大都市里的乡民"（villagers in metropolis）是指那些以非正式关系紧密联结在大都市生活的群体间成员。珍尼特·阿布·卢格霍德（Janet Abu-Lughod）将开罗的进城乡民界定为"传统市民（traditional urbanite），他们住在城市但是不属于城市，只是增加了城市人数量，自身还没有适应作为生活方式的城市性。德里格尔（Driedger）则将种族群体从农村移入城市之初都称为都市乡民。埃尔曼（Erman）将进城乡民分为三类。其中最主要的一类是徘徊在城乡之间，在不放弃农村社区和血缘关系的前提下，他们试图扩大自己的交往范围，继续保持自己作为城市村民的特殊身份。还有一类是完全切断了与农村的联系，认为自己是"真正的城市居民"的人。最后，还有一个群体完全拒绝城市，认为自己是农村人。学者们主要是从职业与地域的角度来界定农业转移人口，一是从职业来看，他们从以农业领域为主转变为以非农业领域为主。二是从地域来看，他们是从农村转移到城市生活的人。

（四）有关城市性属性的探究

美国社会学家路易斯·沃思（Louis Wirth）于1938年在《美国社会学杂志》上发表了《作为一种生活方式的城市性》（Urbanism as a way of life）一文，他是第一个从社会学角度提出"城市性"的人。他认为，城市性是在人口规模、人口密度和人口异质性这三个要素间的相互作用下形成的，具有物理环境的属性。[1]

美国社会学家金斯利·戴维斯（Kingsley Davis）是最早发展过度城市化理论的学者之一。1955 年，在《美国社会学杂志》上发表了《世界城市化的起源与发展》（The Origin and Growth of Urbanization in the World）一文，他认为，城市性代表了整个社会生活格局的革命性变化。城市性本身是基本经济和技术发展的产物，一旦产生，就往往影响到各个方面，具有社会属性。

加利福尼亚大学社会学家克劳德·S. 菲舍尔（Claude S. Fischer）运用社会学和历史学的工具探索有争议的社会和文化问题。1975 年，他在《美国社会学杂志》上发表的《城市主义的亚文化理论》（Toward a Subcultural Theory of Urbanism）一文中提到城市中较高的"偏差和无序"率并不是由异化、匿名和非个性等因素造成的，而是由数量众多的人组成的"临界群体"所造成的，这些人足以维持可行的非传统亚文化。这是那些亚文化的行为表现，被称为"越轨"，而"越轨"就是影响城市性的社会性因素。

因此，城市性是城市环境所造成的城市社会联结和社会关系模式及其所塑造的城市人独特的心理和行为特征的总和。[2] 就背景而言，城市性格是在城市环境中形成的；就行动方式而言，城市性格是在社会联系和社会关系的模式中形成的；就表现形式而言，城市性格表现为人们独特的心理和行为。

（五）有关城市性特征的归纳

个人城市化就是个人获得城市性的过程[3]，如何界定一个人是否成功获致城市性，如何判断一个人是否成功完成了市民化是研究者在城市性研究中的重点，本研究将部分经典的城市性表现特点整理为表 2－2－2.

---

[1]　Wirth, L., "Urbanism as a Way of Life", *American Journal of Sociology*, Vol. 44, No. 1, 1938, pp. 1 - 24.

[2]　王兴周：《都市乡民的终结——新市民城市性积累与市民化》，科学出版社 2016 年版，第 35 页。

[3]　郭强、黄华玲：《城市性及其获致》，《创新》2012 年第 5 期。

表 2 - 2 - 2　　　　　　　　　城市性的特征的归纳

作者	城市性表现特点
路易斯·沃思 （Louis Wirth）	社会交往非人格性、表面化、短暂、局部性、理性、宽容、世俗、竞争、进取和秩序意识，孤独、紧张、不稳定、不安全、流动和无根心理、非人格市场、标准化产品、金钱经济、服务可交易、大众社会、公共媒体等导致人格解体，符号和类别代替人格，个人失去不可代替性①
内尔斯·安德森 （Anderson，N）	非人格、次级、契约型生活方式，人际关系具有匿名和短暂性②
萨德·埃丁·易卜拉欣 （Saad Eddin Ibrahim）	理性、秩序意识、精明、容忍变化、普世主义和非人格关系等。③
格奥尔格·西梅尔 （Georg Simmel）	理性、守时、守秩序、强调一致性、工于计算、精明圆滑、冷漠、冷淡、敌视、逃避交往、自由、非人性、孤独和失落等④
斯坦利·米尔格拉姆 （Stanley Milgram）	社会交往处于超负荷状态、避免投入、给每一次投入分配较少时间、有选择地投入并无视次要的投入机会、角色专门化、消除潜在的人际交往机会，在个人与环境之间设置"社交过滤装置"（social screening decives）、减少投入密度、用专门机构吞没个人的投入等方式应对，个体与社会隔离、疏远、孤傲、冷漠等⑤
查尔斯·R. 蒂特勒 （Charles R Tittle）	匿名、宽容、疏远、可能会越轨或反常规行为等⑥
莱奥·德里格尔 （Driedger，Leo）	表现为四个方面：1. 区域隔离：以种群为单位聚居、封闭、隔离，复制乡村生活方式，形成族群性"城市马赛克"；2. 制度建构：发展出族群自己的社会制度，形成族群内部的社会互动模式；3. 文化认同：在于族群外的文化进行比较的过程中逐步强化族群文化的优越感；4. 社会距离：形成内群体和外群体意识，群内社会距离小、群间社会距离扩大。他的研究发现，都市乡民的首要表现就是区域隔离，他们以族群为单位聚居、封闭、隔离，复制乡村生活方式，形成族群性等⑦

①　Wirth, L., "Urbanism as a Way of Life", *American Journal of Sociology*, Vol. 44, No. 1, 1938, pp. 1 – 24.

②　Anderson, N., "Urbanism and urbanization", *American Journal of Sociology*, Vol. 65, No. 1, 1959, pp. 68 – 73.

③　Ibrahim, S. E., "Over-urbanization and Under-urbanism: The Case of the Arab World", *International Journal of Middle East Studies*, 1975, pp. 29 – 45.

④　Simmel, G., "The Metropolis and Mental Life", In *The Urban Sociology Reader*, 2012, pp. 37 – 45, Routledge.

⑤　Milgram, S. (1970), The Experience of Living in Cities: A Psychological Analysis, In Annual Meeting of the American Psychological Association, Sep., 1969, Washington, DC, US; This Paper is Based on an Invited Address Presented to the Division of General Psychology at the Aforementioned Meeting, American Psychological Association.

⑥　Tittle, C. R., "Influences on Urbanism: A Test of Predictions from Three Perspectives", *Social Problems*, Vol. 36, No. 3, 1989, pp. 270 – 288.

⑦　Driedger, L., "Toward a Perspective on Canadian Pluralism: Ethnic Identity in Winnipeg", *Canadian Journal of Sociology/Cahiers Canadiens de Sociologie*, 1977, pp. 77 – 95.

作者	城市性表现特点
彼得森·凯伦·凯 （Petersen，K. K.）	生活方式与农村生活方式和居住环境类似，并无适应新环境的压力；主要从事流动摊贩、家政服务等个体性职业。亲属关系联结紧密。乡民交际圈子封闭，乡村社会纽带固化。工会、公民协会、慈善机构、政治团体等正式社会制度尚未发展起来，保障体系弱①

　　结合上述表中的特征描述，在农业人口向城市人口转化的过程中会有四个方面的适应，分别是价值观、生活方式、行为模式、人格特质。其中价值观的转变，主要表现在守时、遵守秩序等观念的形成。生活方式也会发生改变，会通过设置"社交过滤装置"选择性地进行社交、减少密度投入等。行为模式是外显的表现形式，表现为匿名、宽容、疏远、可能的越轨或反常规行为等。最后，个人特质也会随着在城市生活或工作的时间推移越趋鲜明，如守时性、求实性等。

　　综上所述，国外还有诸多关于城市性的理论研究，在此不一一列举了。国外的学者们从不同的视角对城市性进行了研究，可谓硕果累累，对我国开展农业转移人口城市性研究具有重要的借鉴意义，但是任何问题的解决都需要对症下药。首先，我国基本国情不同于西方国家，在处理城市发展问题上，政府发挥着重要的指导和调控作用。其次，我国的农业转移人口具有自身的特殊性。我国的农业转移人口基本都是来自国内本土的农村地区，属于国家内部的移民，在城市性获致过程中的种族歧视、文化差异、语言沟通方面的障碍要小于国外跨国间的流动人口所面临的困境。另外，我国虽然农业转移人口众多，但是我国的城市化水平仍与发达国家相距甚远，仍然还有很多需要从农村转移出来的劳动力。但是，在二元户籍制度下，农业转移人口要融入城市，成为真正意义上的城市市民还有很长的路要走。故在促进农业转移人口的城市性获致方面不能完全复制国外的路径，但也希望国外的有关城市性研究成果能够为我国农业转移人口市民

① Petersen，K. K. ，"Villagers in Cairo：Hypotheses Versus Data"，*American Journal of Sociology*，Vol. 77，No. 3，1971，pp. 560 – 573.

化提供有益借鉴，促进我国农业转移人口顺利实现市民化。

二　国内学者对农业转移人口城市性的内涵认识

此类研究以"农民身份与农业"为起点，以"转移"为契机，以获得成熟的"城市性"为终点，从市民化、城市适应、城市融入、现代性、城市性等角度展开论述，主要从以下角度进行分析与认知。

一是城市融入的角度。该角度主要采用"融入"或者"转化"的方式进行定义。"融入观"，即农民工获得"城市性"的城市化过程，可以看作不断摆脱边缘状态而走向和融入城镇的过程。[①]"转化观"，农民工城市化指的是借助其从事非农产业的优势，使其在身份、地位、价值观念及工作和生活方式等方面向城市市民转化的经济和社会过程[②]。

二是城市适应的角度。已有研究可以从"递进观""调整观""综合过程观"来划分。"递进观"，农民工城市适应是经济、社会与心理三个层次依次递进的过程。[③]"调整观"，农民工城市适应是农民工进城后，不断地在生活方式、工作方式、社会交往、社会心理方面作出调适，以适应生存环境的过程、[④]"综合过程观"，新生代农民工的城市适应实质上是一个接受城市生活结构、社会行动影响并自我调整的过程。[⑤]也有学者认为，农民工城市适应需要经历冲突、适应、融合的三个过程[⑥]。另有学者认为，农民工城市适应是一个转化学习的过程，会经历文化碰撞、批判反思与基于反思的行动三个阶段[⑦]。

三是现代性的角度。较早的观点认为，现代性是与"传统性"相对应

---

① 刘传江、徐建玲：《第二代农民工及其市民化研究》，《中国人口·资源与环境》2007年第1期。

② 吕柯：《浅议"农民工"市民化存在的主要障碍》，《中共成都市委党校学报》（哲学社会科学）2004年第2期。

③ 田凯：《关于农民工的城市适应性的调查分析与思考》，《社会科学研究》1995年第5期。

④ 唐秀英：《我国农民工城市适应问题略论》，《中共桂林市委党校学报》2003年第3期。

⑤ 刘奉越：《基于新生代农民工城市适应主体性障碍的质变学习》，《现代远程教育研究》2012年第6期。

⑥ 张慧琪：《农民工城市适应性研究》，硕士学位论文，南京师范大学，2006年。

⑦ 崔铭香、刘建坤：《城市适应：农民工之转化学习》，《现代远距离教育》2014年第1期。

的一个概念①，既适用于个人也适用于社会②，是一个人生活方式、心理状态、价值观念等的一种新状态标志③。农民工通过"城市化"来解构传统，再通过"社会化"路径来获得现代性。④ 当前的较新观点，现代性是社会现代化的基本原则和价值取向，体现出现代化应有的时代意识与精神，以现代观念、行为与态度为内涵的人格特征是农民的现代性，其提升是农业农村现代化的关键，农民教育可以通过多种教育方式培养农民现代性，提高综合素质⑤。

四是城市性的角度。"城市性"角度源于农民工到城市身份上成为市民但是城市性不足而难以适应城市等城市化过度而城市性不足的问题。⑥对"城市性"一词的内涵，不同的学科有不同的理解。城市性作为一种生活方式的基调，在组织、竞争、社会交往、社会关系联结、生活体系方式等方面，与农村存在"质性"区别⑦，是一种由工业化生产、市场经济所决定的人类社会组织方式⑧。城市化的发展产生了城市性，但是城市化未必直接导致城市性，城市性是一种城市的特性，城市化是一种物质外壳，城市性更深入的内涵是一种城市的生存方式，是城市的内在人文精神。⑨王兴周在他的研究中指出，城市性概念与"现代性"和"都市人格"两个概念接近，与乡村性相对，"都市人格"是人的"城市性"的核心，即城

① 郭正林、周大鸣：《外出务工与农民现代性的获得》，《中山大学学报》（社会科学版）1996 年第 5 期。

② 周晓虹：《流动与城市体验对中国农民现代性的影响——北京"浙江村"与温州一个农村社区的考察》，《社会学研究》1998 年第 5 期。

③ 郭正林、周大鸣：《外出务工与农民现代性的获得》，《中山大学学报》（社会科学版）1996 年第 5 期。

④ 江立华：《论农民工在城市的生存与现代性》，《郑州大学学报》（哲学社会科学版）2004 年第 1 期。

⑤ 何光全：《现代化视野下的我国农民教育问题》，《现代远程教育研究》2018 年第 1 期。

⑥ 崔铭香、刘建坤：《论成人教育与农民工"城市性"的提升》，《河北师范大学学报》（教育科学版）2013 年第 1 期。

⑦ 江立华：《城市性与农民工的城市适应》，《社会科学研究》2003 年第 5 期。

⑧ 叶中强：《齐美尔、沃思的都市社会学及其在当代中国的影响》，《江苏行政学院学报》2002 年第 3 期。

⑨ 黄华玲：《农民市民化与市民现代化》，硕士学位论文，苏州大学，2006 年。

市人的独特心理和行为的总和①。由上可知，农民市民化问题，一直以来是研究热点，其中，城市化过度而城市性不足问题将成为中国城市化与现代化过程中的重要理论与实践问题。

此类研究已达成两点共识：一是农民成为市民，不论是"转化"还是"适应"，都需要在与此相关的各个方面经历一个特殊的成长过程。二是农民成为市民只是目前的短暂目标，已有相对成熟的制度支撑，但是随着城市化与现代化的发展，城市性作为一种内在的人文精神如何随着现代化发展而提高，将是新的研究方向。

第三节　城市性视角下的农业转移人口市民化

一　累积城市性，转向现代性，实现现代化

"城市性"原是城市研究中的一个概念，其相关研究贯穿于城市规划、城市艺术、区域地理等领域。1938 年，美国著名城市学家路易斯·沃斯（Louis wirth）在《美国社会学杂志》上发表《作为生活方式的城市性》（*Urbanism as a way of life*）一文，该文将"城市性"这一概念引入社会学②。定义了城市社会学中的一些研究问题，沃斯在文中主要分析了城市环境带来的一种城市社会属性，这种社会属性主要表现为人及其生活方式的属性。"城市化不再意味着是人们被吸引到一个叫城市的地方、被纳入到城市生活体系之中的过程。城市化也指与城市发展有关的生活方式的鲜明特征不断增强的过程。最后，它指人们受城市生活方式的影响而在他们中间出现显著变化。"③ 在沃斯之后，将"城市性"定义为城市环境的属性或者城市社会的属性的理论逐渐出现。

现代性与现代化是与"城市性"相关和相近的概念，同样被运用在

---

① 王兴周：《都市乡民的终结——新市民城市性积累与市民化》，科学出版社 2016 年版，第 37 页。

② 汪民安、陈永国、张云鹏主编：《现代性基本读本》，河南大学出版社 2005 年版，第 700 页。

③ 孙逊、杨剑龙主编：《都市文化研究　第 3 辑　阅读城市　作为一种生活方式的都市生活》，上海三联书店 2007 年版，第 7 页。

社会科学研究的不同领域。较早的"现代性"主要指一种"后传统秩序",是20世纪一种具有世界历史性影响的社会组织模式,即一种"工业化的世界"①,后来逐渐出现了"一种历史时期","一种新的社会知识和时代","一种社会属性"等理解。② 1962—1964年,美国著名社会学家阿列克斯·英克尔斯(Alex Inkeles)以及他的研究团队进行了一项关于"现代人"的研究,编制了"现代性量表"。阿列克斯·英克尔斯(Alex Inkeles)出版的《从传统人到现代人——六个发展中国家中的个人变化》是对"人类现代性"最早进行分析的研究成果之一,它将现代人定义为:(1)对新经验持开放态度;(2)愿意接受社会变化;(3)倾向于在自己的环境中形成和保持意见;(4)积极获取事实和信息以形成观点的能力;(5)守时(遵守最后期限);(6)效率(对自己通过学习掌握环境的能力有信心);(7)在公共和私人生活中制定计划的倾向;(8)可靠或信任感;(9)重视专门技术;(10)教育与职业的志愿(通过教育,相信科学技术能提供解决人类问题的方法,并且愿意从事这些相关职业);(11)了解并尊重别人;(12)了解生产及其过程③。英克尔斯及其团队的研究使各个学科的学者开始注意到转型时期人的现代性问题,同时其研究结论"工厂是培育现代性的学校"回答了转型时期关于人的发展的问题。当然,英克尔斯及其团队的研究更为精彩的应当是其研究过程,他采用了多个章节讨论人的现代性的各个主题的确定过程及其测量方法,以及现代性的影响因素与过程,可以说英克尔斯的研究就是一项关于人的研究方法的实践。因此,英克尔斯运用"现代性"来对人的变化与发展进行研究,可以被认为是农业转移人口城市性研究的一个早期范本。

城市性与现代性是社会转型发展的产物,为了提升人的城市性与现代

---

① [英]安东尼·吉登斯(ANTHONY GIDDENS):《现代性与自我认同:晚期现代中的自我与社会》,夏璐译,中国人民大学出版社2016年版,第4页。

② 陈嘉明:《"现代性"与"现代化"》,《厦门大学学报》(哲学社会科学版)2003年第5期。

③ [美]阿列克斯·英克尔斯(Inkeles, Alex)、[美]戴维·H. 史密斯(Smith, David H.):《从传统人到现代人——六个发展中国家中的个人变化》,顾昕译,中国人民大学出版社1992年版,第25—31页。

性，于是就有了人的现代化的实践行动。城市性与现代性是两个偏向哲学的概念，而现代化则更多从社会学层面探讨人的发展问题。现代性与城市性将是现代化的结晶，同时也是现代化这一过程与结果的属性。

二　累积城市性，实现市民化

"市民"这一概念的起源较早，经历了不同时期的变迁，形成了今天的"市民"概念。在雅典和罗马城邦时代，在民主政治的基础上出现了"公民"一词，也叫"市民"，罗马还制定了"公民法"来规范公民之间的关系。这一时期，"公民"一词被用来规范公民之间的关系。明代田艺蘅在《留青日札·盐口马丁》中记载，"浙江等处及直隶府州市民，著他见丁出钱，买马往北地当驿站"。[1]即在中国古代社会，"市民"主要指封建社会中的手工业者和商人。随着西方社会转型加速，城市发展速度加快，大量外来劳动力、手工业者涌入城市，他们放弃土地，定居城市，成为具有城市户籍的"市民"，这类市民逐渐形成一个阶层——市民阶层，这类市民随着资本主义政治与经济的发展，享有政治与经济等各项权利。在今天的中国，从户籍制度的角度来看，市民就是具有有效城市户籍、居住在城市的居民，具有城市相关属性的价值取向与行为模式，享有市民身份所对应的一些福祉，但在实际情况中，"市民"这一概念覆盖的群体已经不止这一范畴，居住和生活在市辖区、在城市但从事非农的职业群体或失地农民等也被纳入"市民"这一概念中。

如果说市民是一种身份标识的话，市民化（citizenization）则是获得该标识的过程和结果，即"市民"的意涵决定市民化的内涵，"化"既是过程，也是结果，体现为包括农民工在内的转移人口如何转变为具有现代价值取向与行为模式并享受市民待遇的过程。[2]从理论上讲，市民化是实现社会公平和正义、提高社会质量和个人现代性的必然条件，是打破户籍制

---

[1]　（明）田艺蘅著，朱碧莲点校：《留青日札》（上册），浙江古籍出版社 2012 年版，第 9 页。

[2]　杨菊华：《流动人口（再）市民化：理论、现实与反思》，《吉林大学社会科学学报》2019 年第 3 期。

度"双二元"结构的重点和难点，是国家新型城镇化发展战略的重要组成部分和有效支撑，是推动供给侧结构性改革、支持东部地区和大城市经济社会长期可持续发展的内生动力。这也是国家新型城镇化发展战略的重要内容，是推动供给侧结构性改革、支持东部地区和大城市经济社会长期可持续发展的有效手段。推进流动人口市民化，是补齐"以人为本"的新型城镇化短板的题中应有之义。①

农业转移人口市民化指的是农业转移人口获得一定的市民身份、享有市民生活的过程。形象而言，是指农业转移人口在城市有工作、有住房、生活有保障、子女能接受教育等。市民化是农业转移人口个人以及家庭在城市享有市民资格、融入城市的核心过程，这一过程不仅仅是居住地变动、户籍变动或者职业转变，更是伴随着价值观念、思维方式、行为模式、生活方式转变的身份形态转变。

市民化包括客观和主观、宏观和微观层面，客观、宏观层面包括职业非农化、居住城镇化、权益市民化；主观、微观层面包括观念城市化、思维现代化、行为市民化、生活市民化、人格市民化等。客观市民化是前提，主观市民化是内核，两者相辅相成，缺一不可。宏观、客观市民化是农业转移人口市民化的硬性指标，微观、主观市民化是市民化的软性指标，二者可谓市民化之一体两翼，相互配合、彼此协调才能促进市民化进程的真正实现。

职业非农化、居住城镇化、权益市民化等宏观、客观市民化硬性指标是农业转移人口市民化的基础和前提。农业人口或主动或被动脱离农业工作移动到城镇工作生活，相对而言，大多容易实现职业非农化以及居住城镇化（但也需要帮助其就业及安居城镇），但权益市民化则较难实现，确保农业转移人口与所在地市民具有平等、真实、真正的市民权利至关重要，这有赖于政府、社会进行全局和全域型的顶层制度设计和安排，改革二元户籍制度，实行居住证制度，确保农业转移人口获得等同的市民权

---

① 杨菊华：《农业转移人口市民化的维度建构与模式探讨》，《江苏行政学院学报》2018 年第 4 期。

益，获得市民资格。

获得市民身份是农业转移人口市民化的首要前提，但获得市民身份和权利并不意味着完成公民身份。市民化的软指标，即个人城市性的获得和实践以及公民权的其他主观方面，也是不可或缺的，并构成农业转移人口公民权的内在条件。更具体地说，微观层面的公民意识是指行为模式的转变和价值观的更新，包括观念的城市化、思维的现代化、行为的市民化、生活的市民化和人格的市民化等。上述公民权主观指标的实现，将意味着个人在行为上努力获得现代文明，并呈现出与农村文化有质的区别的生活方式、行为模式和思维方式，与新型城镇化的"人的城镇化"相对应，而这些指标的实现对农业转移人口的市民化来说，更具有实质性意义，标志着农业转移人口市民化的完成。

农业转移人口不断积累城市性，融入城市这一过程中包含由"非市民（农民）"角色向"市民角色"转变的过程，同时也通过外部赋能与自身增能来融入城市，获得"现代性特征"，成为城市性不断提升的新市民。从外在形式来看，这一过程是农业转移人口实现职业和身份转变为市民的过程，从内在的质量而言，是农业转移人口获得市民资格、具备城市生活的素质，接纳城市文化，融入城市并在城市发展的过程。

因此，市民化的目标不仅仅是具有市民身份的农业转移人口数量的增长，而是市民数量和质量的同步增长，而所谓市民质量的增长就是农业转移人口获得并不断积累城市性、最终融入城市生活方式的过程。[1]

由此可以将城市性视角下农业转移人口市民化过程描述如图2-3-1城市性视角下的农业转移人口市民化逻辑：外在制度方面，实现农业转移人口身份与角色的转变，争取形成全体社会成员身份与角色平等的局面；个体内在方面，通过外部赋权与内部增能来累积城市性，形成一定的价值观念与行为模式，在新的生活方式与行为模式指引下，提高在城市中适应与发展的能力，以新的角色来履行社会责任与享受权利。

---

① 熊远来、陈微：《农业转移人口自我重塑与城市适应》，《兰州学刊》2009年第9期。

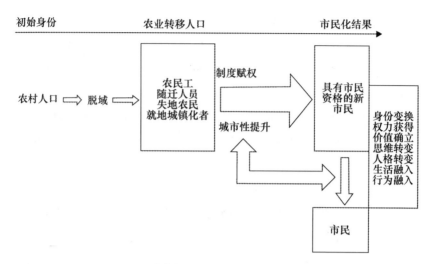

图 2 - 3 - 1　城市性视角下农业转移人口市民化过程

城市化既包括城市的城市化，也包括人的城市化。就某种意义而言，我国的市民化是以人为核心的市民化，即对于农业转移人口而言，衡量其市民化的主要标准就是其城市性的累积及提升程度。

第三章

研究框架、测评工具与数据获取

第一节　农业转移人口城市性体系构建

根据第二章对农业转移人口城市性的理论认识，从城市性与市民化的逻辑关系来看，城市性视角下的农业转移人口市民化即一方面实现农业转移人口身份与角色的转变，争取形成全体社会成员身份与角色平等的局面；另一方面通过外部赋权与内部增能来提升素养，形成一定的价值观念与行为模式，在新的生活方式与行为模式指引下，提高在城市中适应与发展的能力，以新的角色来履行社会责任与享受权利。

据此，本书将农业转移人口城市性的体系构建如下：

表 3 - 1 - 1　　　　　农业转移人口城市性量表指标体系

一级指标	二级指标	三级指标
价值观念	科学观	科技观念
		信息观念
	公平观	公正观念
		平等观念
	法治观	守法观念
		践法观念
	民主观	责权观念
		参与观念
	开放观	多元观念
		包容观念

续表

一级指标	二级指标	三级指标
价值观念	健康观	保健观念
		养生观念
思维方式	缜密性	周密思维
		辩证思维
	整合性	分析思维
		综合思维
	迭代性	转化思维
		更新思维
	发展性	预测思维
		超前思维
	多样性	全面思维
		多元思维
	创新性	求异思维
		求新思维
生活方式	平行化高效化工作方式	分工明确
		追求高效
	超前化过度化消费方式	超前消费
		过度消费
	立体化交互式学习方式	立体学习
		交互学习
	城镇化社区化居住方式	城镇居住
		社区生活
	超负荷去人情社交方式	避免投入
		社会疏远
	多样化文明化休闲方式	多样休闲
		文明休闲
行为模式	次级化社会联结模式	次级关系
		业缘联结
	反常规社会规范模式	超越常规
		标新立异
	广泛式社会参与模式	多方参与
		深入参与

续表

一级指标	二级指标	三级指标
行为模式	多元化社会支持模式	主体多元
		来源多样
	规则式社会适应模式	注重规则
		注重契约
	归属性社会认同模式	群体认同
		地域认同
人格特质	理智性	精明冷静
		讲求实用
	尚法性	崇尚法律
		照章办事
	高效性	遵守时间
		讲求效率
	进取性	积极主动
		意志坚定
	自主性	自愿选择
		独立决断
	宽容性	宽厚仁爱
		接纳异质

一　价值观念：农业转移人口之精神面貌

价值观念指的是实际存在和可能存在的主客体之间的价值关系，主体的价值创造活动及其结果的性质和意义在人的意识中的反映，以及由此而形成的比较确定的心理和行为取向或心理和行为定势。[①] 价值观念属于意识范畴，它具有一般社会意识形式的特点，包括由社会存在决定，有其自身的继承性，又有独立性，同社会经济发展水平的不平衡性等特点。从产生过程来看，价值观是人们对价值认识和评价的内化，是对价值关系、价值创造活动和价值对象长期经验的理性积累，是价值认识的结果在主体意识中的凝聚。此外，价值观是对事物存在和发展的本质的反映、理解或评

---

① 杜齐才：《价值与价值观念》，广东人民出版社1987年版，第102页。

价，是以主体的需要来衡量的，即这些理解和评价反映了主体的需要和利益。

农业转移人口的价值观念是其在城镇化过程中长期积淀的稳定的价值体系，是对从农村到城市这一"转移"过程中生产、生活与实践的集中反映，是自身主体对身边事物、实践活动的价值评价与总体看法。农业转移人口市民化不仅仅指其外部行为与城市环境相协调，同时也是一个内部心理与价值形成的过程，即新的精神面貌的形成过程。

农业转移人口价值观念与城市性提升存在如下关系：第一，农业转移人口市民化过程是一个在由"农民"向"市民"转变过程中的价值选择与价值观念重塑的过程，自身的生活体验与时空变化是其价值评价和行为选择的基础，其研究意义凸显于价值观念的稳定不变的性质与农业转移人口这一价值观念承载群体的"变"的比较中。[①] 第二，农业转移人口市民化进程与其价值观念的转变相互推动。农业转移人口的价值观念处在传统与现代价值体系的"左右挣扎"之中，呈现出"乡"与"城"的矛盾与冲突，而这一冲突即是农业转移人口新的价值观念形成的基础。[②] 第三，农业转移人口城市性集中体现在他们在市民化过程中形成的一套稳定的价值观念、心理态度和行为方式之中。农业转移人口在一系列的价值的"挣扎与冲突"中进行整合、扬弃与重塑，从而形成新的价值观念。

从提升城市性实现市民化的角度来看，将价值观念纳入城市性评价体系的意义在于：第一，价值观念的研究意义凸显于价值观念的稳定不变的性质与农业转移人口这一价值观念承载群体的"变"的比较中。价值观念的特殊性在于，它一旦形成价值体系，即人对此进行内化后形成一定的指导行动的价值观念和行为，就会具有一定的惯性和定势，对其改变非常困难。因此，在农业转移人口市民化过程中，面对城乡的变迁与社会经济建设的不断进步，农业转移人口价值观念转变的研究意义更加明显。第二，价值观念的转变体现为农业转移人口精神面貌的转变。不同的社会主体有

---

① 张德彭：《农业转移人口再社会化叙事研究》，硕士学位论文，江西师范大学，2020 年。

② 齐勇：《新型城镇化背景下农业转移人口价值观研究》，博士学位论文，北京科技大学，2019 年。

不同的价值观念，其与该主体的需要、目标等相连，受社会政治、经济与文化发展的影响，在对主体对客体不断明确与主客价值关系的不断选择中形成。农业转移人口价值观念是城镇化背景下农业转移人口从农村转移到城市这一过程中，以自身主体的视角在对城市生活和个人经历等的价值认知、心理和评价，在生产方式、生活空间与社会交往等逐渐变化过程中，不断地进行选择与比较，逐渐适应市民生活的思想价值体系，集中反映了转移过程中的生产生活实践，体现了农业转移人口这一群体的精神面貌。[1]

从现代化与市民化的关系来看，农业转移人口市民化的问题本质上是农业转移人口现代化的问题。有研究者指出，素质现代化是人现代化的核心内容，思想价值观念是精神素质的内容之一，现代人应具备以下思想观念：一是自由平等观念。现代社会是高度民主的社会，人们享有较充分的自由、平等的权利和机会；二是法治观念。作为现代人应知法、懂法、守法，既遵循法律履行必尽之义务，又善于运用法律维护自己的合法权益；三是开放观念。现代人应乐于接受外来事物和新生事物，具有兼容百物、包纳万象的气度；四是自主意识。现代人应具有独立思维能力和自主、自强精神；五是开拓意识。现代人应勇于开创、乐观豁达，对未来充满信心；六是参与意识。现代人应积极参与各种社会公共事务，乐于为公众服务，为社会尽力；七是责任意识。现代人不但追求自身利益和价值，而且具有高度的社会责任感和历史使命感。[2] 此外，有学者较早研究指出，21世纪"健康第一"的生活观将成为21世纪生活方式的主要趋向之一，不同阶层、不同年龄段的人都会将健康放在第一位。[3] 综合来看，改革开放以来，我国社会各个领域都已走在现代化的道路上，社会各个领域的现代化也会引起人在若干个领域的价值观念变化。于农业转移人口而言，他们在政治、经济文化、社会参与、个人生活、个人权利、义务观念等方面的价值观念就成为了农业转移人口城市性评价的重要内容。

---

① 张德彭：《农业转移人口再社会化叙事研究》，硕士学位论文，江西师范大学，2020年。（课题组阶段性成果之一）

② 陈向阳：《人的全面现代化刍议》，《华南师范大学学报》（社会科学版）1995年第4期。

③ 王雅林：《人类生活方式的前景》，中国社会科学出版社1997年版，第42页。

因此，根据实际情况，本研究将农业转移人口在政治、经济、社会、文化、科技、交往、个人生活方面的价值观念纳入测评，着重调研其民主观、公平观、法治观、科学观、开放观和健康观。

二 思维特质：农业转移人口之心理要素

思维（thinking）是人脑对客观事物能动的、间接的和概括的反映，是在社会实践的基础上进行的。[①] 同时，思维也是人类认识史的结晶，是认识世界的中介，是理性思维的工具。个体的角色知觉、年龄、教育程度、性格特点都会对个人的思维特质产生影响。作为一种内在的过程，思维的功能之一就是控制和产生外显行为。思维在客观上受到客观世界因果关系的制约，主观上受制于长期认识活动中有意识无意识地累积形成的逻辑规则。[②] 在历史上，通常认为成人期是个体思维的衰退期，已有研究发现，成人期的思维变化也具有适应意义，是一种新质的思维。[③] 在农业转移人口务工经历不足和学习能力没有进步的情况下，农业转移人口对事物的认知和思考，更多地体现为以过往经验和当前直觉为参考，即个人经验在其思维发展过程中发挥着重要作用，其思维发展以横向组织为主（即形象性思维和抽象性思维相互作用、相互促进），是个体化的过程。

从城市性与市民化关系来看，农业转移人口市民化本质上是农业转移人口现代化的问题。有研究者认为，人的观念现代化的落脚点即是思维方式的现代化，人的观念现代化在本质上表现为思维方式的转换。[④] 在城镇化以及农业转移人口劳动方式转变过程中，农业转移人口的角色知觉、职业技能、性格特点都在发生转变，而思维特质正好可以成为评价其转变程度的关键要素。

从提升城市性实现市民化的角度来看，将思维纳入城市性评价体系的意义在于：第一，思维特质是农业转移人口个体内在心理因素与外在行为

---

① 夏征农、陈至立：《大辞海·心理学卷》，上海辞书出版社 2015 年版，第 712 页。
② 邵志芳：《思维心理学 第 2 版》，华东师范大学出版社 2007 年版，第 2—4 页。
③ 申继亮：《论成人思维的发展变化》，《北京师范大学学报》1993 年第 1 期。
④ 储著斌：《人的观念现代化研究》，中国社会科学出版社 2015 年版，第 199—200 页。

相互作用的结果。"三元相互作用论"指出，主体因素与个体行为之间具有相互决定关系：个体因素中的动机、信念与价值观等决定着人的行为方式与方向，而行为产生的结果，又将反作用于人的思维方式与情绪反应等，使之产生变化。[①] 第二，思维特质体现着农业转移人口个体内在心理因素与外在环境之间的互动。"三元相互作用论"指出，主体因素与环境之间具有相互决定关系：环境中的各种社会化因素决定着个体人格发展结果的主体能力与性格，但个体也可以通过自己的主体能力和特征，如性格、气质、年龄、性别和社会角色等引起或激活构成其现实生活环境的不同的环境反应。[②] 第三，思维特质的转变体现着农业转移人口在农村和城市不同社会影响下认识事物逻辑的转变。已有研究说明，在农业生产的环境中，农业转移人口的思维体现出对知觉和经验的依赖：依赖于体力来实现个体的想法。在城市生活较长时间后，农业转移人口思维体现出更多的整合性和创造性，以改变思维的方式来实现个体。[③] 因此，将思维特质纳入农业转移人口城市性评价体系，体现着农业转移人口内在心理因素的转变，体现着个体与个体行为互动的结果，体现着个体与环境之间的互动过程。

如上所述，农业转移人口在市民化过程中会受到城市生活与生产方式等因素的影响形成不同思维特质。以创新性为例，农业转移人口思维创新性意味着在解决问题过程中采取农业生产的手段还是适应城市生活的手段。有研究者认为，我国城镇化发展将经历两个阶段：第一阶段，从农村的体力劳动转变为城市的体力劳动；第二阶段，从城市的体力劳动进一步发展成为创新、创意等智力劳动。第二阶段也可以被称为智力城镇化道路，主要依靠智力发展创意、创新产业实现。[④] 从该研究者的结论可以发现，在第二阶段中，劳动者的创新思维成为实现城镇化的关键。因此，农

---

① 乐国安主编：《社会心理学理论新编》，天津人民出版社 2009 年版，第 59 页。
② 乐国安主编：《社会心理学理论新编》，天津人民出版社 2009 年版，第 59 页。
③ 张德彭：《农业转移人口再社会化叙事研究》，硕士学位论文，江西师范大学，2020 年。（课题组阶段性成果之一）
④ 演讲：吴志强，整理：本报记者徐蓓：《从 8 亿农民到 8 亿城市人，下一程怎么走》，《解放日报》2020 年 4 月 17 日第 9 版。

业转移人口思维的创新性即可纳入农业转移人口城市性评价体系中。思维的缜密性、整合性、迭代性、发展性以及多样性均是对农业转移人口在城市生活和劳动过程中从传统农业生产与生活思维转变为工业化、信息化生产与生活思维的程度描述。缜密性考察了农业转移人口在解决问题时思维的周密程度，整合性考察了农业转移人口解决问题过程中综合与分析思维的养成，迭代性和发展性重点描述了农业转移人口的思维方式是否随外界环境变化而更新以及是否能根据个体情况预测问题的可能性，多样性则重在测评农业转移人口在解决问题时思考的全面性与多元性。

根据研究需要，本书将重点测评农业转移人口思维的缜密性、整合性、迭代性、发展性、多样性与创新性。

三 生活方式：农业转移人口之生存适应

生活方式指的是在不同社会和时代生活的人们，在一定的社会条件制约和一定的价值观指导下，所形成的满足自身需要的生活活动形式和行为特征的总和。[①] 生活方式是以社会主体——人为对象和研究中心的多层次的综合性理论范畴，它所探讨的是关于人的生存、发展活动方式总体系统结构模式。生活方式是一定的客观条件和主体能动作用相结合的产物，有社会存在，就必然有社会生活方式，生活方式是人类历史中普遍存在的一种社会现象。[②] 从以上界定可以发现，生活方式由生活活动主体、生活活动条件以及生活活动形式三部分组成。农业转移人口的生活方式是农业转移人口在城市中的一种存在和活动形式，通过有限制以及有变化的生活方式来满足自身发展要求，从而表现与发展自身。同时，农业转移人口生活方式的变化反映着农业转移人口通过在物质、精神、人际关系等方面与外界进行互动而发展自己的状况。

农业转移人口通过发挥主体性与周围环境互动，对周围环境进行选择、过滤与加工，从而形成自己的生活方式。将生活方式纳入农业转移人

---

① 王雅林：《人类生活方式的前景》，中国社会科学出版社1997年版，第2页。
② 王雅林主编：《生活方式概论》，黑龙江人民出版社1989年版，第1页。

口城市性评价体系的原因在于生活方式与农业转移人口市民化是一个直接的统一过程。一方面，生活方式反映了农业转移人口的生活活动条件和生活活动形式发展程度，发展到何种程度就会有何种生活方式，这一点在农村以小农生产生活方式与城市中工业化、信息化的发展方式对比中显得更加清楚；另一方面，农业转移人口个体发展到什么程度，就会有对应的生活方式。一定程度上来讲，农业转移人口当前的生活方式是其自主选择的结果，生活条件固然是生活方式形成的基础，但农业转移人口个体在接受生活条件限制的同时，也创造着个人的发展历史，也在充分发挥着个体的能动性和主体性。

在对农业转移人口生活方式测评时主要考虑如下：第一，工作方式是农业转移人口生活方式的基础。人类发展的历史证明了劳动是人类第一个历史活动，劳动创造了人和人类的生活方式。劳动方式与劳动生活方式的区别在于劳动生活方式具有主体性，包含了劳动心理与观念等要素，目的在于完善劳动者自身，而劳动方式本身较为抽象，主要目的在于寻找生产关系与生产力结合的具体方式。① 工作方式作为农业转移人口生活方式的基础，为其他生活方式提供物质基础，也为农业转移人口实现个人价值提供了基础途径。第二，休闲方式是农业转移人口满足自身精神、社会、心理需要的重要生活方式。在休闲时间，农业转移人口可以得到休息，可以得到在非休闲时间失去的东西，实现个体对自我时间的支配。农业转移人口休闲方式体现了其生活的丰富化与文明化程度，体现了其在休闲中实现个性塑造的程度。同时，农业转移人口的休闲参与有利于提升其对城市的归属感，促进融入城市的可能。第三，从居住方式来看，农业转移人口居住方式的选择决定了农业转移人口在城市中以何种活动形式来满足自身发展要求。梁鹤年认为，"城市人"是"一个理性选择聚居去追求空间接触机会的人"，接触机会增加会使人的选择增加，选择赋予人自由。使人自由选择机会增加的接触就是正面接触，例如找工作、上学校、买东西、交

---

① 王玉波、王雅林、王锐生：《生活方式论》，上海人民出版社1989年版，第92页。

朋友等。理性追求正面接触机会就是以最少的气力获取最多的正面接触。[①]
因此，农业转移人口的居住方式决定了农业转移人口能接触到的人与物的
数量与质量，也决定了农业转移人口在城市中以何种活动形式来满足自身
发展需求。第四，消费方式体现了农业转移人口通过消费满足自身物质与
文化需要的程度。一方面，农业转移人口作为城市消费群体的组成部分，
对拉动我国消费需求具有重要作用；另一方面，消费的结构以及水平也一
定程度上反映了农业转移人口在城市中的融入程度。已有研究表明，不同
的市民化方式对消费有着重要影响，相较于主动市民化，被动市民化群体
面临更大的社会融入难度和就业不确定性，难以充分释放消费潜力。[②] 因
此，消费方式即可作为评价农业转移人口个体城市性的重要指标。第五，
学习方式是农业转移人口提高自身素质的重要体现。当前，终身学习已经
成为一种生活方式。农业转移人口在城市生活，会面临职业技能不足、生
活难以适应等问题，通过学习提升自身素养将成为评价农业转移人口城市
性的重要指标。第六，交往方式体现了农业转移人口融入城市社会的程
度。由于乡村与城市的文化差异，农业转移人口在城市生活难免会存在人
际交往的封闭性和排斥性。而社会交往背后则体现了农业转移人口的社会
关系，往往牵涉着一些资源、权利与机会的划分。同时，农村的社会交往
体现乡缘性，而城市的社会交往则更多地体现业缘性。由此，交往方式即
反映着农业转移人口在城市中通过社会交往实现自身发展的程度，体现着
"乡民"转化为"市民"的程度，亦成为评价农业转移人口城市性的重要
指标。

农业转移人口生活方式关注的是农业转移人口如何通过生产和生活来
实现和发展自身的问题。王雅林阐述了21世纪人类社会生活方式的基本走
向：生活方式的世界化和民族化；注重物质与精神的平衡；"健康第一"
的生活观；"生态型"生活方式的确立；终身学习成为一种生活方式；家

---

① 梁鹤年：《城市人》，《城市规划》2012 年第 7 期。
② 朱健、李子芳：《市民化方式对农业转移人口消费需求的影响研究》，《财经理论与实践》
2022 年第 3 期。

庭走向复兴；西方生活方式影响力逐渐趋于式微。[①] 这一趋势很好地阐释了人类生活方式的变化情况，为评价农业转移人口生活方式提供了很好的借鉴。由此，农业转移人口发展需求是否被满足，是否实现了自身发展将成为衡量农业转移人口生活方式是否进步的标准。具体来说，第一，在工作方式上是否逐步摆脱了类似传统农业生产中对外部自然的依赖，逐步转向生产技术与生产关系的改进；第二，在学习方式上是否能及时发现自身不足而能主动以一定的学习手段来弥补；第三，在社会交往方式上是否能调和农村社会的血缘、地缘交往与城市社会"经济人""社会人"的交往；第四，在其他生活方式中能否逐步摆脱对"共同体"的依赖而逐步获得相对的"独立和自由"。

综上，根据研究需要，本书将农业转移人口工作方式、消费方式、学习方式、居住方式、社交方式、休闲方式纳入农业转移人口城市性之生活方式评价体系。

四　行为模式：农业转移人口之行为构建

社会行为是生活在特定社会生活条件下，具有独特的文化和完整的人格结构的人对各种简单与复杂的社会刺激所作的反应。[②] 农业转移人口个体在市民化过程中，总是处于一定的社会关系中，因此，农业转移人口行为模式具备一般社会行为的特征，即农业转移人口社会行为是建立在人与人之间关系基础上的相互行为或者共同行为，是以一定的社会关系为出发点的。

农业转移人口行为模式指的是农业转移人口在"转移"过程中，面对外界简单或复杂的刺激产生的诸多行为，并由此构建而成的一套具有稳定性、结构性的行为集合。农业转移人口个体作为其社会行为的承担者，特殊之处在于其既保留着传统乡土的文化行为特征，又要面对城市社会给予的直接或间接的刺激。

[①] 王雅林：《人类生活方式的前景》，中国社会科学出版社1997年版，第39—50页。

[②] 周晓虹：《现代社会心理学　多维视野中的社会行为研究》，上海人民出版社1997年版，第13页。

将农业转移人口行为模式纳入城市性评价体系的主要意义如下：第一，农业转移人口行为模式是在城市社会以及个体因素的刺激下实现重塑的。农业转移人口社会行为的产生与展现受到复杂因素的影响，在行为产生方面有着特殊的原因，其行为也有着独特的目的，多样性与复杂性并存，但同时也具有比流入地人口更大的可塑性。在行为展现方面，农业转移人口的社会行为受到一定的政治、法律、思想、文化等上层建筑与意识形态客观因素的影响，也受到个体认知以及心理因素的引导，如上所述，农业转移人口行为模式是外部环境和内在因素共同作用的结果。第二，农业转移人口的社会行为体现着农业转移人口的行为活动、思想情感以及社会关系之间的互动状况，是城市性高低的重要体现，也是农业转移人口市民化的重要结果。第三，农业转移人口行为模式与农业转移人口人格特质的形成相互联系、相互作用。人格这个完整、统一的内在系统为人们在社会文化情境中的行为提供了稳固、一致的反应模式，或者说，社会或文化行为是在具体的人格结构中形成的。[①] 换言之，农业转移人口城市性的提升本质上是独特的行为模式与人格特质的综合重塑，农业转移人口的行为与人格在城市性的提升中是统一的。

根据第二章国内外对城市性特征的研究以及课题实际情况，本书将从以下几个方面展开对农业转移人口行为模式的测评：第一，次级化社会联结模式。农业转移人口初级社会联结模式指的是农业转移人口传统的家庭纽带、地域团体的组织关系对转移生活起作用的一种模式，与次级社会联结模式相对。次级社会联结模式则指以职业关系为主的一种作用模式。在农业转移人口市民化过程中，非血缘以及职业关系在日常生活中发挥着重要作用，其社会联结模式主要从初级的社会联结模式转变为次级社会联结模式。第二，反常规社会规范模式。城乡在常规与反常规、传统与反传统的程度上是存在持久的差异的，越是城市的地方，反常规率越高。[②] 反常

---

① 周晓虹：《现代社会心理学　多维视野中的社会行为研究》，上海人民出版社 1997 年版，第 17 页。

② 王兴周、张文宏：《城市性：农民工市民化的新方向》，《社会科学战线》2008 年第 12 期。

规的社会规范模式主要指农业转移人口在生活与工作中，能突破传统因素的限制，不墨守成规，在生活和工作中以独特的、适宜的方式选择自己的行为。农业转移人口反常规的社会规范模式本质在于农业转移人口能主动接受流入地文化对自身的影响，根据自身情况塑造自己的行为。第三，广泛式社会参与模式。农业转移人口的社会参与指的是农业转移人口参与群体或者公共事务的投入过程与行为，体现了农业转移人口对自身期待在社会中实现的追求。社会参与作为农业转移人口与城市连接的通道，是农业转移人口介入城市的重要途径，影响着农业转移人口的身份认同。① 第四，多元化社会支持模式。农业转移人口的社会支持指的是接受以及寻求他人来自物质与精神上的关心、支持和帮助。社会支持影响着农业转移人口的社会融合度：正式的社会支持网更能促进理想城市融入的实现，而过多依靠非正式的社会支持网，则更易导致城市融入的失败。② 第五，规则式社会适应模式。社会规则作为一定社会系统中所有成员必须遵守的准则和规范，是一定社会系统正常发展的基础，主要指法律、制度、道德、习俗等方面的秩序要求。农业转移人口转移到城镇生活之后，由于经济收入上的差距、城市管理体制缺位、城乡文化冲突，会产生不同程度的越轨行为，这影响了农业转移人口在城市的适应状况。第六，归属性社会认同模式。农业转移人口的社会认同指的是农业转移人口知晓自己归属于某一城镇，或者对获得的市民资格赋予一种情感和价值意义。农业转移人口的归属性社会认同模式影响着其与城市居民的互动，是农业转移人口适应城市和融入城市的重要因素。而是否定居、工作稳定程度、居住年限、工资待遇、公共服务满意度等因素以不同方式影响着农业转移人口的归属性社会认同程度。

　　综上，本书将次级化社会联结模式、反常规社会规范模式、广泛式社会参与模式、多元化社会支持模式、规则式社会适应模式、归属性社会适应模

---

① 王晓莹、罗教讲：《农民工的社会支持、社会参与和身份认同》，《中国劳动关系学院学报》2017 年第 2 期。

② 朱考金、刘瑞清：《青年农民工的社会支持网与城市融入研究——以南京市为例》，《青年研究》2007 年第 8 期。

式六种行为模式作为农业转移人口城市性之行为模式维度的测评内容。

五　人格特质：农业转移人口之个人形塑

人格可以定义为源于个体自身的稳定行为方式和内部过程。[①]"人格是一系列复杂的、跨情景特点的，对个体特征性行为模式（内隐的以及外显的）有影响的独特的心理品质。"[②] 多数心理学家也赞同这样的定义：人格是在先天生物遗传素质的基础上通过后天社会环境的相互作用而形成的相对稳定的和独特的心理模式。由以上两个定义可以发现：一方面，从外在来看，人格特质体现为稳定的行为方式，因为人格的存在，行为不仅是个体对外界刺激的反应，更是包含了某种行为的稳定性；另一方面，人格也体现为个体的内部心理过程，即它是在人的内心发生的，影响着人的情绪、感觉、动机与行动等。此外，人格具有可塑性，人格既与遗传有关系，也受后天环境的影响。

农业转移人口人格市民化指的是该群体的心理重塑问题，在原有人格特质与城市人格特质、农民文化人格与市民文化人格博弈，城乡社会文化制度的共同作用下得以完成。[③] 即该群体在已经成年并形成一定的心理行为模式的情况下，再经历环境和生存方式的巨变，在这样的情境下，该群体的哪些人格要素会发生什么样的变化，并且如何处理原有人格与新变化的冲突、矛盾与迷茫关系，从而构建出和谐的自我以适应新环境，获得新发展。[④]

当前农业转移人口文化人格体现出依附性、从众性、保守性与伦理性。[⑤] 该群体主要通过主动、模仿学习的心理行为模式形成适应城市社会

---

① ［美］伯格（Jerry M. Burger）：《人格心理学（第八版）》，陈会昌译，中国轻工业出版社2014年版，第4页。

② 李美华主编：《心理学与生活》，湖南师范大学出版社2017年版，第197页。

③ 孙步忠、张乐天、曾咏梅、张文：《进城农民工文化人格重塑对城市化进程的影响》，《西北人口》2010年第2期。

④ 张德彭：《农业转移人口再社会化叙事研究》，硕士学位论文，江西师范大学，2020年。

⑤ 张乐天主编：《进城农民工文化人格的嬗变》，华东理工大学出版社2011年版，序第2—5页。

的人格以适应城市化与现代化进程。其中，社会经济条件是新的人格形成的前提，城市生活经历是其形成的起点，家庭是人格形成的动力与催化剂，工作组织化程度是其形成的关键基础，而社会互动与社会交往则是新的人格形成的必要条件。

农业转移人口人格市民化是其城市性提升的重要条件，在其城市性提升中发挥着关键作用。多数学者将新的人格形成作为市民化的内在结果，认为农业转移人口完成市民化的真正标志是一个新的人格重塑的完成。

对于农业转移人口而言，市民化最终形成的是独特的人格特质。在农业转移人口市民化过程中人格特质的形成有如下特点：第一，呈现乡村性质的稳定性行为的同时也接受城市环境的外在刺激；第二，内在的人格特质与外在的行为总是在互动中形成。农业转移人口人格特质的形成本质上是该群体"自我重构"问题，即该群体在已经成年并形成一定的心理行为模式的情况下，再经历环境和生存方式的巨变，在这样的情境下，该群体的哪些人格要素会发生什么样的变化，并且如何处理原有人格与新变化的冲突、矛盾与迷茫关系，从而构建出和谐的自我以适应新环境，获得新发展。

根据研究需要，农业转移人口人格特质主要测评以下内容：第一，理智性与尚法性人格。农业转移人口理智性与尚法性人格主要指养成一种在个人认知与实践中遵守客观规律与显性规则、减少感情与定势思维因素的心理态度与行为方式。第二，高效性与进取性人格。农业转移人口高效性与进取性人格的养成主要指养成遵守时间、讲求效率、积极与坚定的一种工作或者生活态度。第三，自主性与宽容性人格。农业转移人口自主性人格养成主要指两个方面，一是摒弃传统人格中的顺从、权利崇拜、悲观、迷信、固执等障碍性心理因素，二是养成自主性，学会自主选择，自主做决定。研究者认为，现代人应该具有自主意识，即具有独立思维能力和自主、自强精神。[①] 于农业转移人口而言，主动性人格可以提高其在城市创

---

① 陈向阳：《人的全面现代化刍议》，《华南师范大学学报》（社会科学版）1995 年第 4 期。

业和留在城市的意愿，促进其工作嵌入。① 宽容性人格主要指养成一种能容纳不同性质的人际网络关系，增加对不同价值观的包容度。

综上，本书将理智性、尚法性、高效性、进取性、自主性、宽容性作为农业转移人口城市性之人格特质维度的测评内容。

第二节　农业转移人口城市性问卷编制

一　调查问卷设计及其维度

一套良好的检验量表，不但可以作为研究工具，更能够提供客观的量化数据，供实务研究者进行评量和诊断。② 因此，量表的编制需要依照一定的原则与要求。本研究是在遵循量表编制的一般原则、量表内容、问题表述和测试对象等方面的要求之下，进行农业转移人口城市性测评量表的编制。

（一）设计原则

编制量表必须遵循的一般原则主要包括：具有代表性的样本量；调查范围与预期一致；题目难度要有所区分；题目简练、明了；初始题目数尽量多；测验说明需简明；问题不涉及隐私。③ 因此，本次针对农业转移人口城市性的调研问卷，设计原则如下：第一，加强调研的代表性和全面性。本次调研抽取了中部地区农业转移人口流入较大的城市，保证总体样本覆盖面。同时对不同行业、不同性别、不同文化程度、不同年龄的农业转移人口展开调研，保证样本的全面性。第二，简单性原则。为了方便调查对象理解，农业转移人口城市性测评量表所有题目以陈述句表示，并且尽量围绕农业转移人口城市工作与生活的常规问题进行提问，尽量不采用难以理解以及会导致模糊理解的词句。第三，科学性。一方面明确每个问题的调研目的，并且保持问题之间的连贯性与层次性，另一方面，确保量

<hr>

① 蔡瑞林、陈万明、李剑：《农业转移人口主动性人格、留城创业与工作嵌入研究》，《华中农业大学学报》（社会科学版）2014 年第 6 期。

② 邱皓政：《量化研究与统计分析》，重庆大学出版社 2009 年版，第 277 页。

③ 邱皓政：《量化研究与统计分析》，重庆大学出版社 2009 年版，第 21—26 页。

表题目与调研目标不脱离，紧密结合农业转移人口的生活与生产经验。

（二）问卷内容

本次问卷以及量表主要针对农业转移人口城市性的各项内容进行调研。问卷整体主要分为两个部分，第一部分是个人基本信息，由农业转移人口填写自己的家乡、性别、学历等个人基本信息。第二部分是农业转移人口城市性测评体系（量表），由被调查的农业转移人口根据自己的实际情况进行勾选，共设计量表题目60个。

农业转移人口城市性测评包括：（1）五个一级指标：价值观念、思维方式、生活方式、行为模式、人格特质。（2）每个一级指标下又包含六个二级指标。其中价值观念划分为科学观、公平观、法治观、民主观、开放观和健康观；思维特质划分为缜密性、整合性、迭代性、发展性、多样性和创新性；生活方式划分为工作方式、消费方式、学习方式、居住方式、社交方式和休闲方式；行为模式划分为联结模式、规范模式、参与模式、支持模式、适应模式和认同模式；人格特质划分为理智性、尚法性、高效性、进取性、自主性和宽容性。（3）每个二级指标又划分为两个三级指标（详见表3-1-1）。

二　初始量表的制作与质量分析

（一）初始量表的形成与试测

基于农业转移人口城市性模型，结合市民化的要求，进行初始量表的编制。各维度题目分布如下：价值观念12题、思维方式12题、生活方式12题、行为模式12题、人格特质12题。量表采用五分计分法，最后将每道题的得分相加，得到被调查农业转移人口的总得分。

初始量表编制完成后，需要进行质量检测。本次试测选取中部地区农业转移人口流入较大的城市，通过问卷星向农业转移人口发放问卷，邀请农业转移人口进行填写，共获得了187份问卷，使用EXCEL与SPSS17.0软件对回收回来的问卷进行数据统计分析。

（二）初始量表的质量分析

本次共回收量表187份，其中无效量表5份，有效量表182份，样本有效率97.3%。

1. 数据初步整理

基于问卷筛选的标准，本次剔除无效样本5份，具体情况如下：

表3-2-1　　　　　　　　　　**剔除无效样本**

剔除原则	剔除样本数	剔除比例
连续选择某一个选项达10%以上	2	1%
顺序作答	3	1.60%
合计	5	2.60%

剔除无效样本后，对剩余182份样本作答进行编码，运用SPSS分析软件进行接下来的分析。

2. 预设问卷项目分析

在项目分析中，可通过同质性检测法对题项与总分相关系数、校正题项与总分相关系数、题项删除后的α值、共同性、因素负荷量等5个指标进行考察。从表中3-2-2可知，题项4、6、8、11、12、28、29、30、34、35、40、42、44、44、47、48均有不同程度的未达标，需要进行后续修改。

表3-2-2　　　　　**农业转移人口城市性测评量表项目分析摘要表**

题项	题项与总分相关		通知行进检验			未达标准指数	备注
	题项与总分相关	校正题项与总分相关	题项删除后的α值	共同性	因素负荷量		
B1	0.510**	0.495	0.741	0.272	0.522	0	保留
B2	0.492**	0.478	0.742	0.231	0.480	0	保留
B3	0.519**	0.509	0.743	0.280	0.529	0	保留
B4	0.354**	0.340	0.744	0.107	0.328	4	修改
B5	0.575**	0.563	0.741	0.326	0.571	0	保留
B6	0.422**	0.407	0.743	0.143	0.378	2	修改
B7	0.529**	0.516	0.742	0.275	0.525	0	保留

续表

题项	题项与总分相关		通知行进检验			未达标准指数	备注
	题项与总分相关	校正题项与总分相关	题项删除后的 α 值	共同性	因素负荷量		
B8	0.329 **	0.315	0.744	0.080	0.283	4	修改
B9	0.617 **	0.606	0.741	0.405	0.636	0	保留
B10	0.593 **	0.583	0.742	0.353	0.594	0	保留
B11	0.467 **	0.455	0.743	0.193	0.439	2	修改
B12	0.405 **	0.391	0.743	0.135	0.368	3	修改
B13	0.680 **	0.671	0.741	0.481	0.694	0	保留
B14	0.591 **	0.578	0.741	0.395	0.629	0	保留
B15	0.614 **	0.605	0.742	0.380	0.617	0	保留
B16	0.656 **	0.648	0.742	0.444	0.667	0	保留
B17	0.569 **	0.558	0.742	0.347	0.589	0	保留
B18	0.606 **	0.595	0.741	0.380	0.617	0	保留
B19	0.519 **	0.508	0.743	0.258	0.508	0	保留
B20	0.518 **	0.507	0.743	0.278	0.528	0	保留
B21	0.597 **	0.586	0.741	0.369	0.607	0	保留
B22	0.548 **	0.538	0.742	0.292	0.541	0	保留
B23	0.553 **	0.542	0.742	0.300	0.548	0	保留
B24	0.515 **	0.504	0.743	0.249	0.499	0	保留
B25	0.602 **	0.592	0.741	0.403	0.635	0	保留
B26	0.533 **	0.522	0.742	0.281	0.530	0	保留
B27	0.534 **	0.521	0.742	0.294	0.542	0	保留
B28	0.168 *	0.152	0.745	0.012	0.107	4	修改
B29	0.449 **	0.437	0.743	0.177	0.421	2	修改
B30	0.368 **	0.357	0.744	0.109	0.330	4	修改
B31	0.565 **	0.552	0.741	0.343	0.586	0	保留
B32	0.441 **	0.425	0.742	0.208	0.456	0	保留

题项	题项与总分相关		通知行进检验			未达标准指数	备注
	题项与总分相关	校正题项与总分相关	题项删除后的 α 值	共同性	因素负荷量		
B33	0.516 **	0.504	0.742	0.267	0.516	0	保留
B34	0.443 **	0.431	0.743	0.180	0.425	1	修改
B35	0.265 **	0.249	0.744	0.042	0.206	4	修改
B36	0.465 **	0.449	0.742	0.205	0.453	0	保留
B37	0.572 **	0.561	0.742	0.326	0.571	0	保留
B38	0.473 **	0.458	0.742	0.246	0.496	0	保留
B39	0.481 **	0.470	0.743	0.212	0.460	0	保留
B40	0.464 **	0.452	0.743	0.198	0.445	2	修改
B41	0.546 **	0.534	0.742	0.294	0.542	0	保留
B42	0.321 **	0.306	0.744	0.069	0.264	4	修改
B43	0.550 **	0.535	0.741	0.334	0.578	0	保留
B44	0.331 **	0.317	0.744	0.086	0.293	4	修改
B45	0.582 **	0.570	0.741	0.379	0.616	0	保留
B46	0.626 **	0.615	0.741	0.417	0.646	0	保留
B47	0.356 **	0.344	0.744	0.109	0.330	4	修改
B48	0.459 **	0.446	0.743	0.183	0.428	2	修改
B49	0.545 **	0.535	0.742	0.298	0.546	0	保留
B50	0.568 **	0.556	0.741	0.343	0.586	0	保留
B51	0.631 **	0.620	0.741	0.427	0.653	0	保留
B52	0.616 **	0.605	0.741	0.407	0.638	0	保留
B53	0.554 **	0.544	0.742	0.316	0.562	0	保留
B54	0.498 **	0.485	0.742	0.246	0.496	0	保留
B55	0.522 **	0.512	0.743	0.275	0.524	0	保留
B56	0.543 **	0.531	0.742	0.304	0.551	0	保留
B57	0.571 **	0.559	0.741	0.357	0.597	0	保留
B58	0.588 **	0.578	0.742	0.359	0.599	0	保留
B59	0.612 **	0.603	0.742	0.388	0.623	0	保留

题项	题项与总分相关		通知行进检验			未达标准指数	备注
	题项与总分相关	校正题项与总分相关	题项删除后的 α 值	共同性	因素负荷量		
B60	0.602**	0.592	0.742	0.392	0.626	0	保留
判标准则	≥0.400	≥0.400	≤0.746	≥0.200	≥0.450		

三 正式量表的形成与二次因子分析

将经过修改后形成的正式农业转移人口城市性测评量表在课题组选定范围内（详细地域分布见第二节"数据来源"部分）进行二次发放，发放对象为农业转移人口。本次在线发放采取边发放边审核的方式，剔除无效作答问卷后，共回收有效作答问卷 1773 份。再剔除部分小样本城市的问卷后（样本量小于 50 份），最终将 1585 份问卷纳入研究使用。使用 EXCEL 与 SPSS17.0 软件对回收回来的问卷进行数据统计分析，数据分析结果如下：

（一）信度检验

将试测量表进行信度检验，计算结果如表 3 - 2 - 3 所示：克龙巴赫系数为 0.974，价值观念维度的克龙巴赫系数为 0.922，思维特质维度的克龙巴赫系数为 0.941，生活方式维度的克龙巴赫系数为 0.864，行为模式维度的克龙巴赫系数为 0.889，人格特质维度的克龙巴赫系数为 0.929，代表试测量表各题项间具有较高的一致性。

表 3 - 2 - 3　　**整卷及各维度克龙巴赫信度表（五个维度）**

	克龙巴赫 Alpha	题数
整卷	0.974	60
价值观念	0.922	12
思维特质	0.941	12
生活方式	0.864	12
行为模式	0.889	12
人格特质	0.929	12

（二）效度检验

1. KMO 和 Bartlett 检验

如表 3-2-4 所示，量表的 KMO 值为 0.976，Bartlett 球形检验的近似卡方值为 70107.972，自由度为 1770，显著水平为 0.000，小于显著性标准，说明该量表各题项间共同指向一个共同的值表，可以对收集到的数据进行分析。

表 3-2-4   KMO 和 Bartlett 检验

取样足够度的 Kaiser-Meyer-Olkin 度量		0.976
Bartlett 的球形度检验	近似卡方	70107.972
	df	1770
	Sig.	0.000

2. 解释的总方差

从解释的总方差表中可以看出，特征值大于 1 的共因子共有 5 个、累计解释总方差的 59.364%。碎石图结果分析如图 3-2-1，根据碎石图结果发现最大拐点处于第 5 个公共因子，所以该量表分为五个维度是科学合理的。

表 3-2-5   解释的总方差

成分	初始特征值			提取平方和载入			旋转平方和载入		
	合计	方差的 %	累积 %	合计	方差的 %	累积 %	合计	方差的 %	累积 %
1	25.027	41.712	41.712	25.027	41.712	41.712	10.829	18.048	18.048
2	4.387	7.311	49.023	4.387	7.311	49.023	9.435	15.725	33.773
3	3.143	5.238	54.261	3.143	5.238	54.261	7.127	11.878	45.652
4	1.687	2.812	57.073	1.687	2.812	57.073	4.878	8.13	53.782
5	1.375	2.291	59.364	1.375	2.291	59.364	3.349	5.582	59.364

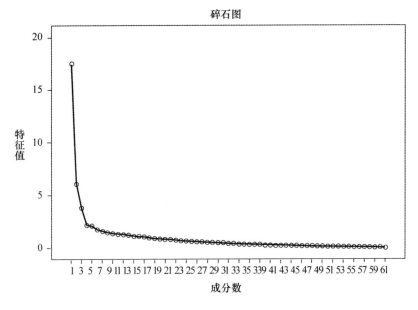

图 3 - 2 - 1　碎石图

3. 相关性分析

由表 3 - 2 - 6 可知，已构建的农业转移人口城市性结构模型中，城市性总得分与农业转移人口价值观念维度间的 Pearson 相关系数为 0.869，城市性总得分与农业转移人口思维特质维度间的 Pearson 相关系数为 0.918，城市性总得分与农业转移人口生活方式维度间的 Pearson 相关系数为 0.846，城市性总得分与农业转移人口行为模式维度间的 Pearson 相关系数为 0.913，城市性总得分与农业转移人口人格特质维度间的 Pearson 相关系数为 0.901；农业转移人口价值观念与农业转移人口思维特质间的 Pearson 相关系数为 0.842，农业转移人口价值观念与农业转移人口生活方式间的 Pearson 相关系数为 0.591，农业转移人口价值观念与农业转移人口行为模式间的 Pearson 相关系数为 0.688，农业转移人口价值观念与农业转移人口人格特质间的 Pearson 相关系数为 0.726；农业转移人口思维特质与农业转移人口生活方式间的 Pearson 相关系数为 0.677，农业转移人口思维特质与农业转移人口行为模式间的 Pearson 相关系数为 0.758，农业转移人口思维特质与农业转移人口人格特质间的 Pearson 相关系数为 0.793；农业转移人口生活方式与农业转移人口行为模式间的 Pearson 相关系数为 0.818，农业转移人口生活方式与农业转移人口人格特质间的 Pearson 相关系数为 0.686；农业转移人口行为模式与农业转移人口人格特质间的 Pearson 相关系数为 0.810，农业转移人口城市性总得分与农业转移人口的价值观念、思维特质、生活方式、行为模式和人格特质五个维度及各维度之间的相关系数均较高，且为正数，这一结果表明农业转移人口城市测评量表各维度间存在着较高的一致性。

综上所述，农业转移人口城市性测评量表具有较高的内容效度和结构效度，可以用于后续的调查与研究。

表 3 - 2 - 6   相关性分析

		城市性	价值观念	思维特质	生活方式	行为模式	人格特质
城市性	Pearson 相关性	1					
	显著性（双侧）						
	N	1585					
价值观念	Pearson 相关性	.869**	1				
	显著性（双侧）	0.000					
	N	1585	1585				
思维特质	Pearson 相关性	.918**	.842**	1			
	显著性（双侧）	0.000	0.000				
	N	1585	1585	1585			
生活方式	Pearson 相关性	.846**	.591**	.677**	1		
	显著性（双侧）	0.000	0.000	0.000			
	N	1585	1585	1585	1585		
行为模式	Pearson 相关性	.913**	.688**	.758**	.818**	1	
	显著性（双侧）	0.000	0.000	0.000	0.000		
	N	1585	1585	1585	1585	1585	

续表

		城市性	价值观念	思维特质	生活方式	行为模式	人格特质
人格特质	Pearson 相关性	.901**	.726**	.793**	.686**	.810**	1
	显著性（双侧）	0.000	0.000	0.000	0.000	0.000	
	N	1585	1585	1585	1585	1585	1585
	** 在 .01 水平（双侧）上显著相关。						

第三节 数据获取与数据特征

一 数据来源

为深入了解农业转移人口在城市生活的基本状况，2019 年 4 月至 2019 年 10 月，课题组通过联系外来人口聚居区、工业园区、人力资源机构等选取了农业转移人口流入数量较多的省份（即当前被调查者居住城市），在非工作时间展开了线上调查。调查对象为原户籍地在农村，以务工、创业等形式在城市生活 1 年以上有工作且从事非农行业的非城镇职工的劳动者。

在调查过程中，剔除了部分无效作答问卷，获得问卷 1773 份。再剔除部分小样本城市的问卷后（样本量小于 50 份），获得有效问卷 1585 份。具体样本分布情况见下表：

表 3-3-1　　　农业转移人口城市性调查样本地域分布

城市	问卷数量	占比（%）
杭州（浙江）	124	7.8
宁波（浙江）	103	6.5
深圳（广东）	112	7.1
东莞（广东）	117	7.4
广州（广东）	102	6.4
南京（江苏）	100	6.3
厦门（福建）	114	7.2

城市	问卷数量	占比（%）
济南（山东）	101	6.4
太原（山西）	105	6.6
武汉（湖北）	104	6.6
郑州（河南）	107	6.8
南昌（江西）	144	9.1
上海	128	8.1
北京	124	7.8
总计	1585	

结合问卷中对被调查者家乡以及居住城市的调查，可以发现，当前农业转移人口跨省务工的比例比以往已经下降了许多，跨市（县）的比例在增加，而在本市务工的比例也在增加。原因可能与当前部分地区经济发展进步有关，被调查者更愿意留在户籍地所在市（县）务工。此外，被调查者多来自江西省、河南省、四川省、贵州省、安徽省、湖南省等地的农村。

二 调查样本的分布特征

从样本特征分布统计情况可以发现：

第一，在性别方面，被调查者男性占比略高。被调查对象中男性有839人，女性有746人，男性比女性人数略高。

第二，被调查者中已婚者占比较高。未婚人数占39.68%，已婚人数占60.32%，已婚人士明显多于未婚人士。

第三，在年龄分布方面，农业转移人口年龄分段集中在19岁至35岁，占比达到69.15%，总体呈现年轻化。

第四，在学历分布方面，学历调查情况显示，农业转移人口中初中学历占比最高，合计占比39.18%。并且59.43%的农业转移人口无任何职业资格证书。

第五，在家庭成员方面，家庭成员结构中，有过半的父母留在了老家；与爱人分居两地现象明显，与爱人在同一所城市的比例只有37.35%；子女随行留在身边的比例更低，仅有23.15%。

第六，在居住城市变换方面，农业转移人口在不同城市间迁移现象并不明显，49.26%的农业转移人口仅在2个或1个城市生活。城市居住的时间占比最多的是居住5年以上人群，占比为35.52%，其次为生活时长为1至3年之间。

第七，在土地处理方面，81.83%的农业转移人口仍然拥有土地，多用于亲属种植以及承包出让。

第八，在工作岗位获得与职业分布方面，农业转移人口通过地缘介绍就业占主流，占比为42.52%。农业转移人口职业呈现多样化，其中建筑业、制造业、批发零售业、住宿餐饮业就业人数占比均超过了被调查者的20%，达到了56%。

第九，在收入方面，月薪在5000元以下人群占比高达86.36%，其中月薪在3000元至4000元的人口比重最大，达到28.83%。据2019年国家统计局国际统计信息中心统计：2019年人均国民总收入（GNI）为10410美元。可见，农业转移人口总体收入水平偏低。

第九，在工作时间方面，56.43%的农业转移人口每日工作时长在8小时至10小时之间。

第十，在居住方面，购买住房者仅有22.02%，77.98%的农业转移人口都在居住在出租房或者集体宿舍中。

表3－3－2　　　　　　　　　　　样本的特征分布表

	类别	频率	百分比（%）
性别	男	839	52.93
	女	746	47.07
婚姻状况	未婚	629	39.68
	已婚	956	60.32

	类别	频率	百分比（%）
年龄	18 岁以下	132	8.33
	19—25 岁	549	34.64
	26—35 岁	547	34.51
	36—45 岁	208	13.12
	46—60 岁	123	7.76
	60 岁以上	26	1.64
学历	小学及以下	221	13.94
	初中	621	39.18
	高中（职高）	396	24.98
	大专	223	14.07
	本科及以上	124	7.82
父母所在地	老家	826	52.11
	您工作所在城市	435	27.44
	其他城市	188	11.86
	以上均不符	136	8.58
爱人所在地	老家	420	26.50
	您工作所在城市	592	37.35
	其他城市	122	7.70
	以上均不符	451	28.45
子女读书地	老家	596	37.60
	您工作所在城市借读	367	23.15
	其他城市借读	85	5.36
	以上均不符	537	33.88
生活的城市数量	2 个及以下	784	49.46
	3—5 个	587	37.03
	6—8 个	140	8.83
	9 个及以上	74	4.67

续表

	类别	频率	百分比（%）
在城市居住的时间	1 年以下	344	21.70
	1—3 年	449	28.33
	3.1—5 年	229	14.45
	5.1 年以上	563	35.52
行业	建筑业	243	15.33
	制造业	242	15.27
	批发零售业	230	14.51
	住宿餐饮业	172	10.85
	家政服务业	53	3.34
	交通运输业	21	1.32
	美容美发业	28	1.77
	自主创业	74	4.67
	其他	522	32.93
月收入	2000 元及以内	295	18.61
	2001—3000 元	302	19.05
	3001—4000 元	457	28.83
	4001—5000 元	315	19.87
	5001—6000 元	90	5.68
	6001—7000 元	44	2.78
	7001—8000 元	33	2.08
	8001—9000 元	15	0.95
	9000 元以上	34	2.15
工作时长	8 小时及以下	432	27.26
	8.1—10 小时	891	56.21
	10.1—12 小时	189	11.92
	12 小时以上	73	4.61

续表

	类别	频率	百分比（%）
职业资格证书	无	942	59.43
	初级（五级）	347	21.89
	中级（四级）	120	7.57
	高级（三级）	104	6.56
	技师（二级）	33	2.08
	高级技师（一级）	39	2.46
居住环境	集体宿舍	390	24.61
	出租房	846	53.38
	购买住房	349	22.02
农村土地处理方式	没有土地	362	22.84
	换取城镇户口	265	16.72
	亲属种植	563	35.52
	弃为荒地	107	6.75
	承包给他人耕种	288	18.17
求职渠道	亲友熟人老乡介绍	674	42.52
	职业介绍所	512	32.30
	网站求职	399	25.17

第四章

农业转移人口城市性现状描述

第一节 农业转移人口城市性总体现状

了解农业转移人口城市性现状是提升其城市性进而促进市民化的基础，根据对已调查数据进行分析，总结农业转移人口城市性状况如下。

一 农业转移人口城市性各维度得分比较分析

将所有被调查农业转移人口在城市性测评上的作答情况进行整理，通过相应的统计分析，得到农业转移人口城市性测评各维度得分情况，见表4-1-1。从表中可以看出，被调查农业转移人口在城市性测评上的平均分为3.56，这个分值略高于中间值3（因5级计分，3代表中间值，即中等水平程度）。由此可见，农业转移人口总体都能实现城市性融入，但是在城市性测评中的不同维度上存在差异，其中均值最高的为人格特质和价值观念，均为3.70，思维特质次之，而生活方式均值最低，为3.31。下面将具体分析农业转移人口城市性各维度的基本状况。

表4-1-1 农业转移人口城市性测评各维度得分情况

	极小值	极大值	均值	标准差
城市性	1	5	3.56	0.65
人格特质	1	5	3.70	0.71
价值观念	1	5	3.70	0.76
思维特质	1	5	3.62	0.74

	极小值	极大值	均值	标准差
行为模式	1	5	3.45	0.70
生活方式	1	5	3.31	0.72

二　农业转移人口城市性各维度得分差异分析

为了解农业转移人口城市性测评各维度间是否存在显著性差异，本部分对五个维度进行了成对比较得到表4-1-2。总体而言，价值观念与思维特质、生活方式和行为模式间的差异达到显著水平（P=0.00＜0.05），而价值观念与人格特质之间没有显著性差异（P=0.62＞0.05），表明农业转移人口在城市化过程中个人的价值观念与思维特质、生活方式和行为模式间存在相互影响，而价值观念和人格特质间的差异并不显著影响农业转移人口城市性。

表4-1-2　　　　农业转移人口城市性测评各维度成对比较

（I）维度	（J）维度	均值差值（I-J）	P
价值观念	思维特质	0.077*	0.000
	生活方式	0.388*	0.000
	行为模式	0.245*	0.000
	人格特质	-0.007	0.62
思维模式	生活方式	0.312*	0.000
	行为模式	0.169*	0.000
	人格特质	-0.083*	0.000
生活方式	行为模式	-0.143*	0.000
	人格特质	-0.395*	0.000
行为模式	人格特质	-0.252*	0.000

＊　均值差值在0.05级别上较显著。

第二节　农业转移人口城市性现状分析

本研究中的农业转移人口城市性调查问卷第二部分为城市性测评量

表，共计 60 题，通过对农业转移人口城市性测评量表作答情况进行分析，最终反映农业转移人口城市性状况，并揭示其存在的问题，继而针对存在的问题提出提升农业转移人口城市性的策略。

一　农业转移人口价值观念状况

被调查农业转移人口的价值观念在城市性测评表上的平均分为 3.70，高于中间值 3，且是城市性测评中各维度中最高的均值，这表明农业转移人口在城市性积累的过程中价值观念相比于其他维度而言提升状况较好。具体情况如下：

第一，在科技观方面，24.4%的农业转移人口不认为电脑、手机等科技产品可以方便日常生活，75.7%的人群具备较好的科学观念；29.5%的农业转移人口不觉得信息技术在实际生活中有用，70.5%的人群具备较好的信息观念。第二，在公平观方面，57.1%的农业转移人口不觉得当今的社会风气是好的，42.9%持有较好的公正观念；43.7%的农业在转移人口不认为大家都是一样的没有贵贱之分，56.2%的人群具备较好的平等观念。第三，在法治观方面，30.1%的农业转移人口不觉得法律知识很重要，69.9%的人群具备较好的守法观念；34.8%的农业转移人口在权益受到侵害时不会寻求法律帮助，65.1%的人群具备较好的践法观念。第四，在民主观方面，31.5%的农业转移人口认为并不是每个人都应在履行义务的基础上才能享受权利，68.5%的人群具备较好的责权观念；44.6%的农业转移人口不会积极主动参与政府、社区等组织的社会活动，55.4%的人群具备较好的参与观念。第五，在开放观方面，29.8%的农业转移人口不愿意听取他人的观点，70.2%的人群具备较好的多元观念；32.5%的农业转移人口不会尊重并考虑各方面不同意见和想法，67.5%的人群具备较好的包容观念。第六，在健康观方面，38.4%的农业转移人口不会有意识地注意自己的饮食，61.6%的人群具备较好的保健观念；57.2%的农业转移人口不会定期检查身体，42.8%的人群具备较好的养生观念。

表4-2-1 农业转移人口价值观念状况统计

			完全不符合		比较不符合		一般符合		比较符合		完全符合	
			人数	占比(%)	人数	占比(%)	人数	占比(%)	人数	占比(%)	人数	占比(%)
科学观	Q1	科技观念	60	3.8	50	3.2	276	17.4	738	46.6	461	29.1
	Q2	信息观念	48	3.0	58	3.7	361	22.8	666	42.0	452	28.5
公平观	Q3	公正观念	62	3.9	176	11.1	667	42.1	426	26.9	254	16.0
	Q4	平等观念	92	5.8	210	13.2	391	24.7	579	36.5	313	19.7
法治观	Q5	守法观念	42	2.6	44	2.8	391	24.7	549	34.6	559	35.3
	Q6	践法观念	79	5.0	164	10.3	309	19.5	611	38.5	422	26.6
民主观	Q7	责权观念	46	2.9	86	5.4	367	23.2	487	30.7	599	37.8
	Q8	参与观念	94	5.9	174	11.0	439	27.7	523	33.0	355	22.4
开放观	Q9	多元观念	40	2.5	87	5.5	345	21.8	795	50.2	318	20.1
	Q10	包容观念	38	2.4	71	4.5	406	25.6	697	44.0	373	23.5
健康观	Q11	保健观念	55	3.5	185	11.7	368	23.2	655	41.3	322	20.3
	Q12	养生观念	147	9.3	284	17.9	476	30.0	477	30.1	201	12.7

二 农业转移人口思维特质状况

由表4-2-2可知，被调查农业转移人口的思维特质在城市性测评表中的平均分为3.62，高于中间值3，表明农业转移人口在城市性积累的过程中思维特质提升状况较好。具体情况如下：

第一，在思维缜密性方面，41.4%的农业转移人口思考问题时不会把各种因素都考虑进去，58.6%的人群具备较好的周密思维；35.8%的农业转移人口不会借鉴类似经验解决新的问题，64.2%的人群具备较好的辩证思维。第二，在思维整合性方面，40.0%的农业转移人口遇到问题时不会冷静思考并提出多种备选方案，60.0%的人群具有较好的分析思维；35.9%的农业转移人口不会通过比较、分析选择出解决问题的最优方案，64.1%的人群具备较好的综合思维。第三，在思维迭代性方面，35.4%的农业转移人口遇到挫折时不会及时调整自己，64.6%的人群具备较好的转化思维；39.4%的农业转移人口不会更新自己的思想观念来适应时代的变化，60.6%的人群具备较好的更新思维。第四，在思维发

展性方面，41.2%的农业转移人口不会从长远的角度看待问题，58.8%
的人群具备较好的预测思维；41.2%的农业转移人口不会提前预料好未
来可能会发生的事情，58.8%的人群具备较好的超前思维。第五，在思
维多样性方面，48.3%的农业转移人口解决问题时不会设想好未来可能
会发生的事情，51.7%的农业转移人口具备较好的全面思维；43.3%的
农业转移人口遇到问题时不会想到很多种解决方法，56.7%的人群具备
较好的多元思维。第六，在思维创新性方面，45.2%的农业转移人口不
会经常与别人的想法不一样，54.8%的人群具备较好的求异思维；
48.1%的农业转移人口不善于出主意和想点子，51.9%的人群具备较好
的求新思维。

表4-2-2　　　　　　　农业转移人口思维观念状况统计

		完全不符合		比较不符合		一般符合		比较符合		完全符合	
		人数	占比（%）	人数	占比（%）	人数	占比（%）	人数	占比（%）	人数	占比（%）
缜密性	Q13 周密思维	43	2.7	102	6.4	511	32.3	660	41.6	269	17.0
	Q14 辩证思维	39	2.5	101	6.4	427	26.9	635	40.1	383	24.1
整合性	Q15 分析思维	46	2.9	130	8.2	458	28.9	695	43.8	256	16.2
	Q16 综合思维	35	2.2	150	9.5	383	24.2	714	45.0	303	19.1
迭代性	Q17 转化思维	43	2.7	108	6.8	410	25.9	753	47.5	271	17.1
	Q18 更新思维	34	2.1	111	7.1	479	30.2	596	37.6	365	23.0
发展性	Q19 预测思维	39	2.5	124	7.8	489	30.9	655	41.3	278	17.5
	Q20 超前思维	58	3.7	176	11.1	418	26.4	703	44.3	230	14.5
多样性	Q21 全面思维	45	2.8	77	4.9	644	40.6	564	35.6	255	16.1
	Q22 多元思维	42	2.6	119	7.5	527	33.2	610	38.5	287	18.2
创新性	Q23 求异思维	45	2.8	193	12.2	479	30.2	661	41.7	207	13.1
	Q24 求新思维	63	4.1	216	13.6	482	30.4	622	39.2	202	12.7

三　农业转移人口生活方式状况

由表4-2-3可知，被调查农业转移人口的生活方式在城市性测评表
中的平均分为3.31，是城市性测评中各维度中最低的均值，但是仍然高于

中间值3，表明农业转移人口总体上在城市性积累的过程中生活方式提升状况较好。具体情况如下：

第一，在工作方式方面，36.5%的农业转移人口对自己的岗位情况并不非常明确，63.5%的人群分工明确；58.7%的农业转移人口不能同时兼顾多项工作，41.3%的人群追求高效。

第二，在消费方式方面，47.7%的农业转移人口不会感觉每个月的工资经常不够用，52.3%的人群会超前消费；63.7%的农业在转移人口没有多次借贷信用卡，36.3%的人群会过度消费。

第三，在学习方式方面，47.3%的农业转移人口不会通过上网、看电视、听讲座等多种方式学习，52.7%的人群会参与立体学习；54.1%的农业转移人口不会经常一边看书一边看视频来学习，45.9%的人群会进行交互学习。

第四，在居住方式方面，49.8%的农业转移人口居住在城中村，50.2%的人群居住在城镇；44.9%的农业转移人口居住地以老乡集中地为主，55.1%的人群在社区居住。

第五，在社交方式方面，54.1%的农业转移人口并非只愿意结交对自己有帮助的人，45.9%的被调查者选择避免投入人情交往；56.1%的农业转移人口会关心与自己不相关的人和事，43.9%的调查参与者选择社会疏远。

第六，在休闲方式方面，59.9%的农业转移人口不会经常去商城、电影院等场所打发时间，40.1%的调查参与者会选择多样的休闲活动；36.6%的农业转移人口经常参加打牌等赌博性质的活动，63.4%的调查参与者以文明休闲方式为主。

表4-2-3　　　　　　　农业转移人口生活方式状况统计

			完全不符合		比较不符合		一般符合		比较符合		完全符合	
			人数	占比（%）	人数	占比（%）	人数	占比（%）	人数	占比（%）	人数	占比（%）
平行化高效化工作方式	Q25	分工明确	41	2.6	104	6.6	433	27.3	694	43.8	313	19.7
	Q26	追求高效	79	5.0	244	15.4	607	38.3	452	28.5	203	12.8

续表

			完全不符合		比较不符合		一般符合		比较符合		完全符合	
			人数	占比(%)	人数	占比(%)	人数	占比(%)	人数	占比(%)	人数	占比(%)
超前化过度化消费方式	Q27	超前消费	111	7.0	213	13.4	432	27.3	604	38.1	225	14.2
	Q28	过度消费	447	28.2	226	14.2	337	21.3	431	27.2	144	9.1
立体化交互式学习方式	Q29	立体学习	91	5.7	178	11.2	482	30.4	612	38.6	222	14.1
	Q30	交互学习	144	9.1	279	17.6	434	27.4	541	34.1	187	11.8
城镇化社区化居住方式	Q31	城镇居住	163	10.3	191	12.1	434	27.4	549	34.6	248	15.6
	Q32	社区生活	150	9.5	192	12.1	371	23.3	600	37.9	272	17.2
超负荷去人情化交往方式	Q33	避免投入	144	9.1	203	12.8	510	32.2	548	34.5	180	11.4
	Q34	社会疏远	122	7.7	287	18.1	481	30.3	522	32.9	173	11.0
多样化文明化休闲方式	Q35	多样休闲	275	17.4	315	19.9	358	22.6	444	28.0	193	12.1
	Q36	文明休闲	101	6.4	130	8.2	348	22.0	550	34.6	456	28.8

四 农业转移人口行为模式状况

被调查农业转移人口的行为模式在城市性测评表上的平均分为3.45，高于中间值3，表明农业转移人口在城市性积累的过程中总体行为模式提升状况较好。具体情况如下：

第一，在社会联结方面，37.1%的农业转移人口不能在工作中结交到很多朋友，62.9%的人群可以在工作中建立次级关系；21.7%的农业转移人口的同事不以老乡为主，78.4%的农业转移人口的同事以老乡为主。

第二，在社会规范方面，48.4%的农业转移人口会对流行语感到陌生，51.6%的人群会超越常规；51.7%的农业在转移人口不会关注时尚潮流，48.3%的人群存在标新立异的行为。

第三，在社会参与方面，52.3%的农业转移人口不会通过收听新闻广播关心国家大事，47.7%的人群会多方参与社会活动；60.1%的农业转移人口不会积极参加社区、党团、工会组织的活动，39.9%的人群会深入参与社会活动。

第四，在社会支持方面，37.8%的农业转移人口遇到事情时不会向家人、老乡、同事等多方力量寻求帮助，62.2%的人群会选择多元主体的帮助；58.5%的农业转移人口受到社区、工会、政府机构等单位的关心，41.5%的人群获得多样来源的关心和帮助。

第五，在社会适应方面，39.2%的农业转移人口不习惯照章办事，60.8%的人群会注重规则；33%的农业转移人口答应别人后不会努力做到，67%的人群注重契约。

第六，在社会认同方面，60.3%的农业转移人口不认为自己是城市人，39.7%的人群具有群体认同感；46.5%的农业转移人口未来没有在城市定居的打算，53.5%的人群持有地域认同。

表4-2-4　　　　　　农业转移人口行为模式状况统计

			完全不符合		比较不符合		一般符合		比较符合		完全符合	
			人数	占比(%)	人数	占比(%)	人数	占比(%)	人数	占比(%)	人数	占比(%)
次级化社会联结模式	Q37	次级关系	42	2.6	104	6.7	441	27.8	682	43.0	316	19.9
	Q38	业缘联结	120	7.6	223	14.1	516	32.6	485	30.6	241	15.2
方常规社会规范模式	Q39	超越常规	60	3.8	232	14.6	475	30.0	602	38.0	216	13.6
	Q40	标新立异	74	4.6	206	13.0	540	34.1	566	35.7	199	12.6
广泛式社会参与模式	Q41	多方参与	59	3.7	196	12.4	573	36.2	549	34.6	208	13.1
	Q42	深入参与	124	7.8	255	16.1	574	36.2	430	27.2	202	12.7
多元化社会支持模式	Q43	主体多元	50	3.2	108	6.8	442	27.8	651	41.1	334	21.1
	Q44	来源多样	183	11.5	284	17.9	462	29.1	431	27.3	225	14.2
规则式社会适应模式	Q45	注重规则	44	2.8	101	6.4	476	30.0	693	43.7	271	17.1
	Q46	注重契约	31	2.0	46	2.9	446	28.1	643	40.6	419	26.4

			完全不符合		比较不符合		一般符合		比较符合		完全符合	
			人数	占比(%)	人数	占比(%)	人数	占比(%)	人数	占比(%)	人数	占比(%)
归属式社会认同模式	Q47	群体认同	142	9.0	329	20.8	484	30.5	453	28.5	177	11.2
	Q48	地域认同	102	6.4	194	12.2	442	27.9	553	34.9	294	18.6

五 农业转移人口人格特质状况

由表4-2-5可知，被调查农业转移人口的人格特质在城市性测评表中的平均分为3.70，高于中间值3，且是城市性测评中各维度中最高的均值，表明农业转移人口在城市性积累的过程中人格特质提升状况较好。具体情况如下：

第一，在理智性方面，40.6%的农业转移人口不会沉着冷静地处理困难，59.4%的人群则精明冷静；50.1%的农业转移人口倾向于不太讲究实用，49.9%的人群讲求实用。

第二，在尚法性方面，29.9%的农业转移人口不认为遵守国家法律是公民的基本责任和义务，70.1%的人群崇尚法律；35.1%的农业在转移人口不认为所有人都要照章办事，64.9%的人群会选择照章办事。

第三，在高效性方面，47.2%的农业转移人口的时间观念不强，不喜欢制定详细的计划，52.8%的人群会遵守时间；44.8%的农业转移人口做事喜欢拖拉，55.2%的人群讲求效率。

第四，在进取性方面，38.3%的农业转移人口不喜欢接触新鲜事物，61.7%的人群积极主动接触新事物；40.9%的农业转移人口容易改变已经做出的决定，59.1%的人群则意志坚定。

第五，在自主性方面，32.5%的农业转移人口不喜欢独立自主，不讨厌别人指手画脚，67.5%的人群倾向于自主选择；46.2%的农业转移人口遇到事情时，不习惯自己做决定，53.8%的人群倾向于独立决断。

第六，在宽容性方面，27.9%的农业转移人口不能与朋友友好融洽相处，72.1%的人群宽厚仁爱；34.4%的农业转移人口不能接受与其不同的观点和意见，65.6%的人群能够接纳异质。

表4－2－5　　　　　　　　农业转移人口人格特质状况统计

			完全不符合		比较不符合		一般符合		比较符合		完全符合	
			人数	占比（%）	人数	占比（%）	人数	占比（%）	人数	占比（%）	人数	占比（%）
理智性	Q49	精明冷静	32	2.0	68	4.3	544	34.3	724	45.7	217	13.7
	Q50	讲求实用	62	3.9	165	10.4	568	35.8	546	34.5	244	15.4
尚法性	Q51	崇尚法律	29	1.8	79	5.0	366	23.1	588	37.1	523	33.0
	Q52	照章办事	44	2.8	106	6.7	406	25.6	641	40.4	388	24.5
高效性	Q53	遵守时间	43	2.7	154	9.7	552	34.8	602	38.0	234	14.8
	Q54	讲求效率	50	3.2	164	10.3	496	31.3	446	28.1	429	27.1
进取性	Q55	积极主动	29	1.8	143	9.0	436	27.5	690	43.6	287	18.1
	Q56	意志坚定	34	2.1	93	5.9	521	32.9	626	39.5	311	19.6
自主性	Q57	自愿选择	31	2.0	104	6.6	379	23.9	669	42.2	402	25.3
	Q58	独立决断	36	2.3	113	7.1	583	36.8	609	38.4	244	15.4
宽容性	Q59	宽厚仁爱	28	1.8	63	4.0	350	22.1	717	45.2	427	26.9
	Q60	接纳异质	32	2.0	84	5.3	430	27.1	717	45.2	322	20.4

六　总体结果

综上所述，对以上农业转移人口城市性测评结果可以做如下总结：

在价值观念维度，农业转移人口的公正观念、平等观念、守法观念、践法观念、责权观念、参与观念、包容观念、保健观念和养生观念合格占比均低于70%，表明当前农业转移人口的公平观、法治观、民主观、开放观和健康观都有待提升，其中公平观中的公正观念和平等观念及健康观中的养生观念的合格占比不到60%，亟待提升。

在思维特质维度，农业转移人口的周密思维、辩证思维、分析思维、综合思维、转化思维、更新思维、预测思维、超前思维、全面思维、多元思维、求异思维和求新思维的合格占比均低于70%，表明当前农业转移人口思维特质的缜密性、整合性、迭代性、发展性、多样性和创新性都有待提升，其中缜密性中的周密思维、整合性中的分析思维、发展性中的预测思维和超前思维、多样性中的全面思维和多元思维、创新性中的求异思维和求新思维合格的占比均不及 60%，也有待提高。

在生活方式维度，农业转移人口的生活方式所有三级指标合格占比均低于 70%，表明当前农业转移人口的工作方式、消费方式、学习方式、人情交往方式和休闲方式等都有待提升，其中工作方式中的追求高效、消费方式中的过度消费、学习方式中的交互学习、交往方式中的避免投入和社会疏远及休闲方式中的多样休闲的合格占比均不及 50%，亦有待提高。

在行为模式维度，农业转移人口的行为模式下的所有三级指标的合格占比均低于 70%，表明当前农业转移人口的联结模式、规范模式、参与模式、支持模式、适应模式及认同模式都有待提升，其中联结模式中的业缘联结、规范模式中的标新立异、参与模式中的深入参与、支持模式中的来源多样和认同模式中的群体认同的合格占比均不及 50%，急需提高。

在人格特质维度，农业转移人口的人格特质中除去崇尚法律和宽厚仁爱外其他所有三级指标的合格占比均低于 70%，表明当前农业转移人口人格特质的理智性、尚法性、高效性、进取性、自主性和宽容性都有待提升，其中理智性中的精明冷静和讲求实用、高效性中的遵守时间和讲求效率、进取性中的意志坚定、自主性中的独立决断的合格占比均不及 60%，亦有待提高。

第五章

农业转移人口城市性影响
因素实证分析

第一节　农业转移人口城市性与各影响因素方差齐性检测

　　农业转移人口从农村迁移至城市，空间和角色的改变必然会使农业转移人口的生活方式、价值观念、行为模式等受到洗礼和冲击，但是人们都要学会那些能够使他们的需求获得满足的行为模式，而且人类最重要的一种满足是对社会处境的适应。[①] 农业转移人口在提升城市性的过程中需要尽可能地克服城市化过程中的阻碍，由此有必要探测影响农业转移人口城市性提升的因素。

　　为进一步探究不同影响因素的城市性各维度间差异，本部分对各个影响因素进行了方差齐性检验，形成表 5 - 1 - 1。如表所示，爱人所在地表格中的价值观念（$P = 0.355 > 0.05$）、学历表格中的人格特质（$P = 0.924 > 0.05$）爱人所在地表格中的生活方式（$P = 0.078 > 0.05$）、生活过的城市数量表格中的价值观念（$P = 0.051 > 0.05$）、职业资格表格中的生活方式（$P = 0.054 > 0.05$）、居住环境中的生活方式（$P = 0.301 > 0.05$）和求职渠道表格中的生活方式（$P = 0.596 > 0.05$）方差是齐性的，采用方差多重比较分析，而其他显著性均小于 0.05，故采用 H 检测进行比较分析。

表5－1－1　农业转移人口城市性影响因素方差齐性检验结果汇总

自变量	因变量	Levene 统计量	df1	df2	显著性
年龄	城市性	27.541	5	1579	0.000
	价值观念	21.409	5	1579	0.000
	思维特质	21.010	5	1579	0.000
	生活方式	27.265	5	1579	0.000
	行为模式	24.510	5	1579	0.000
	人格特质	18.566	5	1579	0.000
学历	城市性	3.802	4	1580	0.004
	价值观念	4.258	4	1580	0.002
	思维特质	3.179	4	1580	0.013
	生活方式	14.041	4	1580	0.000
	行为模式	5.977	4	1580	0.000
	人格特质	0.226	4	1580	0.924
父母所在地	城市性	9.601	3	1581	0.000
	价值观念	12.535	3	1581	0.000
	思维特质	18.238	3	1581	0.000
	生活方式	7.932	3	1581	0.000
	行为模式	11.508	3	1581	0.000
	人格特质	5.409	3	1581	0.001
爱人所在地	城市性	3.441	3	1581	0.016
	价值观念	1.082	3	1581	0.355
	思维特质	3.905	3	1581	0.009
	生活方式	2.276	3	1581	0.078
	行为模式	2.656	3	1581	0.047
	人格特质	11.958	3	1581	0.000
子女读书学习地	城市性	8.536	3	1581	0.000
	价值观念	5.917	3	1581	0.001
	思维特质	16.830	3	1581	0.000
	生活方式	7.824	3	1581	0.000
	行为模式	11.485	3	1581	0.000
	人格特质	5.206	3	1581	0.001

续表

自变量	因变量	Levene 统计量	df1	df2	显著性
生活过的城市数量	城市性	10.023	3	1581	0.000
	价值观念	2.592	3	1581	0.051
	思维特质	4.517	3	1581	0.004
	生活方式	17.183	3	1581	0.000
	行为模式	13.235	3	1581	0.000
	人格特质	15.603	3	1581	0.000
城市生活时长	城市性	17.407	3	1581	0.000
	价值观念	21.047	3	1581	0.000
	思维特质	21.061	3	1581	0.000
	生活方式	12.830	3	1581	0.000
	行为模式	19.077	3	1581	0.000
	人格特质	14.768	3	1581	0.000
职业	城市性	6.307	8	1576	0.000
	价值观念	11.165	8	1576	0.000
	思维特质	13.547	8	1576	0.000
	生活方式	2.146	8	1576	0.029
	行为模式	6.588	8	1576	0.000
	人格特质	8.673	8	1576	0.000
月收入	城市性	3.850	8	1576	0.000
	价值观念	8.028	8	1576	0.000
	思维特质	5.958	8	1576	0.000
	生活方式	5.189	8	1576	0.000
	行为模式	3.486	8	1576	0.001
	人格特质	6.903	8	1576	0.000
工作时长	城市性	6.225	3	1581	0.000
	价值观念	7.693	3	1581	0.000
	思维特质	8.509	3	1581	0.000
	生活方式	6.668	3	1581	0.000
	行为模式	6.271	3	1581	0.000
	人格特质	5.898	3	1581	0.001

续表

自变量	因变量	Levene 统计量	df1	df2	显著性
职业资格证书	城市性	9.768	5	1579	0.000
	价值观念	17.008	5	1579	0.000
	思维特质	25.022	5	1579	0.000
	生活方式	2.184	5	1579	0.054
	行为模式	7.613	5	1579	0.000
	人格特质	16.662	5	1579	0.000
居住环境	城市性	10.332	2	1582	0.000
	价值观念	15.084	2	1582	0.000
	思维特质	29.791	2	1582	0.000
	生活方式	1.202	2	1582	0.301
	行为模式	7.557	2	1582	0.001
	人格特质	16.584	2	1582	0.000
农村土地处理方式	城市性	16.155	4	1580	0.000
	价值观念	26.556	4	1580	0.000
	思维特质	35.924	4	1580	0.000
	生活方式	20.153	4	1580	0.000
	行为模式	26.692	4	1580	0.000
	人格特质	8.012	4	1580	0.000
求职渠道	城市性	4.435	2	1582	0.012
	价值观念	22.799	2	1582	0.000
	思维特质	35.150	2	1582	0.000
	生活方式	0.518	2	1582	0.596
	行为模式	5.230	2	1582	0.005
	人格特质	7.818	2	1582	0.000

第二节　农业转移人口城市性提升的影响因素分析

一　个体的社会人口因素

1. 性别

为深入了解不同性别对城市化水平的差异影响，本部分进行了不同性别的农业转移人口城市性及各维度间的差异分析，并形成表 5 - 2 - 1。具体分析如下：

不同性别的农业转移人口的城市性得分存在显著性差异（P = 0.002 < 0.05）。其中，女性农业转移人口的城市性平均数为 3.611，男性的平均数为 3.509，女性的平均数略高于男性，这就意味着在农业转移人口在城市性得分上女性略高于男性（t = - 3.171）。

不同性别的农业转移人口的价值观念得分存在显著性差异（P = 0.000 < 0.05）。其中，女性农业转移人口的价值观念平均数为 3.779，男性的平均数为 3.625，女性的平均数略高于男性，这就意味着农业转移人口在价值观念得分上女性略高于男性（t = - 4.077）。

不同性别的农业转移人口的思维特质得分存在显著性差异（P = 0.001 < 0.05）。其中，女性农业转移人口的思维特质平均数为 3.685，男性的平均数为 3.564，女性的平均数略高于男性，这就意味着农业转移人口在思维特质得分上女性略高于男性（t = - 3.265）。

不同性别的农业转移人口的生活方式得分没有显著性差异（P = 0.622 > 0.05）。

不同性别的农业转移人口的行为模式得分存在显著性差异（P = 0.003 < 0.05）。其中，女性农业转移人口的行为模式平均数为 3.507，男性的平均数为 3.403，女性的平均数略高于男性，这就意味着农业转移人口在行为模式得分上女性略高于男性（t = - 2.992）。

不同性别的农业转移人口的人格特质得分存在显著性差异（P = 0.002 < 0.05）。其中，女性农业转移人口的人格特质平均数为 3.763，男性的平均数为 3.652，女性的平均数略高于男性，这就意味着农业转移人口在城市性得分上女性略高于男性（t = - 3.166）。

综上所述，在农业转移人口城市性测评中，尽管不同性别生活方式维度上没有显著性差异，但是在价值观念、思维特质、行为模式和人格特质维度上都存在显著性差异，而且均是女性得分比男性高。因此，不同性别的农业转移人口在城市性总得分上存在显著差异，而且女性得分比男性高。由此可见，性别是影响农业转移人口获致城市性的一个因素，而且女性农业转移人口较男性更易融入城市。

表 5 – 2 – 1 不同性别农业转移人口在城市性及各维度间的差异比较

检验变量	性别	人数	平均数	标准差	t 值	显著性
城市性	男	839	3.509	0.710	−3.171	0.002
	女	746	3.611	0.560		
价值观念	男	839	3.625	0.800	−4.077	0.000
	女	746	3.779	0.694		
思维特质	男	839	3.564	0.793	−3.265	0.001
	女	746	3.685	0.678		
生活方式	男	839	3.301	0.749	−0.493	0.622
	女	746	3.319	0.692		
行为模式	男	839	3.403	0.746	−2.992	0.003
	女	746	3.507	0.639		
人格特质	男	839	3.652	0.780	−3.166	0.002
	女	746	3.763	0.611		

2. 婚姻

本部分对不同婚姻状况的农业转移人口进行了城市性及各维度间的差异分析，形成表 5 – 2 – 2。从表中可见，不同婚姻状况的农业转移人口在城市性、价值观念、思维特质、生活方式、行为模式和人格特质得分上均没有显著性差异（P > 0.05）。由此可见，婚姻并不影响农业转移人口获致城市性。

表 5 – 2 – 2 不同婚姻状况农业转移人口在城市性及各维度间的差异比较

检验变量	婚姻状况	人数	平均数	标准差	t 值	显著性
城市性	未婚	629	3.558	0.783	0.060	0.952
	已婚	956	3.556	0.537		
价值观念	未婚	629	3.698	0.887	0.024	0.981
	已婚	956	3.697	0.656		

检验变量	婚姻状况	人数	平均数	标准差	t 值	显著性
思维特质	未婚	629	3.637	0.899	0.650	0.516
	已婚	956	3.610	0.621		
生活方式	未婚	629	3.314	0.831	0.214	0.830
	已婚	956	3.306	0.642		
行为模式	未婚	629	3.465	0.833	0.540	0.590
	已婚	956	3.444	0.596		
人格特质	未婚	629	3.677	0.849	−1.182	0.237
	已婚	956	3.723	0.597		

3. 年龄

由于年龄的方差齐性检验结果为不齐性，故采用 Kruskal-Wallis H 检验比较不同年龄阶段人群之间城市性及各维度评分的分布差异，从表 5 − 2 − 3 中知悉，城市性、价值观念、思维特质、生活方式、行为模式和人格特质的 kruskal-Wallis 检验结果分别为：$H = 106.753$，$P = 0.000$；$H = 87.643$，$P = 0.000$；$H = 64.072$，$P = 0.000$；$H = 127.674$，$P = 0.000$；$H = 107.951$，$P = 0.000$；$H = 44.493$，$P = 0.000$，各组城市性及各维度评分的分布不全相同，差异具有统计学意义。结合成对比较分析表，进行成对比较分析。

表 5 − 2 − 3　　　　　不同年龄的农业转移人口单因素差异分析

因变量	自变量	人数	中位数	H 值	P
城市性	18 岁及以下	132	3.697	106.753	0.000
	19—25 岁	549	3.603		
	26—35 岁	547	3.640		
	36—45 岁	208	3.366		
	46—60 岁	123	3.212		
	60 岁以上	26	3.267		
	总数	1585	3.557		

续表

因变量	自变量	人数	中位数	H值	P
价值观念	18 岁及以下	132	3.740	87.643	0.000
	19—25 岁	549	3.746		
	26—35 岁	547	3.820		
	36—45 岁	208	3.516		
	46—60 岁	123	3.288		
	60 岁以上	26	3.269		
	总数	1585	3.698		
思维特质	18 岁及以下	132	3.744	64.072	0.000
	19—25 岁	549	3.682		
	26—35 岁	547	3.676		
	36—45 岁	208	3.474		
	46—60 岁	123	3.314		
	60 岁以上	26	3.173		
	总数	1585	3.621		
生活方式	18 岁及以下	132	3.542	127.674	0.000
	19—25 岁	549	3.378		
	26—35 岁	547	3.405		
	36—45 岁	208	2.982		
	46—60 岁	123	2.907		
	60 岁以上	26	3.186		
	总数	1585	3.309		
行为模式	18 岁及以下	132	3.686	107.951	0.000
	19—25 岁	549	3.518		
	26—35 岁	547	3.512		
	36—45 岁	208	3.207		
	46—60 岁	123	3.070		
	60 岁以上	26	3.391		
	总数	1585	3.452		

续表

因变量	自变量	人数	中位数	H 值	P
人格特质	18 岁及以下	132	3.772	44.493	0.000
	19—25 岁	549	3.693		
	26—35 岁	547	3.788		
	36—45 岁	208	3.650		
	46—60 岁	123	3.482		
	60 岁以上	26	3.314		
	总数	1585	3.704		

（1）不同年龄阶段的农业转移人口城市性成对比较分析

就城市性因变量而言，18 岁及以下的评分中位数为 3.697（n = 132），19—25 岁的评分中位数为 3.603（n = 549），26—35 岁的评分中位数为 3.640（n = 547），36—45 岁的评分中位数为 3.366（n = 208），46—60 岁的评分中位数为 3.212（n = 123），60 岁以上的评分中位数为 3.267（n = 26），总的城市性评分中位数为 3.557（n = 1585）。采用 Bonferroni 法校正显著性水平后两两比较发现，18 岁及以下与 36—45 岁（P = 0.000 < 0.05）、46—60 岁（P = 0.000 < 0.05）、60 岁以上（P = 0.004 < 0.05）的差异有统计学意义，19—25 岁与 36—45 岁（P = 0.000 < 0.05）、46—60 岁（P = 0.000 < 0.05）、60 岁以上（P = 0.015 < 0.05）的差异有统计学意义。26—35 岁与 36—45 岁（P = 0.000 < 0.05）、46—60 岁（P = 0.000 < 0.05）、60 岁以上（P = 0.002 < 0.05）的差异有统计学意义。其他组之间的差异无统计学意义。通过中位数比较，35 岁以下的农业转移人口城市性评分中位数均高于总数中位数，其中 18 岁及以下的农业转移人口评分均值最高。

表 5 - 2 - 4　不同年龄阶段的农业转移人口城市性成对比较分析

样本 1 - 样本 2	显著性水平	调整显著性
46—60 岁—19—25 岁	0.000	0.000
46—60 岁—26—35 岁	0.000	0.000

样本 1 - 样本 2	显著性水平	调整显著性
46—60 岁—18 岁及以下	0.000	0.000
60 岁以上—19—25 岁	0.001	0.015
60 岁以上—26—35 岁	0.000	0.002
60 岁以上—18 岁及以下	0.000	0.004
36—45 岁—19—25 岁	0.000	0.000
36—45 岁—26—35 岁	0.000	0.000
36—45 岁—18 岁及以下	0.000	0.000

（2）不同年龄阶段的农业转移人口价值观念成对比较分析

就价值观念因变量而言，18 岁及以下的评分中位数为 3.740（n = 132），19—25 岁的评分中位数为 3.746（n = 549），26—35 岁的评分中位数为 3.820（n = 547），36—45 岁的评分中位数为 3.516（n = 208），46—60 岁的评分中位数为 3.288（n = 123），60 岁以上的评分中位数为 3.269（n = 26），总的价值观念评分中位数为 3.698（n = 1585）。采用 Bonferroni 法校正显著性水平后两两比较发现，18 岁及以下与 36—45 岁（P = 0.000 < 0.05）、46—60 岁（P = 0.000 < 0.05）、60 岁以上（P = 0.004 < 0.05）的差异有统计学意义。19—25 岁与 36—45 岁（P = 0.001 < 0.05）、46—60 岁（P = 0.000 < 0.05）、60 岁以上（P = 0.028 < 0.05）的差异有统计学意义。26—35 岁与 36—45 岁（P = 0.000 < 0.05）、46—60 岁（P = 0.000 < 0.05）、60 岁以上（P = 0.002 < 0.05）的差异有统计学意义。其他组之间的差异无统计学意义。通过中位数比较，35 岁以下的农业转移人口价值观念评分中位数高于总数中位数，其中 26—35 岁的农业转移人口价值观念评分最高。

表 5 - 2 - 5　不同年龄阶段的农业转移人口价值观念成对比较分析

样本 1—样本 2	显著性水平	调整显著性
60 岁以上—19—25 岁	0.002	0.028
60 岁以上—26—35 岁	0.000	0.002

样本 1—样本 2	显著性水平	调整显著性
60 岁以上—18 岁及以下	0.000	0.004
46—60 岁—19—25 岁	0.000	0.000
46—60 岁—26—35 岁	0.000	0.000
46—60 岁—18 岁及以下	0.000	0.000
36—45 岁—19—25 岁	0.000	0.001
36—45 岁—26—35 岁	0.000	0.000
36—45 岁—18 岁及以下	0.000	0.000

（3）不同年龄阶段的农业转移人口思维特质成对比较分析

就思维特质因变量而言，18 岁及以下的评分中位数为 3.744（n = 132），19—25 岁的评分中位数为 3.682（n = 549），26—35 岁的评分中位数为 3.676（n = 547），36—45 岁的评分中位数为 3.474（n = 208），46—60 岁的评分中位数为 3.314（n = 123），60 岁以上的评分中位数为 3.173（n = 26），总的思维特质评分中位数为 3.621（n = 1585）。采用 Bonferroni 法校正显著性水平后两两比较发现，18 岁及以下与 36—45 岁（P = 0.000 < 0.05）、46—60 岁（P = 0.000 < 0.05）、60 岁以上（P = 0.002 < 0.05）的农业转移人口的差异有统计学意义。19—25 岁与 36—45 岁（P = 0.002 < 0.05）、46—60 岁（P = 0.000 < 0.05）、60 岁以上（P = 0.014 < 0.05）的差异有统计学意义。26—35 岁与 36—45 岁（P = 0.000 < 0.05）、46—60 岁（P = 0.000 < 0.05）、60 岁以上（P = 0.005 < 0.05）的差异有统计学意义。其他组之间的差异无统计学意义。通过中位数比较，35 岁以下的农业转移人口思维特质评分中位数均高于总数中位数，其中 18 岁以下的农业转移人口评分最高。

表 5－2－6　不同年龄阶段的农业转移人口思维特质成对比较分析

样本 1—样本 2	显著性水平	调整显著性
60 岁以上—19—25 岁	0.001	0.014
60 岁以上—26—35 岁	0.000	0.005

续表

样本1—样本2	显著性水平	调整显著性
60岁以上—18岁及以下	0.000	0.002
46—60岁—19—25岁	0.000	0.000
46—60岁—26—35岁	0.000	0.000
46—60岁—18岁及以下	0.000	0.000
36—45岁—19—25岁	0.000	0.002
36—45岁—26—35岁	0.000	0.000
36—45岁—18岁及以下	0.000	0.000

（4）不同年龄阶段的农业转移人口生活方式成对比较分析

就生活方式因变量而言，18岁及以下的评分中位数为3.542（n=132），19—25岁的评分中位数为3.378（n=549），26—35岁的评分中位数为3.405（n=547），36—45岁的评分中位数为3.982（n=208），46—60岁的评分中位数为3.907（n=123），60岁以上的评分中位数为3.186（n=26），总的生活方式评分中位数为3.309（n=1585）。采用Bonferroni法校正显著性水平后两两比较发现，18岁及以下与36—45岁（P=0.000<0.05）、46—60岁（P=0.000<0.05）的农业转移人口的差异有统计学意义。19—25岁与36—45岁（P=0.000<0.05）、46—60岁（P=0.000<0.05）的差异有统计学意义。26—35岁与36—45岁（P=0.000<0.05）、46—60岁（P=0.000<0.05）的差异有统计学意义。其他组之间的差异无统计学意义。通过中位数比较，35岁以下和60岁以上的农业转移人口生活方式评分中位数均高于总数中位数，其中18岁以下的农业转移人口生活方式评分最高。

表5-2-7　不同年龄阶段的农业转移人口生活方式成对比较分析

样本1—样本2	显著性水平	调整显著性
46—60岁—19—25岁	0.000	0.000
46—60岁—26—35岁	0.000	0.000

续表

样本1—样本2	显著性水平	调整显著性
46—60 岁—18 岁及以下	0.000	0.000
36—45 岁—19—25 岁	0.000	0.000
36—45 岁—26—35 岁	0.000	0.000
36—45 岁—18 岁及以下	0.000	0.000

(5) 不同年龄阶段的农业转移人口行为模式成对比较分析

就行为模式因变量而言，18 岁及以下的评分中位数为 3.686（n = 132），19—25 岁的评分中位数为 3.518（n = 549），26—35 岁的评分中位数为 3.512（n = 547），36—45 岁的评分中位数为 3.207（n = 208），46—60 岁的评分中位数为 3.070（n = 123），60 岁以上的评分中位数为 3.391（n = 26），总的行为模式评分中位数为 3.452（n = 1585）。采用 Bonferroni 法校正显著性水平后两两比较发现，18 岁及以下与 36—45 岁（P = 0.000 < 0.05）、46—60 岁（P = 0.000 < 0.05）的农业转移人口的差异有统计学意义。19—25 岁与 36—45 岁（P = 0.000 < 0.05）、46—60 岁（P = 0.000 < 0.05）的差异有统计学意义。26—35 岁与 36—45 岁（P = 0.000 < 0.05）、46—60 岁（P = 0.000 < 0.05）的差异有统计学意义。其他组之间的差异无统计学意义。通过中位数比较，35 岁以下的农业转移人口行为模式评分中位数均高于总数中位数，其中 18 岁以下的农业转移人口行为模式评分最高。

表 5 - 2 - 8　　不同年龄阶段的农业转移人口行为模式成对比较分析

样本1—样本2	显著性水平	调整显著性
46—60 岁—19—25 岁	0.000	0.000
46—60 岁—26—35 岁	0.000	0.000
46—60 岁—18 岁及以下	0.000	0.000
36—45 岁—19—25 岁	0.000	0.000
36—45 岁—26—35 岁	0.000	0.000
36—45 岁—18 岁及以下	0.000	0.000

（6）不同年龄阶段的农业转移人口人格特质成对比较分析

就人格特质因变量而言，18 岁及以下的评分中位数为 3.772 （n = 132），19—25 岁的评分中位数为 3.693 （n = 549），26—35 岁的评分中位数为 3.788 （n = 547），36—45 岁的评分中位数为 3.650 （n = 208），46—60 岁的评分中位数为 3.482 （n = 123），60 岁以上的评分中位数为 3.314 （n = 26），总的人格特质评分中位数为，3.704 （n = 1585）。采用 Bonferroni 法校正显著性水平后两两比较发现，18 岁及以下与 46—60 岁 （P = 0.010 < 0.05）、60 岁以上 （P = 0.026 < 0.05）的农业转移人口的差异有统计学意义。26—35 岁与 19—25 岁 （P = 0.004 < 0.05）、36—45 岁 （P = 0.001 < 0.05）、46—60 岁 （P = 0.000 < 0.05）、60 岁以上 （P = 0.004 < 0.05）的差异有统计学意义，其他组之间的差异无统计学意义。通过中位数比较 18 岁以下和 26—35 岁的农业转移人口行为模式评分中位数均高于总数中位数，其中和 26—35 岁以下的农业转移人口人格特质评分最高。

表 5-2-9　　不同年龄阶段的农业转移人口人格特质成对比较分析

样本 1—样本 2	显著性水平	调整显著性
60 岁以上—18 岁及以下	0.002	0.026
60 岁以上—26—35 岁	0.000	0.004
46—60 岁—18 岁及以下	0.001	0.010
46—60 岁—26—35 岁	0.000	0.000
36—45 岁—26—35 岁	0.000	0.001
19—25 岁—26—35 岁	0.000	0.004

综上所述，在农业转移人口城市性测评中，不同年龄阶段在价值观念、思维特质、行为模式、生活方式和人格思维特质维度上都存在显著性差异，35 岁以上的农业转移人口在各个维度上评分均值均高于 35 岁以上的人群。其中 18 岁及以下的农业转移人口在生活方式、行为模式和人格特质维度上得分都最高；19—25 岁人群在思维特质维度上评分均值最高；26—35 岁人群在价值观念维度上评分均值最高。因此，不同年龄

阶段的农业转移人口在城市性总评分上存在显著差异。由此可见，年龄是影响农业转移人口提升城市性的一个因素，而且 35 岁以下的人群更易提升城市性。

4. 学历

在方差齐性检验中，人格特质维度的方差为齐性，而城市性及其他维度方差均不齐性，故比较不同学历人群之间城市性及各维度评分的分布差异，采用两种检验法。人格特质维度采用方差多重比较分析，城市性及其他维度采用 Kruskal-Wallis H 检验。从表 5 - 2 - 10 中知悉，城市性、价值观念、思维特质、生活方式和行为模式的 kruskal-Wallis 检验结果分别为：H = 187.432，P = 0.000；H = 229.145，P = 0.000；H = 177.360，P = 0.000；H = 104.415，P = 0.000；H = 137.708，P = 0.000，各组城市性及各维度评分的分布不全相同，差异具有统计学意义。结合成对比较分析表，进行成对比较分析。

表 5 - 2 - 10　　　　　不同学历的农业转移人口单因素差异分析

因变量	自变量	人数	中位数	H 值	P
城市性	小学及以下	221	3.107	187.432	0.000
	初中	577	3.565		
	高中（包含职高）	291	3.835		
	大专	220	3.566		
	本科及以上	276	3.600		
	总数	1585	3.557		
价值观念	小学及以下	221	3.037	229.145	0.000
	初中	577	3.716		
	高中（包含职高）	291	3.992		
	大专	220	3.749		
	本科及以上	276	3.836		
	总数	1585	3.698		

因变量	自变量	人数	中位数	H值	P
思维特质	小学及以下	221	3.125	177.360	0.000
	初中	577	3.581		
	高中（包含职高）	291	3.932		
	大专	220	3.677		
	本科及以上	276	3.729		
	总数	1585	3.621		
生活方式	小学及以下	221	2.950	104.415	0.000
	初中	577	3.345		
	高中（包含职高）	291	3.573		
	大专	220	3.361		
	本科及以上	276	3.205		
	总数	1585	3.309		
行为模式	小学及以下	221	3.086	137.708	0.000
	初中	577	3.428		
	高中（包含职高）	291	3.763		
	大专	220	3.413		
	本科及以上	276	3.500		
	总数	1585	3.452		

（1）不同学历的农业转移人口城市性成对比较分析

就城市性因变量而言，小学及以下的评分中位数为3.107（n＝221），初中的评分中位数为3.565（n＝577），高中（包含职高）的评分中位数为3.835（n＝291），大专的评分中位数为3.566（n＝220），本科及以上的评分中位数为3.600（n＝276），总的城市性评分中位数为3.557（n＝1585）。采用Bonferroni法校正显著性水平后两两比较发现，小学及以下的与初中（P＝0.000＜0.05）、高中（包含职高）（P＝0.000＜0.05）、大专（P＝0.000＜0.05）、本科及以上（P＝0.000＜0.05）的差异有统计学意义，高中与初中（P＝0.000＜0.05）、大专（P＝0.000＜0.05）、本科及以上（P＝0.000＜0.05）的差异有统计学意义。其他组之间的差异无统计学意义。通过中位数比较，初中、高中（包含职高）、大专、本科及本科以上学历的农业转移人口城市性评分中位数均高于总数中位数，其中高中（包含职高）的农业转移人口评分最高。

表5-2-11　　　不同学历的农业转移人口城市性成对比较分析

样本1—样本2	显著性水平	调整显著性
小学及以下—大专	0.000	0.000
小学及以下—初中	0.000	0.000
小学及以下—本科及以上	0.000	0.000
小学及以下—高中（包含职高）	0.000	0.000
大专—高中（包含职高）	0.000	0.000
初中—高中（包含职高）	0.000	0.000
本科及以上—高中（包含职高）	0.000	0.000

（2）不同学历的农业转移人口人格特质方差分析

就人格特质因变量而言，由表5-2-12可见，不同学历对农业转移人口的人格特质有影响（F=23.891，P=0.000<0.05）。小学及以下的农业转移人口人格特质得分平均数为3.339，初中的农业转移人口农业转移人口得分平均数为3.753，高中（包含职高）的农业转移人口得分平均数为3.916，大专的农业转移人口得分平均数为3.631，本科及以上的农业转移人口得分平均数为3.730，总数得分均值为3.704。就平均数而言，高中（包含职高）的农业转移人口人格特质得分最高，小学及以下的农业转移人口人格特质得分最低。在多重比较分析表5-2-13中，小学及以下与初中、高中（包含职高）、大专和本科及以上的农业转移人口之间存在显著性差异（P<0.05），而且小学及以下的农业转移人口城市人格特质得分最低；初中与本科及以上没有显著性差异（P=0.640>0.05），而与高中（包含职高）和大专存在显著性差异（P<0.05）；高中与大专和本科及本科以上存在显著性差异（P<0.05）；大专与本科及本科以上没有显著性差异（P=0.111>0.05）。由此可见，就人格特质因变量而言，高中的农业转移人口思维特质的得分最高，初中与本科及本科以上的农业转移人口在行为模式得分上无显著性差异，高学历的农业转移人口比小学及以下学历的在人格特质得分更高。

表5-2-12 不同学历的农业转移人口人格特质方差分析

自变量	人数	均值	F	P
小学及以下	221	3.339		
初中	577	3.753		
高中（包含职高）	291	3.916	23.891	0.000
大专	220	3.631		
本科及以上	276	3.730		
总数	1585	3.704		

表5-2-13 不同学历的农业转移人口人格特质多重比较分析

因变量	学历（I）	学历（J）	MD（I-J）	P
人格特质	小学及以下	初中	-0.414*	0.000
		高中（包含职高）	-0.577*	0.000
		大专	-0.292*	0.000
		本科及以上	-0.391*	0.000
	初中	高中（包含职高）	-0.162*	0.001
		大专	0.123*	0.025
		本科及以上	0.024	0.640
	高中（包含职高）	大专	0.285*	0.000
		本科及以上	0.186*	0.001
	大专	本科及以上	-0.099	0.111

* 均值差值在0.05级别上较显著。

（3）不同学历的农业转移人口价值观念成对比较分析

就价值观念因变量而言，小学及以下的评分中位数为3.037（n＝221），初中的评分中位数为3.716（n＝577），高中（包含职高）的评分中位数为 3.992（n＝291），大专的评分中位数为 3.749（n＝220），本科及以上的评分中位数为 3.836（n＝276），总的价值观念评分中位数为 3.698（n＝1585）。采用 Bonferroni 法校正显著性水平后两两比较发现，小学及以下的与初中（P＝0.000＜0.05）、高中（包含职高）（P＝0.000＜0.05）、大专（P＝0.000＜0.05）、本科及以上（P＝0.000＜0.05）的差异有统计学意义，高中与初中（P＝0.011＜0.05）、大专（P＝0.000＜0.05）的差异有统计学意义，本科及以上（P＝0.000＜0.05）的差异有统计学意义。其他组之间的差异无统计学意义。通过中位数比较，初中、高中（包含职高）、大专、本科及本科以上学历的农业转移人口价值观念评分中位数均高于总数中位数，其中高中（包含职高）的农业转移人口评分最高。

表5－2－14　　不同学历的农业转移人口价值观念成对比较分析

样本1—样本2	显著性水平	调整显著性
小学及以下—大专	0.000	0.000
小学及以下—初中	0.000	0.000
小学及以下—本科及以上	0.000	0.000
小学及以下—高中（包含职高）	0.000	0.000
大专—高中（包含职高）	0.000	0.000
初中—高中（包含职高）	0.001	0.011
本科及以上—高中（包含职高）	0.000	0.000

（4）不同学历的农业转移人口思维特质成对比较分析

就思维特质因变量而言，小学及以下的评分中位数为 3.125（n＝221），初中的评分中位数为 3.581（n＝577），高中（包含职高）的评分中位数为 3.932（n＝291），大专的评分中位数为 3.677（n＝220），本科及以上的评分中位数为 3.729（n＝276），总的思维特质评分中位数为 3.621（n＝1585）。采用 Bonferroni 法校正显著性水平后两两比较发现，小学及以下的与初中（P＝0.000＜0.05）、高中（包含职高）（P＝0.000＜0.05）、大专（P＝0.000＜0.05）、本科及以上（P＝0.000＜0.05）的差异

有统计学意义，初中与高中（包含职高）（P = 0.000 < 0.05）、本科及以上
（P = 0.021 < 0.05）的差异有统计学意义，高中与大专（P = 0.000 <
0.05）、本科及以上（P = 0.008 < 0.05）的差异有统计学意义。其他组之
间的差异无统计学意义。通过中位数比较，高中（包含职高）、大专、本
科及本科以上学历的农业转移人口思维特质评分中位数均高于总数中位
数，其中高中（包含职高）的农业转移人口评分最高。

表5 – 2 – 15　　　　不同学历的农业转移人口思维特质成对比较分析

样本1—样本2	显著性水平	调整显著性
小学及以下—大专	0.000	0.000
小学及以下—初中	0.000	0.000
小学及以下—本科及以上	0.000	0.000
小学及以下—高中（包含职高）	0.000	0.000
初中—本科及以上	0.002	0.021
初中—高中（包含职高）	0.000	0.000
大专—高中（包含职高）	0.000	0.000
本科及以上—高中（包含职高）	0.001	0.008

（5）不同学历的农业转移人口生活方式成对比较分析

就生活方式因变量而言，小学及以下的评分中位数为2.950（n =
221），初中的评分中位数为3.345（n = 577），高中（包含职高）的评分
中位数为3.573（n = 291），大专的评分中位数为3.361（n = 220），本科
及以上的评分中位数为3.205（n = 276），总的生活方式评分中位数为
3.309（n = 1585）。采用Bonferroni法校正显著性水平后两两比较发现，小
学及以下的与初中（P = 0.000 < 0.05）、高中（包含职高）（P = 0.000 <
0.05）、大专（P = 0.001 < 0.05）、本科及以上（P = 0.000 < 0.05）的差异
有统计学意义，初中与高中（包含职高）（P = 0.003 < 0.05）、本科及以上
（P = 0.016 < 0.05）的差异有统计学意义，高中与大专（P = 0.006 <
0.05）、本科及以上（P = 0.000 < 0.05）的差异有统计学意义。其他组之
间的差异无统计学意义。通过中位数比较，初中、高中（包含职高）、大

专学历的农业转移人口生活方式评分中位数均高于总数中位数，其中高中（包含职高）的农业转移人口评分最高。

表5-2-16　　　　不同学历的农业转移人口生活方式成对比较分析

样本1—样本2	显著性水平	调整显著性
小学及以下—大专	0.000	0.001
小学及以下—初中	0.000	0.000
小学及以下—本科及以上	0.000	0.000
小学及以下—高中（包含职高）	0.000	0.000
本科及以上—初中	0.002	0.016
本科及以上—高中（包含职高）	0.000	0.000
初中—高中（包含职高）	0.000	0.003
大专—高中（包含职高）	0.005	0.006

（6）不同学历的农业转移人口行为模式成对比较分析

就行为模式因变量而言，小学及以下的评分中位数为 3.086（n = 221），初中的评分中位数为 3.428（n = 577），高中（包含职高）的评分中位数为 3.763（n = 291），大专的评分中位数为 3.413（n = 220），本科及以上的评分中位数为 3.500（n = 276），总的行为模式评分中位数为 3.452（n = 1585）。采用 Bonferroni 法校正显著性水平后两两比较发现，小学及以下的与初中（P = 0.000 < 0.05）、高中（包含职高）（P = 0.000 < 0.05）、大专（P = 0.000 < 0.05）、本科及以上（P = 0.000 < 0.05）的差异有统计学意义，高中与大专（P = 0.000 < 0.05）、初中（P = 0.004 < 0.05）、本科及以上（P = 0.000 < 0.05）的差异有统计学意义。其他组之间的差异无统计学意义。通过中位数比较，高中（包含职高）、本科及本科以上学历的农业转移人口行为模式评分中位数均高于总数中位数，其中高中（包含职高）的农业转移人口行为模式评分最高。

表5-2-17　　　不同学历的农业转移人口行为模式成对比较分析

样本1—样本2	显著性水平	调整显著性
小学及以下—大专	0.000	0.000
小学及以下—初中	0.000	0.000
小学及以下—本科及以上	0.000	0.000
小学及以下—高中（包含职高）	0.000	0.000
大专—高中（包含职高）	0.000	0.000
初中—高中（包含职高）	0.000	0.000
本科及以上—高中（包含职高）	0.000	0.000

综上所述，在农业转移人口城市性测评中，不同学历的农村转移人口在价值观念、思维特质、行为模式、生活方式和人格特质维度上都存在显著性差异，高中学历的农业转移人口（包含职高）在价值观念、思维特质、生活方式、行为模式和人格特质方面的评分均值最高；除了生活方式维度上初中学历高于本科及以上学历的评分均值，其余维度评分均值都呈现出大专、本科及以上比初中和小学及以下的要高。因此，不同学历的农业转移人口在城市性总得分上存在显著差异。由此可见，学历是影响农业转移人口提升城市性的一个因素，学历为高中（包含职高）的农业转移人口更易融入城市。相较于初中、小学及以下学历人群，大专、本科及以上学历人群更易提升城市性。

5. 职业资格证书

在方差齐性检验中，生活方式维度的方差为齐性，而城市性及其他维度的方差均为不齐性，故比较不同职业资格证书人群的城市性及各维度评分的分布差异，采用两种检验法。生活方式维度采用方差多重比较分析，城市性及其他维度采用 Kruskal-Wallis H 检验。从表5-2-18中知悉，城市性、价值观念、思维特质、行为模式和人格特质的 kruskal-Wallis 检验结果分别为：$H = 166.428$，$P = 0.000$；$H = 90.884$，$P = 0.000$；$H = 87.189$，$P = 0.000$；$H = 169.595$，$P = 0.000$；$H = 133.771$，$P = 0.000$，各组城市性及各维度评分的分布不全相同，差异具有统计学意义。结合成对比较分析表，进行成对比较分析。

表 5 - 2 - 18　　不同学历资格证书的农业转移人口单因素差异分析

因变量	自变量	人数	中位数	H 值	P
城市性	无	942	3.467	166.428	0.000
	初级（五级）	347	3.847		
	中级（四级）	120	3.301		
	高级（三级）	104	3.794		
	技师（二级）	33	3.557		
	高级技师（一级）	39	3.311		
	总数	1585	3.557		
价值观念	无	942	3.613	90.884	0.000
	初级（五级）	347	3.958		
	中级（四级）	120	3.503		
	高级（三级）	104	3.940		
	技师（二级）	33	3.722		
	高级技师（一级）	39	3.353		
	总数	1585	3.698		
思维特质	无	942	3.562	87.189	0.000
	初级（五级）	347	3.832		
	中级（四级）	120	3.396		
	高级（三级）	104	3.885		
	技师（二级）	33	3.551		
	高级技师（一级）	39	3.214		
	总数	1585	3.621		
行为模式	无	942	3.339	169.595	0.000
	初级（五级）	347	3.772		
	中级（四级）	120	3.174		
	高级（三级）	104	3.708		
	技师（二级）	33	3.523		
	高级技师（一级）	39	3.447		
	总数	1585	3.452		

续表

因变量	自变量	人数	中位数	H 值	P
人格特质	无	942	3.632	133.771	0.000
	初级（五级）	347	3.999		
	中级（四级）	120	3.385		
	高级（三级）	104	3.913		
	技师（二级）	33	3.604		
	高级技师（一级）	39	3.355		
	总数	1585	3.704		

（1）不同资格证书的农业转移人口城市性成对比较分析

就城市性因变量而言，没有职业资格证书的评分中位数为 3.467（n = 942），拥有初级（五级）职业资格证书的评分中位数为 3.847（n = 347），拥有中级（四级）资格证书的农业转移人口的评分中位数为 3.301（n = 120），拥有高级（三级）的评分中位数为 3.794（n = 104），拥有技师（二级）的评分中位数为 3.557（n = 33），拥有高级技师（一级）资格证书的农业转移人口的评分中位数为 3.311（n = 39），总的城市性评分中位数为 3.557（n = 1585）。采用 Bonferroni 法校正显著性水平后两两比较发现，拥有中级（四级）资格证书与高级（三级）（P = 0.000 < 0.05）、拥有初级（五级）资格证书的农业转移人口（P = 0.000 < 0.05）的农业转移人口的差异有统计学意义；拥有高级技师（一级）与拥有高级（三级）资格证书的农业转移人口（P = 0.011 < 0.05）、初级（五级）（P = 0.000 < 0.05）的差异有统计学意义；没有资格证书与高级（三级）（P = 0.000 < 0.05）、拥有初级（五级）资格证书的农业转移人口（P = 0.000 < 0.05）的差异有统计学意义；拥有技师（二级）与拥有初级（五级）资格证书的农业转移人口（P = 0.002 < 0.05）的差异有统计学意义。其他组之间的差异无统计学意义。通过中位数比较，拥有初级（五级）职业资格证书、拥有高级（三级）和拥有技师（二级）的农业转移人口城市性评分中位数不低于总数中位数，其中拥有初级（五级）职业资格证书的农业转移人口城市性评分最高。

表 5 - 2 - 19   不同资格证书的农业转移人口城市性成对比较分析

样本 1—样本 2	显著性水平	调整显著性
中级（四级）—高级（三级）	0.000	0.000
中级（四级）—初级（五级）	0.000	0.000
高级技师（一级）—高级（三级）	0.001	0.011
高级技师（一级）—初级（五级）	0.000	0.000
无—高级（三级）	0.000	0.000
无—初级（五级）	0.000	0.000
技师（二级）—初级（五级）	0.000	0.002

（1）不同资格证书的农业转移人口生活方式方差分析

就生活方式因变量而言，从表 5 - 2 - 20 中可见，拥有不同职业资格证书对农业转移人口的生活方式有影响（F = 30.921，P = 0.000 < 0.05）。没有职业资格证书的农业转移人口得分平均数为 3.187，拥有初级（五级）职业资格证书的农业转移人口得分平均数为 3.674，拥有中级（四级）职业资格证书的农业转移人口得分平均数为 3.047，拥有高级（三级）职业资格证书的农业转移人口得分平均数为 3.522，拥有技师（二级）职业资格证书的农业转移人口得分平均数为 3.384，拥有高级技师（一级）职业资格证书的农业转移人口得分平均数为 3.188，总数得分均值为 3.309。就平均数而言，拥有初级（五级）的农业转移人口生活方式得分最高。在多重比较分析表中，没有职业资格证书与初级（五级）、拥有中级（四级）职业资格证书、拥有高级（三级）职业资格证书的农业转移人口在生活方式得分上存在显著性差异（P < 0.05）；拥有初级（五级）职业资格证书与中级（四级）、高级（三级）、技师（二级）之间也存在显著性差异（P < 0.05）；拥有中级（四级）职业资格证书与拥有高级（三级）职业资格证书、拥有技师（二级）职业资格证书之间也存在显著性差异（P < 0.05）；拥有高级（三级）职业资格证书与拥有高级技师（一级）职业资格证书存在显著性差异（P = 0.010 < 0.05）。由此可见，拥有初级（五级）职业资格证书在生活方式上得分最好。就生活方式因变量而言，并不是拥有的职业资格证书级别越高就在生活方式上表现的更好。

表 5 – 2 – 20　　不同资格证书的农业转移人口生活方式方差分析

自变量	人数	均值	F	P
无	942	3.187		
初级（五级）	347	3.674		
中级（四级）	120	3.047		
高级（三级）	104	3.522	30.921	0.000
技师（二级）	33	3.384		
高级技师（一级）	39	3.188		
总数	1585	3.309		

表 5 – 2 – 21　　不同资格证书的农业转移人口生活方式多重比较分析

因变量	资格证书（I）	资格证书（J）	MD（I – J）	P
生活方式	无	初级（五级）	– 0.486 *	0.000
		中级（四级）	0.140 *	0.037
		高级（三级）	– 0.334 *	0.000
		技师（二级）	– 0.197	0.108
		高级技师（一级）	– 0.001	0.995
	初级（五级）	中级（四级）	0.626 *	0.000
		高级（三级）	0.152 *	0.049
		技师（二级）	0.290 *	0.021
		高级技师（一级）	0.486 *	0.000
	中级（四级）	高级（三级）	– 0.474 *	0.000
		技师（二级）	– 0.337 *	0.013
		高级技师（一级）	– 0.141	0.269
	高级（三级）	技师（二级）	0.138	0.318
		高级技师（一级）	0.334 *	0.010
	技师（二级）	高级技师（一级）	0.196	0.231

* 　均值差值在 0.05 级别上较显著。

（3）不同资格证书的农业转移人口价值观念成对比较分析

就价值观念因变量而言，没有职业资格证书的评分中位数为 3.613（n =

942），拥有初级（五级）职业资格证书的评分中位数为 3.958（n=347），拥有中级（四级）职业资格证书的评分中位数为 3.503（n=120），拥有高级（三级）职业资格证书的评分中位数为 3.940（n=104），拥有技师（二级）职业资格证书的评分中位数为 3.722（n=33），拥有高级技师（一级）职业资格证书的评分中位数为 3.353（n=39），总的价值观念评分中位数为 3.698（n=1585）。采用 Bonferroni 法校正显著性水平后两两比较发现，拥有中级（四级）资格证书与拥有高级（三级）职业资格证书（P=0.000<0.05）、拥有初级（五级）职业资格证书（P=0.000<0.05）的农业转移人口的差异有统计学意义；拥有高级技师（一级）与拥有高级（三级）职业资格证书（P=0.029<0.05）、拥有初级（五级）职业资格证书（P=0.001<0.05）的差异有统计学意义；没有资格证书与拥有高级（三级）职业资格证书（P=0.001<0.05）、拥有初级（五级）职业资格证书（P=0.000<0.05）的差异有统计学意义；其他组之间的差异无统计学意义。通过中位数比较，拥有初级（五级）职业资格证书、拥有高级（三级）职业资格证书和拥有技师（二级）职业资格证书的农业转移人口价值观念评分中位数高于总数中位数，其中拥有初级（五级）职业资格证书的农业转移人口价值观念评分最高。

表 5-2-22　　不同资格证书的农业转移人口价值观念成对比较分析

样本 1—样本 2	显著性水平	调整显著性
中级（四级）—高级（三级）	0.000	0.000
中级（四级）—初级（五级）	0.000	0.000
高级技师（一级）—高级（三级）	0.002	0.029
高级技师（一级）—初级（五级）	0.000	0.001
无—高级（三级）	0.000	0.001
无—初级（五级）	0.000	0.000

（4）不同资格证书的农业转移人口思维特质成对比较分析

就思维特质因变量而言，没有职业资格证书的评分中位数为 3.562（n=942），拥有初级（五级）职业资格证书的评分中位数为 3.832（n=

347），拥有中级（四级）职业资格证书的评分中位数为 3.396（n＝120），拥有高级（三级）职业资格证书的评分中位数为 3.885（n＝104），拥有技师（二级）职业资格证书的评分中位数为 3.551（n＝33），拥有高级技师（一级）职业资格证书的评分中位数为 3.214（n＝39），总的思维特质评分中位数为 3.621（n＝1585）。采用 Bonferroni 法校正显著性水平后两两比较发现，拥有中级（四级）职业资格证书与高级（三级）（P＝0.000＜0.05）、拥有初级（五级）职业资格证书（P＝0.000＜0.05）的农业转移人口的差异有统计学意义；拥有高级技师（一级）与拥有高级（三级）职业资格证书（P＝0.001＜0.05）、拥有初级（五级）职业资格证书（P＝0.000＜0.05）的差异有统计学意义；没有资格证书与拥有高级（三级）职业资格证书（P＝0.000＜0.05）、拥有初级（五级）职业资格证书（P＝0.000＜0.05）的差异有统计学意义；其他组之间的差异无统计学意义。通过中位数比较，拥有初级（五级）职业资格证书和高级（三级）的农业转移人口思维特质评分中位数高于总数中位数，其中拥有初级（五级）职业资格证书的农业转移人口思维特质评分最高。

表 5 - 2 - 23　不同资格证书的农业转移人口思维特质成对比较分析

样本 1—样本 2	显著性水平	调整显著性
高级技师（一级）—高级（三级）	0.000	0.001
高级技师（一级）—初级（五级）	0.000	0.000
中级（四级）—高级（三级）	0.000	0.000
中级（四级）—初级（五级）	0.000	0.000
无—高级（三级）	0.000	0.000
无—初级（五级）	0.000	0.000

（5）不同资格证书的农业转移人口行为模式成对比较分析

就行为模式因变量而言，没有职业资格证书的评分中位数为 3.339（n＝942），拥有初级（五级）职业资格证书的评分中位数为 3.772（n＝347），拥有中级（四级）职业资格证书的评分中位数为 3.174（n＝120），拥有高级（三级）职业资格证书的评分中位数为 3.708（n = 104），拥有技师（二级）职业资格证书的评分中位数为 3.523（n = 33），拥有高级技师（一级）职业资格证书的评分中位数为 3.447（n = 39），总的行为模式评分中位数为 3.452（n = 1585）。采用 Bonferroni 法校正显著性水平后两两比较发现，拥有中级（四级）职业资格证书与高级（三级）（P = 0.000 < 0.05）、拥有初级（五级）职业资格证书（P = 0.000 < 0.05）的农业转移人口的差异有统计学意义；拥有高级技师（一级）与拥有初级（五级）职业资格证书（P = 0.043 < 0.05）的差异有统计学意义；拥有技师（二级）职业资格证书与拥有初级（五级）职业资格证书（P = 0.032 < 0.05）的差异有统计学意义；没有资格证书与拥有高级（三级）职业资格证书（P = 0.000 < 0.05）、拥有初级（五级）职业资格证书（P = 0.000 < 0.05）的差异有统计学意义；其他组之间的差异无统计学意义。通过中位数比较，拥有初级（五级）职业资格证书、拥有高级（三级）职业资格证书和拥有技师（二级）职业资格证书的农业转移人口行为模式评分中位数高于总数中位数，其中拥有初级（五级）职业资格证书的农业转移人口行为模式评分最高。

表 5 - 2 - 24　不同资格证书的农业转移人口思维特质成对比较分析

样本 1—样本 2	显著性水平	调整显著性
中级（四级）—高级（三级）	0.000	0.000
中级（四级）—初级（五级）	0.000	0.000
无—高级（三级）	0.000	0.000
无—初级（五级）	0.000	0.000
技师（二级）—初级（五级）	0.002	0.032
高级技师（一级）—初级（五级）	0.003	0.043

（6）不同资格证书的农业转移人口人格特质成对比较分析

就人格特质因变量而言，没有职业资格证书的评分中位数为 3.632（n = 942），拥有初级（五级）职业资格证书的评分中位数为 3.999（n = 347），拥有中级（四级）职业资格证书的评分中位数为 3.385（n = 120），拥有高级（三级）职业资格证书的评分中位数为 3.913（n＝104），拥有技师（二级）职业资格证书的评分中位数为 3.604（n＝33），拥有高级技师（一级）职业资格证书的评分中位数为 3.355（n＝39），总的人格特质评分中位数为 3.704（n＝1585）。采用 Bonferroni 法校正显著性水平后两两比较发现，拥有中级（四级）职业资格证书与高级（三级）（P＝0.000＜0.05）、拥有初级（五级）职业资格证书（P＝0.000＜0.05）的农业转移人口的差异有统计学意义；拥有高级技师（一级）职业资格证书与拥有高级（三级）职业资格证书（P＝0.005＜0.05）、拥有初级（五级）职业资格证书（P＝0.000＜0.05）的差异有统计学意义；没有资格证书与拥有高级（三级）职业资格证书（P＝0.000＜0.05）、拥有初级（五级）职业资格证书（P＝0.000＜0.05）的差异有统计学意义；拥有技师（二级）职业资格证书与拥有初级（五级）职业资格证书（P＝0.003＜0.05）的差异有统计学意义；其他组之间的差异无统计学意义。通过中位数比较，拥有初级（五级）职业资格证书和拥有高级（三级）职业资格证书的农业转移人口行为模式评分中位数高于总数中位数，其中拥有初级（五级）职业资格证书的农业转移人口人格特质观念评分最高。

表 5－2－25　不同资格证书的农业转移人口人格特质成对比较分析

样本1—样本2	显著性水平	调整显著性
高级技师（一级）—高级（三级）	0.000	0.005
高级技师（一级）—初级（五级）	0.000	0.000
中级（四级）—高级（三级）	0.000	0.000
中级（四级）—初级（五级）	0.000	0.000
技师（二级）—初级（五级）	0.000	0.003
无—高级（三级）	0.000	0.000
无—初级（五级）	0.000	0.000

综上所述，在农业转移人口城市性测评中，拥有不同职业资格证书的农业转移人口在价值观念、思维特质、生活方式、行为模式和人格特质维

度上都存在显著性差异，拥有初级（五级）职业资格证书的农业转移人口在价值观念、思维特质、生活方式、行为模式和人格特质维度的评分均值都最高，因此，拥有不同职业资格证书的农业转移人口在城市性总评分上存在显著差异。由此可见，是否拥有不同职业资格证书是影响农业转移人口提升城市性的一个因素，但是职业资格证书的等级与农业转移人口提升城市性之间并没有显著的线性关联。

6. 进城目的

就进城目的而言，31.1%的农业转移人口进城是为了赚钱；19.5%的人群认为进入大城市能更好地施展自己的才华；16.5%的人群进城是为了学本事；16.2%的人群是为了见世面而进城；8.8%的农业转移人口进入城市是因为向往城市的生活，还有7.9%的人群是其他目的进城。其中施展自己才华、学本事、见世面都是为了自身的发展，由此可见，虽然城乡间发展仍有差距，但是仅仅是为了提高收入不再是驱动农业转移人口迁移的最主要因素。

表5-2-26　　　　　　　　农业转移人口进城目统计

进城目的	人数	百分比
大城市能更好地施展自己的才华	696	19.5%
挣钱多，机会多	1108	31.1%
见世面	578	16.2%
学本事	588	16.5%
向往城市生活	315	8.8%
其他	283	7.9%

二　家庭因素

1. 父母所在地

由于不同父母所在地的方差齐性检验结果为不齐性，故采用 Kruskal-Wallis H 检验比较不同父母所在地人群之间城市性及各维度评分的分布差异。从表中知悉，城市性、价值观念、思维特质、生活方式、行为模式和人格特质的 kruskal-Wallis 检验结果分别为：H = 82.613，P = 0.000；H = 37.907，

P = 0.000；H = 34.459，P = 0.000；H = 87.705，P = 0.000；H = 100.559，P = 0.000；H = 74.144，P = 0.000，各组城市性及各维度评分的分布不全相同，差异具有统计学意义。结合成对比较分析表，进行成对比较分析。

表 5 - 2 - 27　　不同父母所在地的农业转移人口单因素差异分析

因变量	自变量	人数	中位数	H 值	P
城市性	老家	826	3.551	82.613	0.000
	您工作所在城市	435	3.724		
	其他城市	188	3.280		
	以上均不符	136	3.443		
	总数	1585	3.557		
价值观念	老家	826	3.706	37.907	0.000
	您工作所在城市	435	3.835		
	其他城市	188	3.517		
	以上均不符	136	3.453		
	总数	1585	3.698		
思维特质	老家	826	3.648	34.459	0.000
	您工作所在城市	435	3.724		
	其他城市	188	3.375		
	以上均不符	136	3.469		
	总数	1585	3.621		
生活方式	老家	826	3.274	87.705	0.000
	您工作所在城市	435	3.514		
	其他城市	188	3.025		
	以上均不符	136	3.262		
	总数	1585	3.309		
行为模式	老家	826	3.415	100.559	0.000
	您工作所在城市	435	3.673		
	其他城市	188	3.125		
	以上均不符	136	3.423		
	总数	1585	3.452		

续表

因变量	自变量	人数	中位数	H 值	P
人格特质	老家	826	3.710	74.144	0.000
	您工作所在城市	435	3.875		
	其他城市	188	3.356		
	以上均不符	136	3.606		
	总数	1585	3.704		

（1）不同父母所在地的农业转移人口城市性成对比较分析

就城市性因变量而言，父母所在地为老家的评分中位数为 3.551（n = 826），工作所在城市的评分中位数为 3.724（n = 435），其他城市的评分中位数为 3.280（n = 547），以上均不符的评分中位数为 3.443（n = 136），总的城市性评分中位数为 3.557（n = 1585）。采用 Bonferroni 法校正显著性水平后两两比较发现，父母所在地为老家与工作所在城市（P = 0.000 < 0.05）、其他城市（P = 0.000 < 0.05）的差异有统计学意义，父母所在地为工作所在城市与其他城市（P = 0.000 < 0.05）、以上均不符（P = 0.000 < 0.05）的差异有统计学意义，其他组之间的差异无统计学意义。通过中位数比较，父母所在地为老家或者工作所在城市的农业转移人口城市性评分中位数均高于总数中位数，其中父母在工作所在城市的农业转移人口城市性评分最高。

表 5 - 2 - 28　不同父母所在地的农业转移人口城市性成对比较分析

样本 1—样本 2	显著性水平	调整显著性
其他城市—老家	0.000	0.000
其他城市—您工作所在城市	0.000	0.000
以上均不符—您工作所在城市	0.000	0.000
老家—您工作所在城市	0.000	0.000

（2）不同父母所在地的农业转移人口价值观念成对比较分析

就价值观念因变量而言，父母所在地为老家的评分中位数为 3.706

（n＝826），工作所在城市的评分中位数为 3.835（n＝435），其他城市的评分中位数为 3.517（n＝547），以上均不符的评分中位数为 3.453（n＝136），总的价值观念评分中位数为 3.698（n＝1585）。采用 Bonferroni 法校正显著性水平后两两比较发现，父母所在地为老家与其他城市（P＝0.003＜0.05）、以上均不符（P＝0.002＜0.05）的差异有统计学意义，父母所在地为工作所在城市与其他城市（P＝0.000＜0.05）、以上均不符（P＝0.000＜0.05）的差异有统计学意义，其他组之间的差异无统计学意义。通过中位数比较，父母所在地为老家或者工作所在城市的农业转移人口价值观念评分中位数均高于总数中位数，其中父母在工作所在城市的农业转移人口价值观念评分最高。

表 5 - 2 - 29　不同父母所在地的农业转移人口价值观念成对比较分析

样本 1—样本 2	显著性水平	调整显著性
以上均不符—老家	0.000	0.002
以上均不符—您工作所在城市	0.000	0.000
其他城市—老家	0.001	0.003
其他城市—您工作所在城市	0.000	0.000

（3）不同父母所在地的农业转移人口思维特质成对比较分析

就思维特质因变量而言，父母所在地为老家的评分中位数为 3.648（n＝826），工作所在城市的评分中位数为 3.724（n＝435），其他城市的评分中位数为 3.375（n＝547），以上均不符的评分中位数为 3.469（n＝136），总的思维特质评分中位数为 3.621（n＝1585）。采用 Bonferroni 法校正显著性水平后两两比较发现，父母所在地为老家与其他城市（P＝0.000＜0.05）、以上均不符（P＝0.038＜0.05）的差异有统计学意义，父母所在地为工作所在城市与其他城市（P＝0.000＜0.05）、以上均不符（P＝0.004＜0.05）的差异有统计学意义，其他组之间的差异无统计学意义。通过中位数比较，父母所在地为老家或者工作所在城市的农业转移人口思维特质评分中位数均高于总数中位数，其中父母在工作所在城市的农业转移人口思维特质评分最高。

表 5 - 2 - 30 **不同父母所在地的农业转移人口思维特质成对比较分析**

样本 1—样本 2	显著性水平	调整显著性
其他城市—老家	0.000	0.000
其他城市—您工作所在城市	0.000	0.000
以上均不符—老家	0.006	0.038
以上均不符—您工作所在城市	0.001	0.004

（4）不同父母所在地的农业转移人口生活方式成对比较分析

就生活方式因变量而言，父母所在地为老家的评分中位数为 3.274（n=826），工作所在城市的评分中位数为 3.514（n=435），其他城市的评分中位数为 3.025（n=547），以上均不符的评分中位数为 3.262（n=136），总的生活方式评分中位数为 3.309（n=1585）。采用 Bonferroni 法校正显著性水平后两两比较发现，父母所在地为老家与工作所在城市（P=0.000<0.05）、其他城市（P=0.000<0.05）、的差异有统计学意义，父母所在地为工作所在城市与其他城市（P=0.000<0.05）、以上均不符（P=0.000<0.05）的差异有统计学意义，其他城市与以上均不符（P=0.045<0.05）的差异有统计学意义，其他组之间的差异无统计学意义。通过中位数比较，父母所在地为老家或者工作所在城市的农业转移人口生活方式评分中位数均高于总数中位数，其中父母在工作所在城市的农业转移人口生活方式评分最高。

表 5 - 2 - 31 **不同父母所在地的农业转移人口生活方式成对比较分析**

样本 1—样本 2	显著性水平	调整显著性
其他城市—以上均不符	0.008	0.045
其他城市—老家	0.000	0.000
其他城市—您工作所在城市	0.000	0.000

样本 1—样本 2	显著性水平	调整显著性
以上均不符—您工作所在城市	0.000	0.000
老家—您工作所在城市	0.000	0.000

（5）不同父母所在地的农业转移人口行为模式成对比较分析

就行为模式因变量而言，父母所在地为老家的评分中位数为 3.415（n = 826），工作所在城市的评分中位数为 3.673（n = 435），其他城市的评分中位数为 3.125（n = 547），以上均不符的评分中位数为 3.423（n = 136），总的行为模式评分中位数为 3.452（n = 1585）。采用 Bonferroni 法校正显著性水平后两两比较发现，父母所在地为老家与工作所在城市（P = 0.000 < 0.05）、其他城市（P = 0.000 < 0.05）的差异有统计学意义，父母所在地为工作所在城市与其他城市（P = 0.000 < 0.05）、以上均不符（P = 0.000 < 0.05）的差异有统计学意义，其他城市与以上均不符（P = 0.009 < 0.05）的差异有统计学意义，其他组之间的差异无统计学意义。通过中位数比较，仅父母所在地为工作所在城市的农业转移人口行为模式评分中位数均高于总数中位数。

表 5 - 2 - 32　不同父母所在地的农业转移人口行为模式成对比较分析

样本 1—样本 2	显著性水平	调整显著性
其他城市—以上均不符	0.002	0.009
其他城市—老家	0.000	0.000
其他城市—您工作所在城市	0.000	0.000
以上均不符—您工作所在城市	0.000	0.000
老家—您工作所在城市	0.000	0.000

（6）不同父母所在地的农业转移人口人格特质成对比较分析

就人格特质因变量而言，父母所在地为老家的评分中位数为 3.710（n = 826），工作所在城市的评分中位数为 3.875（n = 435），其他城市的评分中位数为 3.356（n = 547），以上均不符的评分中位数为 3.606（n =

136），总的人格特质评分中位数为3.704（n=1585）。采用Bonferroni法校正显著性水平后两两比较发现，父母所在地为老家与工作所在城市（P=0.000<0.05）、其他城市（P=0.000<0.05）的差异有统计学意义，父母所在地为工作所在城市与其他城市（P=0.000<0.05）、以上均不符（P=0.000<0.05）的差异有统计学意义，其他组之间的差异无统计学意义。通过中位数比较，父母所在地为工作所在城市或老家的农业转移人口人格特质评分中位数均高于总数中位数，父母所在地为工作所在城市人格特质评分最高。

表5-2-33 不同父母所在地的农业转移人口人格特质成对比较分析

样本1—样本2	显著性水平	调整显著性
其他城市—老家	0.000	0.000
其他城市—您工作所在城市	0.000	0.000
以上均不符—您工作所在城市	0.000	0.000
老家—您工作所在城市	0.000	0.000

综上所述，在农业转移人口城市性测评中，父母所在地不同的农业转移人口在价值观念、思维特质、生活方式、行为模式和人格特质维度上都存在显著性差异，父母所在地为工作所在城市的农业转移人口在价值观念、思维特质、生活方式、行为模式和人格特质上评分均值最高。因此，父母所在地不同的农业转移人口在城市性总得分上存在显著差异。由此可见，父母所在地是影响农业转移人口提升城市性的一个因素，父母所在地为工作所在城市的农业转移人口更易提升城市性。

2. 爱人所在地

在方差齐性检验中，价值观念、生活方式和行为模式维度的方差为齐性，而城市性及其他维度方差均不齐性，故比较不同学历人群之间城市性及各维度评分的分布差异，采用两种检验法。价值观念、生活方式和行为模式维度采用方差多重比较分析，城市性及其他维度采用Kruskal-Wallis H检验。从表5-2-34中知悉，城市性、思维特质和人格特质的kruskal-

Wallis 检验结果分别为：H = 19. 134，P = 0. 000；H = 12. 957，P = 0. 005；H = 48. 621，P = 0. 000，各组城市性及各维度评分的分布不全相同，差异具有统计学意义。结合成对比较分析表，进行成对比较分析。

表 5 - 2 - 34　　不同爱人所在地的农业转移人口单因素差异分析

因变量	自变量	人数	中位数	H 值	P
城市性	老家	420	3. 430	19. 134	0. 000
	您工作所在城市	592	3. 620		
	其他城市	122	3. 541		
	以上均不符	451	3. 597		
	总数	1585	3. 557		
思维特质	老家	420	3. 487	12. 957	0. 005
	您工作所在城市	592	3. 672		
	其他城市	122	3. 639		
	以上均不符	451	3. 674		
	总数	1585	3. 621		
人格特质	老家	420	3. 510	48. 621	0. 000
	您工作所在城市	592	3. 830		
	其他城市	122	3. 644		
	以上均不符	451	3. 736		
	总数	1585	3. 704		

（1）不同爱人所在地的农业转移人口城市性成对比较分析

就城市性因变量而言，爱人所在地为老家的评分中位数为 3. 430（n = 420），工作所在城市的评分中位数为 3. 620（n = 592），其他城市的评分中位数为 3. 541（n = 122），以上均不符的评分中位数为 3. 597（n = 451），总的城市性评分中位数为 3. 557（n = 1585）。采用 Bonferroni 法校正显著性水平后两两比较发现，爱人所在地为老家与工作所在城市（P = 0. 001 < 0. 05）、以上均不符（P = 0. 000 < 0. 05）的差异有统计学意义，其他组之间的差异无统计学意义。通过中位数比较，爱人所在地为工作所在城市或

者以上均不符的农业转移人口城市性评分中位数均高于总数中位数,其中爱人在工作所在城市的农业转移人口城市性评分最高。

表5-2-35 不同爱人所在地的农业转移人口城市性成对比较分析

样本1—样本2	显著性水平	调整显著性
老家—以上均不符	0.002	0.000
老家—您工作所在城市	0.000	0.000

(2) 不同爱人所在地的农业转移人口价值观念方差分析

就价值观念因变量而言,从表5-2-36可见,不同爱人所在地对农业转移人口价值观念有影响作用（F=5.320,P=0.001<0.05）。爱人所在地为老家的农业转移人口得分平均数为3.574,爱人所在地为工作所在城市的农业转移人口得分平均数为3.755,其他城市的农业转移人口得分平均数为3.703,以上均不符的农业转移人口得分平均数为3.736,总数得分均值为3.698。就平均数而言,爱人所在地为工作所在城市的农业转移人口价值观念得分最高,在老家的农业转移人口价值观念得分最低。在多重比较分析表中,爱人所在地为老家与工作所在城市、以上均不符的农业转移人口之间存在显著性差异P<0.05）,而且爱人所在地为老家的农业转移人口城市价值观念得分最低,爱人所在地为工作所在城市得分最高,由此可见,就价值观念因变量而言,爱人所在地为工作所在城市的农业转移人口得分更高。

表5-2-36 不同爱人所在地的农业转移人口价值观念方差分析

自变量	人数	均值	F	P
老家	420	3.574		
您工作所在城市	592	3.755		
其他城市	122	3.703	5.320	0.001
以上均不符	451	3.736		
总数	1585	3.698		

表5-2-37　不同爱人所在地的农业转移人口价值观念多重比较分析

因变量	爱人所在地（I）	爱人所在地（J）	MD（I-J）	P
价值观念	老家	您工作所在城市	-0.181*	0.000
		其他城市	-0.129	0.096
		以上均不符	-0.162*	0.002
	您工作所在城市	其他城市	0.052	0.487
		以上均不符	0.019	0.684
	其他城市	以上均不符	-0.033	0.668

*　均值差值在0.05级别上较显著。

（3）不同爱人所在地的农业转移人口生活方式方差分析

就生活方式因变量而言，从表5-2-38中可见，爱人所在地为老家的农业转移人口得分平均数为3.574，爱人所在地为工作所在城市的农业转移人口得分平均数为3.755，其他城市的农业转移人口得分平均数为3.703，以上均不符的农业转移人口得分平均数为3.736，总数得分均值为3.698。但是不同爱人所在地与农业转移人口生活方式的平均差异值F为1.089（P=0.353>0.05），表明爱人所在地不同对农业转移人口的生活方式没有影响作用。在多重比较分析表中，任何两两之间的都没有显著性差异（P>0.05）。由此可见，爱人所在地不同不会影响农业转移人口的生活方式。

表5-2-38　不同爱人所在地的农业转移人口生活方式方差分析

自变量	人数	均值	F	P
老家	420	3.574		
您工作所在城市	592	3.755		
其他城市	122	3.703	1.089	0.353
以上均不符	451	3.736		
总数	1585	3.698		

表5-2-39 不同爱人所在地的农业转移人口生活方式多重比较分析

因变量	爱人所在地（I）	爱人所在地（J）	MD（I-J）	P
生活方式	老家	您工作所在城市	-0.066	0.150
		其他城市	-0.002	0.984
		以上均不符	-0.073	0.137
	您工作所在城市	其他城市	0.065	0.366
		以上均不符	-0.007	0.885
	其他城市	以上均不符	-0.071	0.333

* 均值差值在0.05级别上较显著。

（4）不同爱人所在地的农业转移人口行为模式方差分析

就行为模式因变量而言，从表5-2-40中可见，爱人所在地为老家的农业转移人口得分平均数为3.314，爱人所在地为工作所在城市的农业转移人口得分平均数为3.512，其他城市的农业转移人口得分平均数为3.452，以上均不符的农业转移人口得分平均数为3.503，总数得分均值为3.452。就平均数而言，爱人所在地为工作所在城市的农业转移人口行为模式得分最高，在老家的农业转移人口行为模式得分最低。在多重比较分析表中，爱人所在地为老家与工作所在城市、以上均不符的农业转移人口之间存在显著性差异P<0.05），而且爱人所在地为老家的农业转移人口城市价值观念得分最低，爱人所在地为工作所在城市得分最高，由此可见，就行为模式因变量而言，爱人所在地为工作所在城市的农业转移人口得分更高。

表5-2-40 不同爱人所在地的农业转移人口行为模式方差分析

自变量	人数	均值	F	P
老家	420	3.314		
您工作所在城市	592	3.512		
其他城市	122	3.452	7.781	0
以上均不符	451	3.503		
总数	1585	3.452		

表 5 – 2 – 41　不同爱人所在地的农业转移人口行为模式多重比较分析

因变量	爱人所在地（I）	爱人所在地（J）	MD（I – J）	P
行为模式	老家	您工作所在城市	– 0.198 *	0.000
		其他城市	– 0.137	0.055
		以上均不符	– 0.189 *	0.000
	您工作所在城市	其他城市	0.060	0.383
		以上不符	0.009	0.838
	其他城市	以上均不符	– 0.051	0.468

*　均值差值在 0.05 级别上较显著。

（5）不同爱人所在地的农业转移人口思维特质成对比较分析

就思维特质因变量而言，爱人所在地为老家的评分中位数为 3.487（n = 420），工作所在城市的评分中位数为 3.672（n = 592），其他城市的评分中位数为 3.639（n = 122），以上均不符的评分中位数为 3.674（n = 451），总的思维特质评分中位数为 3.621（n = 1585）。采用 Bonferroni 法校正显著性水平后两两比较发现，爱人所在地为老家与工作所在城市（P = 0.007 < 0.05）、以上均不符（P = 0.014 < 0.05）的差异有统计学意义，其他组之间的差异无统计学意义。通过中位数比较，爱人所在地为工作所在城市、其他城市或者以上均不符的农业转移人口思维特质评分中位数均高于总数中位数，其中爱人所在地与以上均不符的农业转移人口评分最高。

表 5 – 2 – 42　不同爱人所在地的农业转移人口思维特质成对比较分析

样本 1—样本 2	显著性水平	调整显著性
老家—以上均不符	0.002	0.014
老家—您工作所在城市	0.001	0.007

（6）不同爱人所在地的农业转移人口人格特质成对比较分析

就人格特质因变量而言，爱人所在地为老家的评分中位数为 3.510

（n=420），工作所在城市的评分中位数为 3.830（n=592），其他城市的评分中位数为 3.644（n=122），以上均不符的评分中位数为 3.736（n=451），总的人格特质评分中位数为 3.704（n=1585）。采用 Bonferroni 法校正显著性水平后两两比较发现，爱人所在地为老家与工作所在城市（P=0.000<0.05）、以上均不符（P=0.000<0.05）的差异有统计学意义，其他城市与工作所在地的差异具有统计学意义（P=0.006<0.05），其他组之间的差异无统计学意义。通过中位数比较，爱人所在地为工作所在城市或者以上均不符的农业转移人口人格特质评分中位数均高于总数中位数，其中爱人在工作所在城市的农业转移人口人格特质评分最高。

表 5-2-43 **不同爱人所在地的农业转移人口人格特质成对比较分析**

样本 1—样本 2	显著性水平	调整显著性
老家—以上均不符	0.000	0.000
老家—您工作所在城市	0.000	0.000
其他城市—您工作所在城市	0.001	0.006

综上所述，在农业转移人口城市性测评中，不同爱人所在地在生活方式维度上没有显著性差异，在价值观念、思维特质、行为模式和人格特质维度上都存在显著性差异，爱人所在地为工作所在城市的农业转移人口的价值观念、思维特质、行为模式和人格特质评分均值最高，而爱人所在地为老家的农业转移人口的评分均值最低。因此，爱人所在地不同的农业转移人口在城市性总评分上存在显著差异。由此可见，爱人所在地不同是影响农业转移人口提升城市性的一个因素，爱人所在地为工作所在城市的农业转移人口更易融入城市，爱人所在地为老家则不利于农业转移人口提升城市性。

3. 子女读书学习地

由于不同子女读书学习地的方差齐性检验结果为不齐性，故采用 Kruskal-Wallis H 检验比较不同子女读书学习地人群之间城市性及各维度评分的分布差异。从表 5 – 2 – 44 中知悉，城市性、价值观念、思维特质、生活方式、行为模式和人格特质的 kruskal-Wallis 检验结果分别为：$H = 11.105$，$P = 0.011$；$H = 18.774$，$P = 0.000$；$H = 15.819$，$P = 0.001$；$H = 15.703$，$P = 0.001$；$H = 14.122$，$P = 0.003$；$H = 6.898$，$P = 0.075$。其中人格特质的分布相同，差异不具有统计学意义（$P = 0.075 > 0.05$），其他各组城市性及各维度评分的分布不全相同，差异具有统计学意义。结合成对比较分析表，进行成对比较分析。

表 5 – 2 – 44　不同子女读书学习地的农业转移人口单因素差异分析

因变量	自变量	人数	中位数	H 值	P
城市性	老家	596	3.508	11.105	0.011
	您工作所在城市借读	367	3.610		
	其他城市借读	85	3.515		
	以上均不符	537	3.581		
	总数	1585	3.557		
价值观念	老家	596	3.614	18.774	0.000
	您工作所在城市借读	367	3.737		
	其他城市借读	85	3.654		
	以上均不符	537	3.770		
	总数	1585	3.698		
思维特质	老家	596	3.548	15.819	0.001
	您工作所在城市借读	367	3.643		
	其他城市借读	85	3.631		
	以上均不符	537	3.685		
	总数	1585	3.621		
生活方式	老家	596	3.311	15.703	0.001
	您工作所在城市借读	367	3.406		
	其他城市借读	85	3.257		
	以上均不符	537	3.249		
	总数	1585	3.309		

续表

因变量	自变量	人数	中位数	H 值	P
行为模式	老家	596	3.402	14.122	0.003
	您工作所在城市借读	367	3.541		
	其他城市借读	85	3.418		
	以上均不符	537	3.453		
	总数	1585	3.452		
人格特质	老家	596	3.667	6.898	0.075
	您工作所在城市借读	367	3.721		
	其他城市借读	85	3.617		
	以上均不符	537	3.749		
	总数	1585	3.704		

（1）不同子女读书学习所在地的农业转移人口城市性成对比较分析

就城市性因变量而言，子女读书学习所在地为老家的评分中位数为3.508（n=596），工作所在城市借读的评分中位数为3.610（n=367），其他城市借读的评分中位数为3.515（n=85），以上均不符的评分中位数为3.581（n=537），总的城市性评分中位数为3.557（n=1585）。采用Bonferroni法校正显著性水平后两两比较发现，子女读书学习所在地为工作所在地借读与老家（P=0.039<0.05）、其他城市借读（P=0.039<0.05）的差异有统计学意义，其他组之间的差异无统计学意义。通过中位数比较，子女读书学习所在地为工作所在城市借读或者以上均不符的农业转移人口城市性评分中位数均高于总数中位数，其中子女读书学习在工作所在城市借读的农业转移人口城市性评分最高。

表5-2-45　不同子女读书学习地的农业转移人口城市性成对比较分析

样本1—样本2	显著性水平	调整显著性
其他城市借读—您工作所在城市借读	0.007	0.039
老家—您工作所在城市借读	0.006	0.039

（2）不同子女读书学习所在地的农业转移人口价值观念成对比较分析

就价值观念因变量而言，子女读书学习所在地为老家的评分中位数为 3.614（n＝596），工作所在城市借读的评分中位数为 3.737（n＝367），其他城市借读的评分中位数为 3.654（n＝85），以上均不符的评分中位数为 3.770（n＝537），总的价值观念评分中位数为 3.698（n＝1585）。采用 Bonferroni 法校正显著性水平后两两比较发现，子女读书学习所在地为老家与工作所在城市借读（$P=0.032<0.05$）、以上均不符（$P=0.001<0.05$）的差异有统计学意义，其他组之间的差异无统计学意义。通过中位数比较，子女读书学习所在地为工作所在城市借读或者以上均不符的农业转移人口价值观念评分中位数均高于总数中位数，其中子女读书学习在以上均不符的农业转移人口价值观念评分最高。

表 5-2-46　不同子女读书学习地的农业转移人口价值观念成对比较分析

样本 1—样本 2	显著性水平	调整显著性
老家—您工作所在城市借读	0.005	0.032
老家—以上均不符	0.000	0.001

（3）不同子女读书学习所在地的农业转移人口思维特质成对比较分析

就思维特质因变量而言，子女读书学习所在地为老家的评分中位数为 3.548（n＝596），工作所在城市借读的评分中位数为 3.643（n＝367），其他城市借读的评分中位数为 3.631（n＝85），以上均不符的评分中位数为 3.685（n＝537），总的思维特质评分中位数为 3.621（n＝1585）。采用 Bonferroni 法校正显著性水平后两两比较发现，子女读书学习所在地为老家与工作所在城市借读（$P=0.003<0.05$）、以上均不符（$P=0.011<0.05$）的差异有统计学意义，其他组之间的差异无统计学意义。通过中位数比较，子女读书学习所在地为工作所在城市借读、其他城市借读或者以上均不符的农业转移人口思维特质评分中位数均高于总数中位数，其中子女读书学习在以上均不符的农业转移人口思维特质评分最高。

表 5 - 2 - 47　　不同子女读书学习地的农业转移人口思维特质成对比较分析

样本 1—样本 2	显著性水平	调整显著性
老家—以上均不符	0.002	0.011
老家—您工作所在城市借读	0.000	0.003

（4）不同子女读书学习所在地的农业转移人口生活方式成对比较分析

就生活方式因变量而言，子女读书学习所在地为老家的评分中位数为 3.311（n = 596），工作所在城市借读的评分中位数为 3.406（n = 367），其他城市借读的评分中位数为 3.257（n = 85），以上均不符的评分中位数为 3.249（n = 537），总的生活方式评分中位数为 3.309（n = 1585）。采用 Bonferroni 法校正显著性水平后两两比较发现，子女读书学习所在地为以上均不符与老家（P = 0.045 < 0.05）、工作所在城市借读（P = 0.005 < 0.05）的差异有统计学意义，其他组之间的差异无统计学意义。通过中位数比较，子女读书学习所在地为工作所在城市借读、中位数为 3.257 小于总数中位数 3.309 或者以上均不符的农业转移人口生活方式评分中位数均高于总数中位数，其中子女读书学习在工作所在城市借读的农业转移人口生活方式评分最高。

表 5 - 2 - 48　　不同子女读书学习地的农业转移人口生活方式成对比较分析

样本 1—样本 2	显著性水平	调整显著性
以上均不符—老家	0.007	0.045
以上均不符—您工作所在城市借读	0.001	0.005

（5）不同子女读书学习所在地的农业转移人口行为模式成对比较分析

就行为模式因变量而言，子女读书学习所在地为老家的评分中位数为 3.402（n = 596），工作所在城市借读的评分中位数为 3.541（n = 367），其他城市借读的评分中位数为 3.418（n = 85），以上均不符的评分中位数为 3.453（n = 537），总的行为模式评分中位数为 3.452（n = 1585）。采用 Bonferroni 法校正显著性水平后两两比较发现，子女读书学习所在地为工作所在城市借读与老家（P = 0.006 < 0.05）、其他城市借读（P = 0.049 <

0.05)、以上均不符（P = 0.025 < 0.05）的差异有统计学意义，其他组之间的差异无统计学意义。通过中位数比较，子女读书学习所在地为工作所在城市借读或者以上均不符的农业转移人口行为模式评分中位数均高于总数中位数，其中子女读书学习在工作所在城市借读的农业转移人口行为模式评分最高。

表 5 – 2 – 49　不同子女读书学习地的农业转移人口行为模式成对比较分析

样本 1—样本 2	显著性水平	调整显著性
其他城市借读—您工作所在城市借读	0.008	0.049
老家—您工作所在城市借读	0.001	0.006
以上均不符—您工作所在城市借读	0.004	0.025

　　综上所述，在农业转移人口城市性测评中，不同子女读书学习地在生活方式维度上没有显著性差异，在价值观念、思维特质、行为模式和人格特质维度上都存在显著性差异，子女读书学习地为工作所在城市在价值观念、生活方式和行为模式的评分均值最高；而子女读书学习所在地为老家在这三个维度上评分均值最低。因此，不同子女读书学习地在城市性总评分上存在显著差异。由此可见，子女读书学习地是影响农业转移人口提升城市性的一个因素，子女读书学习地为工作所在地的农业转移人口更易提升城市性。

　　4. 家人支持

　　若农业转移人口的家庭人口未能伴随劳动力转移一起在城市聚集，不仅会造成农业转移人口家庭分离居住和留守人口问题，还会削弱劳动力转移的正面作用，从而不利人力资本积累。[①] 家庭成员随之迁移至工作所在城市可以降低农业转移人口在流动过程中的"心理成本"，找到一种不易被觉察的内心归属。调查结果显示仅有 8.6% 的农业转移人口认为家人支持并不影响城市融入，5.7% 的认为家人支持对城市适应影响非常小。可

———————————

　　① 林燕：《二元结构下的劳动力非家庭化转移研究》，博士学位论文，浙江大学，2009 年。

见，家人支持有助于农业转移人口的城市适应，与前文的父母所在地、爱人所在地及子女读书学习所在地的影响因素分析结果相一致。

表5-2-50　　　　家人支持对农业转移人口城市适应的影响统计

家人支持影响程度	人数	百分比
非常大	591	37.3%
一般	767	48.4%
非常小	91	5.7%
无所谓	136	8.6%

三　流动经历

1. 生活过的城市数量

在方差齐性检验中，价值观念维度的方差为齐性，而城市性及其他维度方差均不齐性，故比较不同生活过城市数量的人群之间城市性及各维度评分的分布差异，采用两种检验法。价值观念维度采用方差多重比较分析，城市性及其他维度采用 Kruskal-Wallis H 检验。从表5-2-51中知悉，城市性、思维特质、生活方式、行为模式和人格特质的 kruskal-Wallis 检验结果分别为：$H = 103.784$，$P = 0.000$；$H = 62.340$，$P = 0.000$；$H = 66.347$，$P = 0.000$；$H = 62.653$，$P = 0.000$；$H = 62.694$，$P = 0.000$，各组城市性及各维度评分的分布不全相同，差异具有统计学意义。结合成对比较分析表，进行成对比较分析。

表5-2-51　　不同生活过城市数量的农业转移人口单因素差异分析

因变量	自变量	人数	中位数	H 值	P
城市性	2 个及以下	784	3.652	103.784	0.000
	3—5 个	587	3.522		
	6—8 个	140	3.268		
	9 个及以上	74	3.376		
	总数	1585	3.557		

因变量	自变量	人数	中位数	H 值	P
思维特质	2 个及以下	784	3.692	62.340	0.000
	3—5 个	587	3.626		
	6—8 个	140	3.316		
	9 个及以上	74	3.407		
	总数	1585	3.621		
生活方式	2 个及以下	784	3.430	66.347	0.000
	3—5 个	587	3.207		
	6—8 个	140	3.105		
	9 个及以上	74	3.225		
	总数	1585	3.309		
行为模式	2 个及以下	784	3.534	62.653	0.000
	3—5 个	587	3.411		
	6—8 个	140	3.236		
	9 个及以上	74	3.328		
	总数	1585	3.452		
人格特质	2 个及以下	784	3.786	62.694	0.000
	3—5 个	587	3.671		
	6—8 个	140	3.482		
	9 个及以上	74	3.526		
	总数	1585	3.704		

（1）不同生活过城市数量的农业转移人口城市性成对比较分析

就城市性因变量而言，生活过城市数量为 2 个及以下的评分中位数为 3.652（$n = 784$），数量为 3—5 个的评分中位数 3.522（$n = 587$），6—8 个的评分中位数为 3.268（$n = 140$），9 个及以上的评分中位数为 3.376（$n = 74$），总的城市性评分中位数为 3.557（$n = 1585$）。采用 Bonferroni 法校正显著性水平后两两比较发现，生活的城市数量为 2 个及以下与 3—5 个（$P = 0.000 < 0.05$）、6—8 个（$P = 0.000 < 0.05$）、9 个及以上（$P = 0.000 < 0.05$）的农业转移人口的差异有统计学意义。3—5

个与6—8个（P=0.000<0.05）的差异有统计学意义。其他组之间的差异无统计学意义。通过中位数比较，生活过的城市数量为2个及以下的农业转移人口在城市性上得分高于总数的平均数，亦是农业转移人口在城市性评分最高的。

表5-2-52　不同生活过城市数量的农业转移人口城市性成对比较分析

样本1—样本2	显著性水平	调整显著性
6—8个—3—5个	0.000	0.000
6—8个—2个及以下	0.000	0.000
9个及以上—2个及以下		0.000
3—5个—2个及以下	0.000	0.000

（2）不同生活过城市数量的农业转移人口价值观念方差分析

就价值观念因变量而言，从表5-2-53中可见，不同生活过城市数量对农业转移人口的价值观念有影响（F=32.370，P=0.000<0.05）。生活过的城市数量在2个及以下的农业转移人口得分平均数为3.817，数量为3—5个的农业转移人口得分平均数为3.694，数量为6—8个的农业转移人口得分平均数为3.202，数量为9个及以上的农业转移人口得分平均数为3.395，总数得分均值为3.698。就平均数而言，生活过的城市数量在2个及以下的农业转移人口价值观念得分最高，数量为6—8个的农业转移人口价值观念得分最低。在多重比较分析表中，生活过的城市数量为2个及以下与3—5个、6—8个、9个及以上的农业转移人口在价值观念得分上存在显著性差异（P<0.05）；生活过的城市数量为3—5个与6—8个、9个及以上之间也存在显著性差异（P<0.05）；而6—8个与9个及以上之间则无显著性差异（P=0.067>0.05）。由此可见，就价值观念因变量而言，生活过的城市数量在5个及以下的人群的比生活过的城市数量在6个及以上的人群在价值观念上得分更高。

表5-2-53 不同生活过城市数量的农业转移人口人格特质方差分析

自变量	人数	均值	F	P
2个及以下	784	3.817		
3—5个	587	3.6942		
6—8个	140	3.2018	32.370	0.000
9个及以上	74	3.3953		
总数	1585	3.6975		

表5-2-54 不同生活过城市数量的农业转移人口价值观念多重比较分析

因变量	城市数量（I）	城市数量（J）	MD（I-J）	P
价值观念	2个及以下	3—5个	0.123*	0.002
		6—8个	0.615*	0.000
		9个及以上	0.422*	0.000
	3—5个	6—8个	0.492*	0.000
		9个及以上	0.299*	0.001
	6—8个	9个及以上	-0.193	0.067

* 均值差值在0.05级别上较显著。

（3）不同生活过城市数量的农业转移人口思维特质成对比较分析

就思维特质因变量而言，生活过城市数量为2个及以下的评分中位数为3.692（n=784），数量为3—5个的评分中位数为3.626（n=587），6—8个的评分中位数为3.316（n=140），9个及以上的评分中位数为3.407（n=74），总的思维特质评分中位数为3.621（n=1585）。采用Bonferroni法校正显著性水平后两两比较发现，生活的城市数量为2个及以下与3—5个（P=0.003<0.05）、6—8个（P=0.000<0.05）、9个及以上（P=0.002<0.05）的农业转移人口的差异有统计学意义。3—5个与6—8个（P=0.000<0.05）的差异有统计学意义。其他组之间的差异无统计学意义。通过中位数比较，生活过的城市数量为5个及以下的农业转移人口在思维特质上得分高于总数的平均数，其中数量在2个及以下的农业转移人口评分最高。

表 5 - 2 - 55　　不同生活过城市数量的农业转移人口思维特质成对比较分析

样本 1—样本 2	显著性水平	调整显著性
6—8 个—3—5 个	0.000	0.000
6—8 个—2 个及以下	0.000	0.000
9 个及以上—2 个及以下	0.000	0.002
3—5 个—2 个及以下	0.000	0.003

（4）不同生活过城市数量的农业转移人口生活方式成对比较分析

就生活方式因变量而言，生活过城市数量为 2 个及以下的评分中位数为 3.430（n = 784），数量为 3—5 个的评分中位数为 3.207（n = 587），6—8 个的评分中位数为 3.105（n = 140），9 个及以上的评分中位数为 3.225（n = 74），总的生活方式评分中位数为 3.309（n = 1585）。采用 Bonferroni 法校正显著性水平后两两比较发现，生活的城市数量为 2 个及以下与 3—5 个（P = 0.000 < 0.05）、6—8 个（P = 0.000 < 0.05）、9 个及以上（P = 0.006 < 0.05）的农业转移人口的差异有统计学意义。其他组之间的差异无统计学意义。通过中位数比较，生活过的城市数量为 2 个及以下的农业转移人口在生活方式上得分高于总数的平均数，亦是农业转移人口在生活方式评分中最高的。

表 5 - 2 - 56　　不同生活过城市数量的农业转移人口生活方式成对比较分析

样本 1—样本 2	显著性水平	调整显著性
6—8 个—2 个及以下	0.000	0.000
9 个及以上—2 个及以下	0.001	0.006
3—5 个—2 个及以下	0.000	0.000

（5）不同生活过城市数量的农业转移人口行为模式成对比较分析

就行为模式因变量而言，生活过城市数量为 2 个及以下的评分中位数为 3.534（n = 784），数量为 3—5 个的评分中位数为 3.411（n = 587），6—8 个的评分中位数为 3.236（n = 140），9 个及以上的评分中位数为

3.328（n = 74），总的行为模式评分中位数为 3.452（n = 1585）。采用 Bonferroni 法校正显著性水平后两两比较发现，生活的城市数量为 2 个及以下与 3—5 个（P = 0.000 < 0.05）、6—8 个（P = 0.000 < 0.05）、9 个及以上（P = 0.001 < 0.05）的农业转移人口的差异有统计学意义。3—5 个与 6—8 个（P = 0.001 < 0.05）的差异有统计学意义。其他组之间的差异无统计学意义。通过中位数比较，生活过的城市数量为 2 个及以下的农业转移人口在行为模式上得分高于总数的平均数，亦是农业转移人口在行为模式评分中最高的。

表 5 - 2 - 57　不同生活过城市数量的农业转移人口行为模式成对比较分析

样本 1—样本 2	显著性水平	调整显著性
6—8 个—3—5 个	0.000	0.001
6—8 个—2 个及以下	0.000	0.000
9 个及以上—2 个及以下	0.000	0.001
3—5 个—2 个及以下	0.000	0.000

（6）不同生活过城市数量的农业转移人口人格特质成对比较分析

就人格特质因变量而言，生活过城市数量为 2 个及以下的评分中位数为 3.786（n = 784），数量为 3—5 个的评分中位数为 3.671（n = 587），6—8 个的评分中位数为 3.482（n = 140），9 个及以上的评分中位数为 3.526（n = 74），总的人格特质评分中位数为 3.704（n = 1585）。采用 Bonferroni 法校正显著性水平后两两比较发现，生活的城市数量为 2 个及以下与 3—5 个（P = 0.000 < 0.05）、6—8 个（P = 0.000 < 0.05）、9 个及以上（P = 0.000 < 0.05）的农业转移人口的差异有统计学意义。3—5 个与 6—8 个（P = 0.002 < 0.05）的差异有统计学意义。其他组之间的差异无统计学意义。通过中位数比较，生活过的城市数量为 2 个及以下的农业转移人口在人格特质上得分高于总数的平均数，亦是农业转移人口在人格特质评分中最高的。

表 5 - 2 - 58　不同生活过城市数量的农业转移人口人格特质成对比较分析

样本1—样本2	显著性水平	调整显著性
6—8 个—3—5 个	0.000	0.002
6—8 个—2 个及以下	0.000	0.000
9 个及以上—2 个及以下	0.000	0.000
3—5 个—2 个及以下	0.000	0.000

综上所述，在农业转移人口城市性测评中，不同生活过的城市数量的农业转移人口在价值观念、思维特质、生活方式、行为模式和人格特质维度上都存在显著性差异，生活过的城市数量在 2 个及以下的农业转移人口在价值观念、思维特质、生活方式、行为模式和人格特质上的评分均值最高；数量为 6—8 个的人群评分均值最低。因此，不同生活过的城市数量的农业转移人口在城市性总评分上存在显著差异。由此可见，不同生活过的城市数量是影响农业转移人口提升城市性的一个因素，生活过的城市数量较少的农业转移人口更易提升城市性。

2. 城市生活时长

由于城市生活时长的方差齐性检验结果为不齐性，故采用 Kruskal-Wallis H 检验比较不同城市生活时长人群之间城市性及各维度评分的分布差异。从表 5 - 2 - 59 中知悉，城市性、价值观念、思维特质、生活方式、行为模式和人格特质的 kruskal-Wallis 检验结果分别为：$H = 21.969$，$P = 0.00$；$H = 12.544$，$P = 0.000$；$H = 4.678$，$P = 0.197$；$H = 58.379$，$P = 0.000$；$H = 21.439$，$P = 0.000$；$H = 14.551$，$P = 0.002$。其中思维特质的分布相同，差异不具有统计学意义（$P = 0.197 > 0.05$），其他各组城市性及各维度评分布不全相同，差异具有统计学意义。结合成对比较分析表，进行成对比较分析。

表 5 - 2 - 59　　不同城市生活时长的农业转移人口单因素差异分析

因变量	自变量	人数	中位数	H 值	P
城市性	1 年以下	344	3.551	21.969	0.000
	1—3 年	449	3.630		
	3.1—5 年	229	3.524		
	5 年以上	563	3.515		
	总数	1585	3.557		
价值观念	1 年以下	344	3.668	12.544	0.000
	1—3 年	449	3.806		
	3.1—5 年	229	3.680		
	5 年以上	563	3.636		
	总数	1585	3.698		
思维特质	1 年以下	344	3.602	4.678	0.197
	1—3 年	449	3.653		
	3.1—5 年	229	3.595		
	5 年以上	563	3.618		
	总数	1585	3.621		
生活方式	1 年以下	344	3.460	58.379	0.000
	1—3 年	449	3.386		
	3.1—5 年	229	3.235		
	5 年以上	563	3.186		
	总数	1585	3.309		
行为模式	1 年以下	344	3.459	21.439	0.000
	1—3 年	449	3.526		
	3.1—5 年	229	3.450		
	5 年以上	563	3.390		
	总数	1585	3.452		
人格特质	1 年以下	344	3.567	14.551	0.002
	1—3 年	449	3.780		
	3.1—5 年	229	3.660		
	5 年以上	563	3.746		
	总数	1585	3.704		

（1）不同城市生活时长的农业转移人口城市性成对比较分析

就城市性因变量而言，城市生活时长为 1 年以下的评分中位数为
3.551（n=344），生活时长为 1—3 年的评分中位数为 3.630（n=449），
3.1—5 年的评分中位数为 3.524（n=229），5 年以上的评分中位数为
3.515（n=563），总的城市性评分中位数为 3.557（n=1585）。采用 Bon-
ferroni 法校正显著性水平后两两比较发现，城市生活时长为 1 年以下与 5
年以上（P=0.011<0.05）的农业转移人口的差异有统计学意义；城市生
活时长为 1—3 年与 3.1—5 年（P=0.017<0.05）、5 年以上（P=0.000<
0.05）的差异有统计学意义；其他组之间的差异无统计学意义。通过中位
数比较，城市生活时长为 1—3 年的农业转移人口城市性评分中位数高于总
数中位数，亦为农业转移人口城市性评分中最高的。

表 5-2-60　不同城市生活时长的农业转移人口城市性成对比较分析

样本 1—样本 2	显著性水平	调整显著性
5.1 年以上—1 年以下	0.002	0.011
5.1 年以上—1—3 年	0.000	0.000
3.1 年—5 年以下—1—3 年	0.003	0.017

（2）不同城市生活时长的农业转移人口城市性价值观念成对比较分析

就价值观念因变量而言，城市生活时长为 1 年以下的评分中位数为
3.668（n=344），生活时长为 1—3 年的评分中位数为 3.806（n=449），
3.1—5 年的评分中位数为 3.680（n=229），5 年以上的评分中位数为
3.636（n=563），总的价值观念评分中位数为 3.698（n=1585）。采用
Bonferroni 法校正显著性水平后两两比较发现，城市生活时长为 1—3 年与
5 年以上（P=0.004<0.05）的差异有统计学意义；其他组之间的差异无
统计学意义。通过中位数比较，城市生活时长为 1—3 年的农业转移人口价
值观念评分中位数高于总数中位数，亦为农业转移人口价值观念评分中最
高的。

表5-2-61 不同城市生活时长的农业转移人口价值观念成对比较分析

样本1—样本2	显著性水平	调整显著性
5.1年以上—1—3年	0.001	0.004

（3）不同城市生活时长的农业转移人口生活方式成对比较分析

就生活方式因变量而言，城市生活时长为1年以下的评分中位数为3.460（n=344），生活时长为1—3年的评分中位数为3.386（n=449），3.1—5年的评分中位数为3.235（n=229），5年以上的评分中位数为3.186（n=563），总的生活方式评分中位数为3.309（n=1585）。采用Bonferroni法校正显著性水平后两两比较发现，城市生活时长为1年以下与3.1—5年（P=0.000<0.05）、5年以上（P=0.000<0.05）的差异有统计学意义；城市生活时长为1—3年与3.1—5年（P=0.008<0.05）、5年以上（P=0.000<0.05）的差异有统计学意义；其他组之间的差异无统计学意义。通过中位数比较，城市生活时长为3年及以下的农业转移人口生活方式评分中位数高于总数中位数，城市生活时长为1年以下的农业转移人口生活方式评分最高。

表5-2-62 不同城市生活时长的农业转移人口生活方式成对比较分析

样本1—样本2	显著性水平	调整显著性
5.1年以上—1—3年	0.000	0.000
5.1年以上—1年以下	0.000	0.000
3.1—5年—1—3年	0.001	0.008
3.1—5年—1年以下	0.000	0.000

（4）不同城市生活时长的农业转移人口行为模式成对比较分析

就行为模式因变量而言，城市生活时长为1年以下的评分中位数为3.459（n=344），生活时长为1—3年的评分中位数为3.526（n=449），3.1—5年的评分中位数为3.450（n=229），5年以上的评分中位数为3.390（n=563），总的行为模式评分中位数为3.452（n=1585）。采用

Bonferroni 法校正显著性水平后两两比较发现，城市生活时长为 5 年以上与 1 年以下（P = 0.004 < 0.05）、1—3 年（P = 0.000 < 0.05）的差异有统计学意义；其他组之间的差异无统计学意义。通过中位数比较，城市生活时长为 3 年及以下的农业转移人口行为模式评分中位数高于总数中位数，城市生活时长为 1—3 年的农业转移人口行为模式评分最高。

表 5 - 2 - 63   不同城市生活时长的农业转移人口行为模式成对比较分析

样本 1—样本 2	显著性水平	调整显著性
5.1 年以上—1 年以下	0.001	0.004
5.1 年以上—1—3 年	0.000	0.000

（5）不同城市生活时长的农业转移人口人格特质成对比较分析

就人格特质因变量而言，城市生活时长为 1 年以下的评分中位数为 3.567（n = 344），生活时长为 1—3 年的评分中位数为 3.780（n = 449），3.1—5 年的评分中位数为 3.660（n = 229），5 年以上的评分中位数为 3.746（n = 563），总的人格特质评分中位数为 3.704（n = 1585）。采用 Bonferroni 法校正显著性水平后两两比较发现，城市生活时长为 1—3 年以上与 1 年以下（P = 0.005 < 0.05）、3.1—5 年（P = 0.021 < 0.05）的差异有统计学意义；其他组之间的差异无统计学意义。通过中位数比较，城市生活时长为 1—3 年的和 5 年以上的农业转移人口人格特质评分中位数高于总数中位数，城市生活时长为 1—3 年的农业转移人口人格特质评分最高。

表 5 - 2 - 64   不同城市生活时长的农业转移人口人格特质成对比较分析

样本 1—样本 2	显著性水平	调整显著性
1 年以下—1—3 年	0.001	0.005
3.1—5 年—1—3 年	0.003	0.021

综上所述，在农业转移人口城市性测评中，不同城市生活时长的农业转移人口在价值观念、生活方式、行为模式和人格特质维度上都存在显著

性差异，在城市生活时长为 1—3 年的农业转移人口在价值观念、生活方式、行为模式和人格特质维度上的评分均值最高。因此，不同城市生活时长的农业转移人口在城市性总评分上存在显著差异。由此可见，城市生活时长是影响农业转移人口提升城市性的一个因素，但是城市生活时长与农业转移人口获致城市性之间无明显线性关系。

四 工作状况

1. 职业

由于职业方差齐性检验结果为不齐性，故采用 Kruskal-Wallis H 检验比较不同职业人群之间城市性及各维度评分的分布差异。从表 5 - 2 - 65 中知悉，城市性、价值观念、思维特质、生活方式、行为模式和人格特质的kruskal-Wallis 检验结果分别为：$H = 96.517$，$P = 0.000$；$H = 109.220$，$P = 0.000$；$H = 59.592$，$P = 0.000$；$H = 154.203$，$P = 0.000$；$H = 78.754$，$P = 0.000$；$H = 84.729$，$P = 0.000$，各组城市性及各维度评分的分布不全相同，差异具有统计学意义。结合成对比较分析表，进行成对比较分析。

表 5 - 2 - 65　　　　　不同职业的农业转移人口单因素差异分析

因变量	自变量	人数	中位数	H 值	P
城市性	建筑业	243	3.253	96.517	0.000
	制造业	242	3.630		
	批发零售业	230	3.565		
	住宿餐饮业	172	3.737		
	家政服务业	53	3.304		
	交通运输业	21	3.352		
	美容美发业	28	3.696		
	自主创业	74	3.583		
	其他	522	3.624		
	总数	1585	3.557		

续表

因变量	自变量	人数	中位数	H 值	P
价值观念	建筑业	243	3.329	109.220	0.000
	制造业	242	3.714		
	批发零售业	230	3.697		
	住宿餐饮业	172	3.830		
	家政服务业	53	3.259		
	交通运输业	21	3.393		
	美容美发业	28	3.786		
	自主创业	74	3.766		
	其他	522	3.860		
	总数	1585	3.698		
思维特质	建筑业	243	3.355	59.592	0.000
	制造业	242	3.692		
	批发零售业	230	3.586		
	住宿餐饮业	172	3.654		
	家政服务业	53	3.245		
	交通运输业	21	3.393		
	美容美发业	28	3.753		
	自主创业	74	3.743		
	其他	522	3.739		
	总数	1585	3.621		
生活方式	建筑业	243	2.944	154.203	0.000
	制造业	242	3.423		
	批发零售业	230	3.545		
	住宿餐饮业	172	3.583		
	家政服务业	53	3.173		
	交通运输业	21	3.159		
	美容美发业	28	3.569		
	自主创业	74	3.160		
	其他	522	3.259		
	总数	1585	3.309		

因变量	自变量	人数	中位数	H 值	P
行为模式	建筑业	243	3.142	78.754	0.000
	制造业	242	3.547		
	批发零售业	230	3.473		
	住宿餐饮业	172	3.628		
	家政服务业	53	3.333		
	交通运输业	21	3.314		
	美容美发业	28	3.571		
	自主创业	74	3.493		
	其他	522	3.492		
	总数	1585	3.452		
人格特质	建筑业	243	3.494	84.729	0.000
	制造业	242	3.775		
	批发零售业	230	3.524		
	住宿餐饮业	172	3.993		
	家政服务业	53	3.508		
	交通运输业	21	3.504		
	美容美发业	28	3.804		
	自主创业	74	3.753		
	其他	522	3.770		
	总数	1585	3.704		

（1）不同职业的农业转移人口城市性成对比较分析

就城市性因变量而言，从事建筑业的评分中位数为 3.253（n＝243），制造业的评分中位数为 3.630（n＝242），批发零售业的评分中位数为 3.565（n＝230），住宿餐饮业的评分中位数为 3.737（n＝172），家政服务业的评分中位数为 3.304（n＝53），交通运输业的评分中位数为 3.352（n＝21），美容美发业的评分中位数为 3.696（n＝28），自主创业的评分中位数为 3.583（n＝74），其他的评分中位数为 3.624（n＝522），总的城市性评分中位数为 3.557（n＝1585）。采用 Bonferroni 法校正显著性水平后两两比较发现，家政服务业与批发零售业（P = 0.006 < 0.05）、其他（P = 0.002 < 0.05）、制造业（P = 0.001 < 0.05）、住宿餐饮业（P = 0.000 < 0.05）的农业转移人口的差异有统计学意义；建筑业与批发零售业（P = 0.000 < 0.05）、其他（P = 0.000 < 0.05）、制造业（P = 0.000 < 0.05）、住宿餐饮业（P = 0.000 < 0.05）的差异有统计学意义；其他组之间的差异无统计学意义。通过中位数比较，从事制造业、批发零售业、住宿餐饮业、美容美发业、自主创业和其他的农业转移人口城市性评分中位数高于总数中位数，其中从事住宿餐饮业的农业转移人口城市性评分最高。

表 5 - 2 - 66　　　　不同职业的农业转移人口城市性成对比较分析

样本 1—样本 2	显著性水平	调整显著性
家政服务业—批发零售业	0.000	0.006
家政服务业—其他	0.000	0.002
家政服务业—制造业	0.000	0.001
家政服务业—住宿餐饮业	0.000	0.000
建筑业—批发零售业	0.000	0.000
建筑业—其他	0.000	0.000
建筑业—制造业	0.000	0.000
建筑业—住宿餐饮业	0.000	0.000

（2）不同职业的农业转移人口价值观念成对比较分析

就价值观念因变量而言，从事建筑业的评分中位数为 3.329（n = 243），制造业的评分中位数为 3.714（n = 242），批发零售业的评分中位数为 3.697（n = 230），住宿餐饮业的评分中位数为 3.830（n = 172），家政服务业的评分中位数为 3.259（n = 53），交通运输业的评分中位数为 3.393（n = 21），美容美发业的评分中位数为 3.786（n = 28），自主创业的评分中位数为 3.766（n = 74），其他的评分中位数为 3.860（n = 522），总的价值观念评分中位数为 3.698（n = 1585）。采用 Bonferroni 法校正显著性水平后两两比较发现，家政服务业与批发零售业（P = 0.009 < 0.05）、制造业（P = 0.008 < 0.05）、自主创业（P = 0.004 < 0.05）、住宿餐饮业（P = 0.000 < 0.05）、其他（P =

0.002＜0.05）的农业转移人口的差异有统计学意义；建筑业与批发零售业
（P＝0.001＜0.05）、制造业（P＝0.000＜0.05）、自主创业（P＝0.002＜
0.05）、住宿餐饮业（P＝0.000＜0.05）、其他（P＝0.000＜0.05）的差异有
统计学意义；批发零售业与其他（P＝0.011＜0.05）的差异有统计学意义；
制造业与其他（P＝0.009＜0.05）的差异有统计学意义；其他组之间的差
异无统计学意义。通过中位数比较，从事制造业、住宿餐饮业、美容美发
业、自主创业和其他的农业转移人口价值观念评分中位数高于总数中位
数，其中从事其他职业的农业转移人口价值观念评分最高。

表5－2－67　　不同职业的农业转移人口价值观念成对比较分析

样本1—样本2	显著性水平	调整显著性
家政服务业—批发零售业	0.000	0.009
家政服务业—制造业	0.000	0.008
家政服务业—自主创业	0.000	0.004
家政服务业—住宿餐饮业	0.000	0.000
家政服务业—其他	0.000	0.000
建筑业—批发零售业	0.000	0.001
建筑业—制造业	0.000	0.000
建筑业—自主创业	0.000	0.002
建筑业—住宿餐饮业	0.000	0.000
建筑业—其他	0.000	0.000
批发零售业—其他	0.000	0.011
制造业—其他	0.000	0.009

（3）不同职业的农业转移人口思维特质成对比较分析

就思维特质因变量而言，从事建筑业的评分中位数为3.355（n＝
243），制造业的评分中位数为3.692（n＝242），批发零售业的评分中位数
为3.586（n＝230），住宿餐饮业的评分中位数为3.654（n＝172），家政
服务业的评分中位数为3.245（n＝53），交通运输业的评分中位数为

3.393（n=21），美容美发业的评分中位数为3.753（n=28），自主创业的评分中位数为3.743（n=74），其他的评分中位数为3.739（n=522），总的思维特质评分中位数为3.621（n=1585）。采用Bonferroni法校正显著性水平后两两比较发现，家政服务业与批发零售业（P=0.011<0.05）、住宿餐饮业（P=0.006<0.05）、制造业（P=0.001<0.05）、自主创业（P=0.008<0.05）、其他（P=0.000<0.05）的农业转移人口的差异有统计学意义；建筑业与批发零售业（P=0.008<0.05）、住宿餐饮业（P=0.005<0.05）、制造业（P=0.000<0.05）、自主创业（P=0.023<0.05）、其他（P=0.000<0.05）的差异有统计学意义；其他组之间的差异无统计学意义。通过中位数比较，从事制造业、住宿餐饮业、美容美发业、自主创业和其他的农业转移人口思维特质评分中位数高于总数中位数，其中从事美容美发业的农业转移人口思维特质评分最高，但是美容美发业与其他职业间并无统计学意义，而自主创业的均值评分次之且有统计学意义。因此，自主创业的思维特质较家政服务业及建筑业在思维特质评分上表现更好。

表5-2-68　　　不同职业的农业转移人口思维特质成对比较分析

样本1—样本2	显著性水平	调整显著性
家政服务业—批发零售业	0.000	0.011
家政服务业—住宿餐饮业	0.000	0.006
家政服务业—制造业	0.000	0.001
家政服务业—自主创业	0.000	0.008
家政服务业—其他	0.000	0.000
建筑业—批发零售业	0.000	0.008
建筑业—住宿餐饮业	0.000	0.005
建筑业—制造业	0.000	0.000
建筑业—自主创业	0.001	0.023
建筑业—其他	0.000	0.000

（4）不同职业的农业转移人口生活方式成对比较分析

就生活方式因变量而言，从事建筑业的评分中位数为 2.944（n=243），制造业的评分中位数为 3.423（n=242），批发零售业的评分中位数为 3.545（n=230），住宿餐饮业的评分中位数为 3.583（n=172），家政服务业的评分中位数为 3.173（n=53），交通运输业的评分中位数为 3.159（n=21），美容美发业的评分中位数为 3.569（n=28），自主创业的评分中位数为 3.160（n=74），其他的评分中位数为 3.259（n=522），总的生活方式评分中位数为 3.309（n=1585）。采用 Bonferroni 法校正显著性水平后两两比较发现，建筑业与其他（P=0.000<0.05）、制造业（P=0.000<0.05）、美容美发业（P=0.003<0.05）、批发零售业（P=0.000<0.05）、住宿餐饮业（P=0.000<0.05）的农业转移人口的差异有统计学意义；自主创业与制造业（P=0.020<0.05）、批发零售（P=0.000<0.05）、住宿餐饮业（P=0.000<0.05）的差异有统计学意义；家政服务业与批发零售业（P=0.007<0.05）、住宿餐饮业（P=0.001<0.05）的差异有统计学意义；其他与制造业 P=0.007<0.05）、批发零售业（P=0.000<0.05）、住宿餐饮业（P=0.000<0.05）的差异有统计学意义，其他组之间的差异无统计学意义。通过中位数比较，从事制造业、批发零售业、住宿餐饮业和美容美发业的农业转移人口生活方式评分中位数高于总数中位数，其中从事住宿餐饮业的农业转移人口生活方式评分最高。

表 5-2-69　　不同职业的农业转移人口生活方式成对比较分析

样本 1—样本 2	显著性水平	调整显著性
建筑业—其他	0.000	0.000
建筑业—制造业	0.000	0.000
建筑业—美容美发业	0.000	0.003
建筑业—批发零售业	0.000	0.000
建筑业—住宿餐饮业	0.000	0.000
自主创业—制造业	0.001	0.020
自主创业—批发零售业	0.000	0.000

样本 1—样本 2	显著性水平	调整显著性
自主创业—住宿餐饮业	0.000	0.000
家政服务业—批发零售业	0.000	0.007
家政服务业—住宿餐饮业	0.000	0.001
其他—制造业	0.000	0.007
其他—批发零售业	0.000	0.000
其他—住宿餐饮业	0.000	0.000

（5）不同职业的农业转移人口行为模式成对比较分析

就行为模式因变量而言，从事建筑业的评分中位数为 3.142（n = 243），制造业的评分中位数为 3.547（n = 242），批发零售业的评分中位数为 3.473（n = 230），住宿餐饮业的评分中位数为 3.628（n = 172），家政服务业的评分中位数为 3.333（n = 53），交通运输业的评分中位数为 3.314（n = 21），美容美发业的评分中位数为 3.571（n = 28），自主创业的评分中位数为 3.493（n = 74），其他的评分中位数为 3.492（n = 522），总的行为模式评分中位数为 3.452（n = 1585）。采用 Bonferroni 法校正显著性水平后两两比较发现，建筑业与自主创业（P = 0.043 < 0.05）、其他（P = 0.000 < 0.05）、批发零售业（P = 0.000 < 0.05）、制造业（P = 0.000 < 0.05）、住宿餐饮业（P = 0.000 < 0.05）的农业转移人口的差异有统计学意义；家政服务业与住宿餐饮业（P = 0.012 < 0.05）的差异有统计学意义；其他与住宿餐饮业（P = 0.033 < 0.05）的差异有统计学意义；其他组之间的差异无统计学意义。通过中位数比较，从事制造业、批发零售业、住宿餐饮业、美容美发业、自主创业和其他的农业转移人口行为模式评分中位数高于总数中位数，其中从事住宿餐饮业的农业转移人口行为模式评分最高。

表 5 - 2 - 67　　不同职业的农业转移人口行为模式成对比较分析

样本 1—样本 2	显著性水平	调整显著性
建筑业—自主创业	0.001	0.043
建筑业—其他	0.000	0.000

样本1—样本2	显著性水平	调整显著性
建筑业—批发零售业	0.000	0.000
建筑业—制造业	0.000	0.000
建筑业—住宿餐饮业	0.000	0.000
家政服务业—住宿餐饮业	0.000	0.012
其他—住宿餐饮业	0.001	0.033

（6）不同职业的农业转移人口人格特质成对比较分析

就人格特质因变量而言，从事建筑业的评分中位数为3.494（n=243），制造业的评分中位数为3.775（n=242），批发零售业的评分中位数为3.524（n=230），住宿餐饮业的评分中位数为3.993（n=172），家政服务业的评分中位数为3.508（n=53），交通运输业的评分中位数为3.504（n=21），美容美发业的评分中位数为3.804（n=28），自主创业的评分中位数为3.753（n=74），其他的评分中位数为3.770（n=522），总的人格特质评分中位数为3.704（n=1585）。采用Bonferroni法校正显著性水平后两两比较发现，家政服务业与住宿餐饮业（P=0.000<0.05）的农业转移人口的差异有统计学意义；交通运输业与住宿餐饮业（P=0.019<0.05）的农业转移人口的差异有统计学意义；建筑业与其他（P=0.001<0.05）、制造业（P=0.004<0.05）、住宿餐饮业（P=0.000<0.05）的农业转移人口的差异有统计学意义；批发零售业与其他（P=0.004<0.05）、制造业（P=0.019<0.05）、住宿餐饮业（P=0.000<0.05）的差异有统计学意义；自主创业与住宿餐饮业（P=0.029<0.05）的农业转移人口的差异有统计学意义；其他与住宿餐饮业（P=0.000<0.05）的农业转移人口的差异有统计学意义；制造业与住宿餐饮业（P=0.002<0.05）的农业转移人口的差异有统计学意义；其他组之间的差异无统计学意义。通过中位数比较，从事制造业、住宿餐饮业、美容美发业、自主创业和其他的农业转移人口行为模式评分中位数高于总数中位数，其中从事住宿餐饮业的农业转移人口行为模式评分最高。

表 5 – 2 – 68　　　　不同职业的农业转移人口人格特质成对比较分析

样本 1—样本 2	显著性水平	调整显著性
家政服务业—住宿餐饮业	0.000	0.000
交通运输业—住宿餐饮业	0.001	0.019
建筑业—其他	0.000	0.001
建筑业—制造业	0.000	0.004
建筑业—住宿餐饮业	0.000	0.000
批发零售业—其他	0.000	0.004
批发零售业—制造业	0.001	0.019
批发零售业—住宿餐饮业	0.000	0.000
自主创业—住宿餐饮业	0.001	0.029
其他—住宿餐饮业	0.000	0.000
制造业—住宿餐饮业	0.000	0.002

综上所述，在农业转移人口城市性测评中，不同职业的农业转移人口在价值观念、生活方式、行为模式和人格特质维度上都存在显著性差异，从事批发零售业的农业转移人口在价值观念、生活方式、行为模式和人格特质维度上的评分均值最高。因此，不同职业的农业转移人口在城市性总评分上存在显著差异。由此可见，职业是影响农业转移人口城市性提升的一个因素。

2. 月收入

由于月收入方差齐性检验结果为不齐性，故采用 Kruskal-Wallis H 检验比较不同月收入人群之间城市性及各维度评分的分布差异。从表 5 – 2 – 69 中知悉，城市性、价值观念、思维特质、生活方式、行为模式和人格特质的 Kruskal-Wallis 检验结果分别为：$H = 43.803$，$P = 0.000$；$H = 45.863$，$P = 0.000$；$H = 22.053$，$P = 0.005$；$H = 84.352$，$P = 0.000$；$H = 43.248$，$P = 0.000$；$H = 17.166$，$P = 0.028$，各组城市性及各维度评分的分布不全相同，差异具有统计学意义。结合成对比较分析表，进行成对比较分析。

表 5－2－69　　　　　不同月收入的农业转移人口单因素差异分析

因变量	自变量	人数	中位数	H 值	P
城市性	2000 元及以内	295	3.524	43.803	0.000
	2001—3000 元	302	3.609		
	3001—4000 元	457	3.626		
	4001—5000 元	315	3.532		
	5001—6000 元	90	3.399		
	6001—7000 元	44	3.344		
	7001—8000 元	33	3.271		
	8001—9000 元	15	3.554		
	9000 元以上	34	3.654		
	总数	1585	3.557		
价值观念	2000 元及以内	295	3.644	45.863	0.000
	2001—3000 元	302	3.701		
	3001—4000 元	457	3.794		
	4001—5000 元	315	3.764		
	5001—6000 元	90	3.411		
	6001—7000 元	44	3.428		
	7001—8000 元	33	3.237		
	8001—9000 元	15	3.539		
	9000 元以上	34	3.838		
	总数	1585	3.698		
思维特质	2000 元及以内	295	3.577	22.053	0.005
	2001—3000 元	302	3.659		
	3001—4000 元	457	3.629		
	4001—5000 元	315	3.685		
	5001—6000 元	90	3.484		
	6001—7000 元	44	3.436		
	7001—8000 元	33	3.290		
	8001—9000 元	15	3.678		
	9000 元以上	34	3.855		
	总数	1585	3.621		

续表

因变量	自变量	人数	中位数	H 值	P
生活方式	2000 元及以内	295	3.278	84.352	0.000
	2001—3000 元	302	3.406		
	3001—4000 元	457	3.474		
	4001—5000 元	315	3.116		
	5001—6000 元	90	3.160		
	6001—7000 元	44	3.063		
	7001—8000 元	33	3.086		
	8001—9000 元	15	3.150		
	9000 元以上	34	3.306		
	总数	1585	3.309		
行为模式	2000 元及以内	295	3.440	43.248	0.000
	2001—3000 元	302	3.552		
	3001—4000 元	457	3.506		
	4001—5000 元	315	3.360		
	5001—6000 元	90	3.339		
	6001—7000 元	44	3.261		
	7001—8000 元	33	3.253		
	8001—9000 元	15	3.478		
	9000 元以上	34	3.547		
	总数	1585	3.452		
人格特质	2000 元及以内	295	3.681	17.166	0.028
	2001—3000 元	302	3.727		
	3001—4000 元	457	3.728		
	4001—5000 元	315	3.734		
	5001—6000 元	90	3.599		
	6001—7000 元	44	3.534		
	7001—8000 元	33	3.490		
	8001—9000 元	15	3.928		
	9000 元以上	34	3.723		
	总数	1585	3.704		

（1）不同月收入的农业转移人口城市性成对比较分析

就城市性因变量而言，月收入在 2000 元及以内的评分中位数为 3.524（n = 295），2001—3000 元的评分中位数为 3.609（n = 302），3001—4000 元的评分中位数为 3.626（n = 457），4001—5000 元的评分中位数为 3.532（n = 315），5001—6000 元的评分中位数为 3.399（n = 90），6001—7000 元的评分中位数为 3.344（n = 44），7001—8000 元的评分中位数为 3.271（n = 33），8001—9000 元的评分中位数为 3.554（n = 15），9000 元以上的评分中位数为 3.654（n = 34），总的城市性评分中位数为 3.557（n = 1585）。采用 Bonferroni 法校正显著性水平后两两比较发现，月收入为 7001—8000 元与 2001—3000 元（P = 0.025 < 0.05）、3001—4000 元（P = 0.003 < 0.05）的农业转移人口的差异有统计学意义；月收入 6001—7000 元与 2001—3000 元（P = 0.035 < 0.05）、3001—4000 元（P = 0.003 < 0.05）的差异有统计学意义；月收入为 5001—6000 元与 3001—4000 元（P = 0.002 < 0.05）的农业转移人口的差异有统计学意义；月收入为 4001—5000 元与 3001—4000 元（P = 0.038 < 0.05）的农业转移人口的差异有统计学意义；其他组之间的差异无统计学意义。通过中位数比较，月收入为 2001—3000 元、3001 元—4000 元和 9000 元以上的农业转移人口城市性评分中位数高于总数中位数，其中月收入 10000 元以上的农业转移人口城市性评分最高，但是月收入 9000 元以上与其他月收入之间无统计学意义，月收入为 3001—4000 元的人群城市性评分均值次之，且具有统计学意义。

表 5 - 2 - 70　　不同月收入的农业转移人口城市性成对比较分析

样本 1—样本 2	显著性水平	调整显著性
7001—8000 元—2001—3000 元	0.001	0.025
7001—8000 元—3001—4000 元	0.000	0.003
6001—7000 元—2001—3000 元	0.001	0.035
6001—7000 元—3001—4000 元	0.000	0.003
5001—6000 元—3001—4000 元	0.000	0.002
4001—5000 元—3001—4000 元	0.001	0.038

（2）不同月收入的农业转移人口价值观念成对比较分析

就价值观念因变量而言，月收入在 2000 元及以内的评分中位数为 3.644（n = 295），2001—3000 元的评分中位数为 3.701（n = 302），3001—4000 元的评分中位数为 3.794（n = 457），4001—5000 元的评分中位数为 3.764（n = 315），5001—6000 元的评分中位数为 3.411（n = 90），6001—7000 元的评分中位数为 3.428（n = 44），7001—8000 元的评分中位数为 3.237（n = 33），8001—9000 元的评分中位数为 3.539（n = 15），9000 元以上的评分中位数为 3.838（n = 34），总的价值观念评分中位数为 3.698（n = 1585）。采用 Bonferroni 法校正显著性水平后两两比较发现，月收入为 7001—8000 元与 2000 元以下（P = 0.024 < 0.05）、4001—5000 元（P = 0.004 < 0.05）、3001—4000 元（P = 0.001 < 0.05）、9000 元以上（P = 0.022 < 0.05）的农业转移人口的差异有统计学意义；月收入为 6001—7000 元与 3001—4000 元（P = 0.024 < 0.05）的农业转移人口的差异有统计学意义；月收入为 5001—6000 元与 2000 元以下（P = 0.040 < 0.05）、4001—5000 元（P = 0.003 < 0.05）、3001—4000 元（P = 0.000 < 0.05）的差异有统计学意义；其他组之间的差异无统计学意义。通过中位数比较，月收入为 2001—3000 元、3001 元—4000 元、4001—5000 元和 9000 元以上的农业转移人口价值观念评分中位数高于总数中位数，其中月收入 9000 元以上的农业转移人口价值观念评分最高。

表 5 - 2 - 71　　不同月收入的农业转移人口价值观念成对比较分析

样本 1—样本 2	显著性水平	调整显著性
7001—8000 元—2000 元以内	0.001	0.024
7001—8000 元—4001—5000 元	0.000	0.004
7001—8000 元—3001—4000 元	0.000	0.001
7001—8000 元—9000 元以上	0.001	0.022
6001—7000 元—3001—4000 元	0.001	0.024
5001—6000 元—2000 元以内	0.001	0.040
5001—6000 元—4001—5000 元	0.000	0.003
5001—6000 元—3001—4000 元	0.000	0.000

（3）不同月收入的农业转移人口思维特质成对比较分析

就思维特质因变量而言，月收入在 2000 元及以内的评分中位数为 3.577（n = 295），2001—3000 元的评分中位数为 3.659（n = 302），3001—4000 元的评分中位数为 3.629（n = 457），4001—5000 元的评分中位数为 3.685（n = 315），5001—6000 元的评分中位数为 3.484（n = 90），6001—7000 元的评分中位数为 3.436（n = 44），7001—8000 元的评分中位数为 3.290（n = 33），8001—9000 元的评分中位数为 3.678（n = 15），9000 元以上的评分中位数为 3.855（n = 34），总的思维特质评分中位数为 3.621（n = 1585）。采用 Bonferroni 法校正显著性水平后两两比较发现，月收入 7001—8000 元与 9000 元以上（P = 0.042 < 0.05）的农业转移人口的差异有统计学意义，其他组之间的差异无统计学意义。通过中位数比较，月收入为 2001—3000 元、3001 元—4000 元、4001—5000 元、8001—9000 元和 9000 元以上的农业转移人口思维特质评分中位数高于总数中位数，其中月收入 9000 元以上的农业转移人口思维特质评分最高。

表 5 - 2 - 72　　**不同月收入的农业转移人口思维特质成对比较分析**

样本 1—样本 2	显著性水平	调整显著性
7001—8000 元—9000 元以上	0.001	0.042

（4）不同月收入的农业转移人口生活方式成对比较分析

就生活方式因变量而言，月收入在 2000 元及以内的评分中位数为 3.278（n = 295），2001—3000 元的评分中位数为 3.406（n = 302），3001—4000 元的评分中位数为 3.474（n = 457），4001—5000 元的评分中位数为 3.116（n = 315），5001—6000 元的评分中位数为 3.160（n = 90），6001—7000 元的评分中位数为 3.063（n = 44），7001—8000 元的评分中位数为 3.086（n = 33），8001—9000 元的评分中位数为 3.150（n = 15），9000 元以上的评分中位数为 3.306（n = 34），总的生活方式评分中位数为 3.309（n = 1585）。采用 Bonferroni 法校正显著性水平后两两比较发现，月收入为 2001—3000 元与 6001—7000 元（P = 0.010 < 0.05）、4001—5000

元（P=0.000＜0.05）、5001—6000元（P=0.036＜0.05）的农业转移人口的差异有统计学意义；月收入为3001—4000元与6001—7000元（P=0.000＜0.05）、7001—8000元（P=0.022＜0.05）、4001—5000元（P=0.000＜0.05）、5001—6000元（P=0.000＜0.05）、2000元以内（P=0.003＜0.05）的差异有统计学意义；其他组之间的差异无统计学意义。通过中位数比较，月收入为2001—3000元和3001元—4000元的农业转移人口生活方式评分中位数高于总数中位数，其中月收入为3001—4000元的农业转移人口生活方式评分最高。

表5-2-73　　不同月收入的农业转移人口生活方式成对比较分析

样本1—样本2	显著性水平	调整显著性
6001—7000元—2001—3000元	0.000	0.010
6001—7000元—3001—4000元	0.000	0.000
7001—8000元—3001—4000元	0.001	0.022
4001—5000元—2001—3000元	0.000	0.000
4001—5000元—3001—4000元	0.000	0.000
5001—6000元—2001—3000元	0.001	0.036
5001—6000元—3001—4000元	0.000	0.000
2000元以内—3001—4000元	0.000	0.003

（5）不同月收入的农业转移人口行为模式成对比较分析

就行为模式因变量而言，月收入在2000元及以内的评分中位数为3.440（n=295），2001—3000元的评分中位数为3.552（n=302），3001—4000元的评分中位数为3.506（n=457），4001—5000元的评分中位数为3.360（n=315），5001—6000元的评分中位数为3.339（n=90），6001—7000元的评分中位数为3.261（n=44），7001—8000元的评分中位数为3.253（n=33），8001—9000元的评分中位数为3.478（n=15），9000元以上的评分中位数为3.547（n=34），总的行为模式评分中位数为3.452（n=1585）。采用Bonferroni法校正显著性水平后两两比较发现，月收入为 2001—3000 元与 6001—7000 元（P = 0.021 < 0.05）、4001—5000 元（P = 0.001 < 0.05）、5001—6000 元（P = 0.045 < 0.05）的农业转移人口的差异有统计学意义；月收入为 3001—4000 元与 6001—7000 元（P = 0.026 < 0.05）、4001—5000 元（P = 0.001 < 0.05）的差异有统计学意义；其他组之间的差异无统计学意义。通过中位数比较，月收入为 2001—3000 元、3001 元—4000 元、8001 元—9000 元和 9000 元以上的农业转移人口行为模式评分中位数高于总数中位数，其中月收入为 2001—3000 元的农业转移人口行为模式评分最高。

表 5 – 2 – 74　　不同月收入的农业转移人口行为模式成对比较分析

样本 1—样本 2	显著性水平	调整显著性
6001—7000 元—3001—4000 元	0.001	0.026
6001—7000 元—2001—3000 元	0.001	0.021
5001—6000 元—2001—3000 元	0.001	0.045
4001—5000 元—3001—4000 元	0.000	0.001
4001—5000 元—2001—3000 元	0.000	0.001

（6）不同月收入的农业转移人口人格特质成对比较分析

就人格特质因变量而言，月收入在 2000 元及以内的评分中位数为 3.681（n = 295），2001—3000 元的评分中位数为 3.727（n = 302），3001—4000 元的评分中位数为 3.728（n = 457），4001—5000 元的评分中位数为 3.734（n = 315），5001—6000 元的评分中位数为 3.599（n = 90），6001—7000 元的评分中位数为 3.534（n = 44），7001—8000 元的评分中位数为 3.490（n = 33），8001—9000 元的评分中位数为 3.928（n = 15），9000 元以上的评分中位数为 3.723（n = 34），总的人格特质评分中位数为 3.704（n = 1585）。采用 Bonferroni 法校正显著性水平后两两比较发现，所有组之间的差异无统计学意义。通过中位数比较，月收入为 2001—3000 元、3001 元—4000 元、4001—5000 元、8001 元—9000 元和 9000 元以上的农业转移人口人格特质评分中位数高于总数中位数，其中月收入为 8001—

9000元的农业转移人口人格特质评分最高，但是成对比较之间都没有统计学意义。

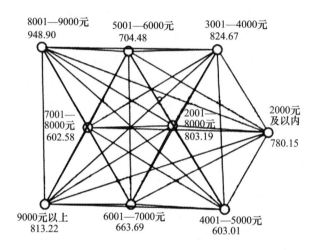

8001—9000元
948.90

5001—6000元
704.48

3001—4000元
824.67

7001—
8000元
602.58

2001—
8000元
803.19

2000元
及以内
780.15

9000元以上
813.22

6001—7000元
663.69

4001—5000元
603.01

图5-2-1　不同月收入的农业转移人口人格特质成对比较分析图

综上所述，在农业转移人口城市性测评中，不同月收入的农业转移人口在价值观念、思维特质、生活方式、行为模式和人格特质维度上都存在显著性差异，不同职业的农业转移人口在城市性总评分上存在显著差异。由此可见，月收入是影响农业转移人口获致城市性的一个因素，但是月收入的高低与城市性测评得分之间并没有显著的线性关系。

3. 工作时长

由于工作时长方差齐性检验结果为不齐性，故采用 Kruskal-Wallis H 检验比较不同子女读书学习地人群之间城市性及各维度评分的分布差异。从表5-2-75中知悉，城市性、价值观念、思维特质、生活方式、行为模式和人格特质的 Kruskal-Wallis 检验结果分别为：$H = 11.048$，$P = 0.011$；$H = 7.596$，$P = 0.055$；$H = 4.949$，$P = 0.176$；$H = 11.900$，$P = 0.008$；$H = 15.383$，$P = 0.002$；$H = 2.879$，$P = 0.411$。其中价值观念（$P = 0.055 > 0.05$）、思维特质（$P = 0.176 > 0.05$）、人格特质（$P = 0.411 > 0.05$）的分布相同，差异不具有统计学意义，其他各组城市性及各维度评分的分布不全相同，差异具有统计学意义。结合成对比较分析表，进行成对比较分析。

表5-2-75　　　　不同工作时长的农业转移人口单因素差异分析

因变量	自变量	人数	中位数	H值	P
城市性	8小时及以下	432	3.596	11.048	0.011
	8.1—10小时	891	3.551		
	10.1—12小时	189	3.497		
	12小时以上	73	3.547		
	总数	1585	3.557		
价值观念	8小时及以下	432	3.731	7.596	0.055
	8.1—10小时	891	3.696		
	10.1—12小时	189	3.639		
	12小时以上	73	3.669		
	总数	1585	3.698		
思维特质	8小时及以下	432	3.674	4.949	0.176
	8.1—10小时	891	3.595		
	10.1—12小时	189	3.615		
	12小时以上	73	3.644		
	总数	1585	3.621		
生活方式	8小时及以下	432	3.344	11.900	0.008
	8.1—10小时	891	3.319		
	10.1—12小时	189	3.178		
	12小时以上	73	3.330		
	总数	1585	3.309		
行为模式	8小时及以下	432	3.525	15.383	0.002
	8.1—10小时	891	3.433		
	10.1—12小时	189	3.378		
	12小时以上	73	3.448		
	总数	1585	3.452		

因变量	自变量	人数	中位数	H 值	P
人格特质	8 小时及以下	432	3.708		
	8.1—10 小时	891	3.713		
	10.1—12 小时	189	3.676	2.879	0.411
	12 小时以上	73	3.645		
	总数	1585	3.704		

（1）不同工作时长的农业转移人口城市性成对比较分析

就城市性因变量而言，工作时长为 8 小时及以下的评分中位数为 3.596（n = 432），8.1—10 小时的评分中位数为 3.551（n = 891），10.1—12 小时的评分中位数为 3.497（n = 189），12.1 小时以上的评分中位数为 3.547（n = 73），总的城市性评分中位数为 3.557（n = 1585）。采用 Bonferroni 法校正显著性水平后两两比较发现，工作时长为 10.1—12 小时与 8 小时以下（P = 0.008 < 0.05）的农业转移人口的差异有统计学意义，其他组之间的差异无统计学意义。通过中位数比较，工作时长为 8 小时及以下的农业转移人口城市性评分中位数高于总数中位数，亦是农业转移人口城市性评分中最高的。

表 5 - 2 - 76　　不同工作时长的农业转移人口城市性成对比较分析

样本 1—样本 2	显著性水平	调整显著性
10.1—12 小时—8 小时以下	0.001	0.008

（2）不同工作时长的农业转移人口生活方式成对比较分析

就生活方式因变量而言，工作时长为 8 小时及以下的评分中位数为 3.344（n = 432），8.1—10 小时的评分中位数为 3.319（n = 891），10.1—12 小时的评分中位数为 3.178（n = 189），12 小时以上的评分中位数为 3.330（n = 73），总的生活方式评分中位数为 3.309（n = 1585）。采用 Bonferroni 法校正显著性水平后两两比较发现，工作时长为 10.1—12 小时与 8.1—10 小时（P = 0.019 < 0.05）的农业转移人口的差异有统计学意义；工作时长为 10.1—12 小时（P = 0.001 < 0.05）与 8 小时以下（P = 0.005 < 0.05）的农业转移人口的差异有统计学意义；其他组之间的差异无统计学意义。通过中位数比较，工作时长为 10 小时及以下和 12 小时及以上的农业转移人口生活方式评分中位数高于总数中位数，工作时长为 8 小时的农业转移人口生活方式评分最高。

表 5 - 2 - 77　不同工作时长的农业转移人口生活方式成对比较分析

样本 1—样本 2	显著性水平	调整显著性
10.1—12 小时—8.1—10 小时	0.003	0.019
10.1—12 小时—8 小时以下	0.001	0.005

（3）不同工作时长的农业转移人口行为模式成对比较分析

就行为模式因变量而言，工作时长为 8 小时及以下的评分中位数为 3.525（n = 432），8.1—10 小时的评分中位数为 3.433（n = 891），10.1—12 小时的评分中位数为 3.378（n = 189），12 小时以上的评分中位数为 3.448（n = 73），总的行为模式评分中位数为 3.452（n = 1585）。采用 Bonferroni 法校正显著性水平后两两比较发现，工作时长为 10.1—12 小时与 8 小时以下（P = 0.001 < 0.05）的农业转移人口的差异有统计学意义，其他组之间的差异无统计学意义。通过中位数比较，工作时长为 8 小时及以下的农业转移人口行为模式评分中位数高于总数中位数，工作时长为 8 小时的农业转移人口行为模式评分最高。

表 5 - 2 - 78　不同工作时长的农业转移人口行为模式成对比较分析

样本 1—样本 2	显著性水平	调整显著性
10.1—12 小时—8 小时以下	0.000	0.001

综上所述，在农业转移人口城市性测评中，不同工作时长的农业转移人口在生活方式和行为模式维度上都存在显著性差异，且工作时长为 8 小

时以下的农业转移人口的生活方式和行为模式评分均值更高，因此，不同工作时长的农业转移人口在城市性总评分上存在显著差异。由此可见，工作时长是影响农业转移人口获致城市性的一个因素，而且工作时长在 8 小时以下有利于农业转移人口提升城市性。

五 社会联结因素

1. 居住方式

在方差齐性检验中，生活方式维度的方差为齐性，而城市性及其他维度方差均不齐性，故比较不同居住环境人群之间城市性及各维度评分的分布差异，采用两种检验法。生活方式维度采用方差多重比较分析，城市性及其他维度采用 Kruskal-Wallis H 检验。从表 5 – 2 – 79 中知悉，城市性、价值观念、思维特质、行为模式和人格特质的 Kruskal-Wallis 检验结果分别为：H = 42.705，P = 0.000；H = 20.443，P = 0.000；H = 27.203，P = 0.000；H = 45.815，P = 0.000；H = 46.728，P = 0.000，各组城市性及各维度评分的分布不全相同，差异具有统计学意义。结合成对比较分析表，进行成对比较分析。

表 5 – 2 – 79　　　　不同居住环境的农业转移人口单因素差异分析

因变量	自变量	人数	中位数	H 值	P
城市性	集体宿舍	390	3.372	42.705	0.000
	出租房	846	3.620		
	购买住房	349	3.612		
	总数	1585	3.557		
价值观念	集体宿舍	390	3.539	20.443	0.000
	出租房	846	3.730		
	购买住房	349	3.796		
	总数	1585	3.698		
思维特质	集体宿舍	390	3.446	27.203	0.000
	出租房	846	3.653		
	购买住房	349	3.739		
	总数	1585	3.621		

因变量	自变量	人数	中位数	H 值	P
行为模式	集体宿舍	390	3.247	45.815	0.000
	出租房	846	3.523		
	购买住房	349	3.511		
	总数	1585	3.452		
人格特质	集体宿舍	390	3.493	46.728	0.000
	出租房	846	3.803		
	购买住房	349	3.701		
	总数	1585	3.704		

（1）不同居住环境的农业转移人口城市性成对比较分析

就城市性因变量而言，居住环境为集体宿舍的评分中位数为 3.372（n＝390），居住环境为出租房的评分中位数为 3.620（n＝846），居住环境为购买住房的评分中位数为 3.612（n＝349），总的城市性评分中位数为 3.557（n＝1585）。采用 Bonferroni 法校正显著性水平后两两比较发现，居住环境为集体宿舍与购买住房（P＝0.000＜0.05）、出租房（P＝0.000＜0.05）的农业转移人口的差异有统计学意义，其他组之间的差异无统计学意义。通过中位数比较，居住环境为出租房和购买住房的农业转移人口城市性评分中位数高于总数中位数，其中居住环境为出租房的农业转移人口城市性评分最高。

表5－2－80　不同居住环境的农业转移人口城市性成对比较分析

样本 1—样本 2	显著性水平	调整显著性
集体宿舍—购买住房	0.000	0.000
集体宿舍—出租房	0.000	0.000

（2）不同居住环境的农业转移人口生活方式方差分析

就生活方式因变量而言，从表5－2－81 中可见，居住环境对农业转移人口的生活方式有影响（F＝16.954，P＝0.000＜0.05）。居住环境为集体宿舍的农业转移人口得分平均数为 3.134，居住环境为出租房的农业转移人口得分平均数为 3.389，居住环境为购买住房的农业转移人口得分平均数为 3.311，总数得分均值为 3.309。就平均数而言，居住环境为出租房的农业转移生活方式得分最高。在多重比较分析表中，居住环境为集体宿舍与出租房（P = 0.000 < 0.05）、购买住房（P = 0.001 < 0.05）的农业转移人口在生活方式得分上存在显著性差异；居住环境为出租房与购买住房之间没有显著性差异（P = 0.086 > 0.05）。由此可见，就生活方式因变量而言，居住环境为出租房的农业转移人口在生活方式上得分更高。

表 5 - 2 - 81　　不同居住环境的农业转移人口生活方式方差分析

自变量	人数	均值	F	P
集体宿舍	390	3.134		
出租房	846	3.389		
购买住房	349	3.311	16.954	0.000
总数	1585	3.309		

表 5 - 2 - 82　　不同居住环境的农业转移人口生活方式多重比较分析

因变量	居住环境（I）	居住环境（J）	MD（I - J）	P
生活方式	集体宿舍	出租房	- 0.255 *	0.000
		购买住房	- 0.177 *	0.001
	出租房	购买住房	0.078	0.086

*　均值差值在 0.05 级别上较显著。

（3）不同居住环境的农业转移人口价值观念成对比较分析

就价值观念因变量而言，居住环境为集体宿舍的评分中位数为 3.539（n = 390），居住环境为出租房的评分中位数为 3.370（n = 846），居住环境为购买住房的评分中位数为 3.796（n = 349），总的价值观念评分中位数为 3.698（n = 1585）。采用 Bonferroni 法校正显著性水平后两两比较发现，居住环境为集体宿舍与购买住房（P = 0.000 < 0.05）、出租房（P =

0.000＜0.05）的农业转移人口的差异有统计学意义，其他组之间的差异无统计学意义。

通过中位数比较，居住环境为出租房和购买住房的农业转移人口价值观念评分中位数高于总数中位数，其中居住环境为购买住房的农业转移人口价值观念评分最高。

表5-2-83　不同居住环境的农业转移人口价值观念成对比较分析

样本1—样本2	显著性水平	调整显著性
集体宿舍—购买住房	0.000	0.000
集体宿舍—出租房	0.000	0.000

（4）不同居住环境的农业转移人口思维特质成对比较分析

就思维特质因变量而言，居住环境为集体宿舍的评分中位数为3.446（n＝390），居住环境为出租房的评分中位数为3.653（n＝846），居住环境为购买住房的评分中位数为3.739（n＝349），总的思维特质评分中位数为3.621（n＝1585）。采用 Bonferroni 法校正显著性水平后两两比较发现，居住环境为集体宿舍与购买住房（P＝0.000＜0.05）、出租房（P＝0.000＜0.05）的农业转移人口的差异有统计学意义，其他组之间的差异无统计学意义。

通过中位数比较，居住环境为出租房和购买住房的农业转移人口思维特质评分中位数高于总数中位数，其中居住环境为购买住房的农业转移人口思维特质评分最高。

表5-2-84　不同居住环境的农业转移人口思维特质成对比较分析

样本1—样本2	显著性水平	调整显著性
集体宿舍—购买住房	0.000	0.000
集体宿舍—出租房	0.000	0.000

（5）不同居住环境的农业转移人口行为模式成对比较分析

就行为模式因变量而言，居住环境为集体宿舍的评分中位数为3.247

（n＝390），居住环境为出租房的评分中位数为 3.523（n＝846），居住环境为购买住房的评分中位数为 3.511（n＝349），总的行为模式评分中位数为 3.452（n＝1585）。采用 Bonferroni 法校正显著性水平后两两比较发现，居住环境为集体宿舍与购买住房（P＝0.000＜0.05）、出租房（P＝0.000＜0.05）的农业转移人口的差异有统计学意义，其他组之间的差异无统计学意义。通过中位数比较，居住环境为出租房和购买住房的农业转移人口行为模式评分中位数高于总数中位数，其中居住环境为出租房的农业转移人口行为模式评分最高。

表5－2－85　不同居住环境的农业转移人口行为模式成对比较分析

样本1—样本2	显著性水平	调整显著性
集体宿舍—购买住房	0.000	0.000
集体宿舍—出租房	0.000	0.000

（6）不同居住环境的农业转移人口人格特质成对比较分析

就人格特质因变量而言，居住环境为集体宿舍的评分中位数为 3.493（n＝390），居住环境为出租房的评分中位数为 3.803（n＝846），居住环境为购买住房的评分中位数为 3.701（n＝349），总的人格特质评分中位数为 3.704（n＝1585）。采用 Bonferroni 法校正显著性水平后两两比较发现，居住环境为集体宿舍与购买住房（P＝0.026＜0.05）、出租房（P＝0.000＜0.05）的农业转移人口的差异有统计学意义；购买住房与出租房（P＝0.002＜0.05）的差异有统计学意义；其他组之间的差异无统计学意义。通过中位数比较，居住环境为出租房的农业转移人口人格特质评分中位数高于总数中位数，亦为农业转移人口人格特质评分中最高的。

表5－2－86　不同居住环境的农业转移人口人格特质成对比较分析

样本1—样本2	显著性水平	调整显著性
集体宿舍—购买住房	0.009	0.026
集体宿舍—出租房	0.000	0.000
购买住房—出租房	0.001	0.002

综上所述，在农业转移人口城市性测评中，不同居住环境的农业转移人口在价值观念、思维特质、生活方式、行为模式和人格特质维度上都存在显著性差异，居住环境为出租房的农业转移人口在生活方式、行为模式和人格特质维度的评分均值都最高，而购买住房的农业转移人口在价值观念和思维特质维度上的评分均值最高，因此，在不同居住环境下的农业转移人口在城市性总评分上存在显著差异。由此可见，居住环境是影响农业转移人口获致城市性的一个因素，居住环境为出租房的人群更易提升城市性。

2. 农村土地处理方式

由于不同农村土地处理方式的方差齐性检验结果为不齐性，故采用Kruskal-Wallis H 检验比较不同土地处理方式人群之间城市性及各维度评分的分布差异。从表5－2－87 中知悉，城市性、价值观念、思维特质、生活方式、行为模式和人格特质的 Kruskal-Wallis 检验结果分别为：H = 100.362，P = 0.000；H = 20.373，P = 0.000；H = 19.730，P = 0.001；H = 173.876，P = 0.000；H = 131.291，P = 0.000；H = 80.846，P = 0.000。各组城市性及各维度评分的分布不全相同，差异具有统计学意义。结合成对比较分析表，进行成对比较分析。

表5－2－87　　不同土地处理方式的农业转移人口单因素差异分析

因变量	自变量	人数	中位数	H 值	P
城市性	没有土地	362	3.532	100.362	0.000
	换取城镇户口	265	3.828		
	亲属种植	563	3.485		
	弃为荒地	107	3.464		
	承包给他人耕种	288	3.515		
	总数	1585	3.557		

续表

因变量	自变量	人数	中位数	H值	P
价值观念	没有土地	362	3.707	20.373	0.000
	换取城镇户口	265	3.855		
	亲属种植	563	3.666		
	弃为荒地	107	3.534		
	承包给他人耕种	288	3.663		
	总数	1585	3.698		
思维特质	没有土地	362	3.628	19.730	0.001
	换取城镇户口	265	3.747		
	亲属种植	563	3.588		
	弃为荒地	107	3.516		
	承包给他人耕种	288	3.599		
	总数	1585	3.621		
生活方式	没有土地	362	3.213	173.876	0.000
	换取城镇户口	265	3.757		
	亲属种植	563	3.213		
	弃为荒地	107	3.275		
	承包给他人耕种	288	3.219		
	总数	1585	3.309		
行为模式	没有土地	362	3.429	131.291	0.000
	换取城镇户口	265	3.800		
	亲属种植	563	3.339		
	弃为荒地	107	3.407		
	承包给他人耕种	288	3.400		
	总数	1585	3.452		
人格特质	没有土地	362	3.680	80.846	0.000
	换取城镇户口	265	3.981		
	亲属种植	563	3.617		
	弃为荒地	107	3.589		
	承包给他人耕种	288	3.693		
	总数	1585	3.704		

（1）不同土地处理方式的农业转移人口城市性成对比较分析

就城市性因变量而言，没有土地的农业转移人口的评分中位数为3.532（n＝362），将土地换取城镇户口的评分中位数为3.828（n＝265），将土地给亲属种植的评分中位数为3.485（n＝563），土地弃为荒地的评分中位数为3.464（n＝107），土地承包给他人耕种的评分中位数为3.515（n＝288），总的城市性评分中位数为3.557（n＝1585）。采用Bonferroni法校正显著性水平后两两比较发现，换取城镇户口与弃为荒地（P＝0.000＜0.05）、承包给他人耕种（P＝0.000＜0.05）、没有土地（P＝0.000＜0.05）、亲戚种植（P＝0.000＜0.05）的农业转移人口的差异有统计学意义，其他组之间的差异无统计学意义。通过中位数比较，将土地换取城镇户口的农业转移人口城市性评分中位数高于总数中位数，亦是农业转移人口城市性评分最高项。

表5-2-88　不同土地处理方式的农业转移人口城市性成对比较分析

样本1—样本2	显著性水平	调整显著性
弃为荒地—换取城镇户口	0.000	0.000
承包给他人耕种—换取城镇户口	0.000	0.000
亲戚种植—换取城镇户口	0.000	0.000
没有土地—换取城镇户口	0.000	0.000

（2）不同土地处理方式的农业转移人口价值观念成对比较分析

就价值观念因变量而言，没有土地的农业转移人口的评分中位数为3.707（n＝362），将土地换取城镇户口的评分中位数为3.855（n＝265），将土地给亲属种植的评分中位数为3.666（n＝563），土地弃为荒地的评分中位数为3.534（n＝107），土地承包给他人耕种的评分中位数为3.663（n＝288），总的价值观念评分中位数为3.698（n＝1585）。采用Bonferroni法校正显著性水平后两两比较发现，换取城镇户口与弃为荒地（P＝0.002＜0.05）、承包给他人耕种（P＝0.012＜0.05）、亲戚种植（P＝0.004＜0.05）的农业转移人口的差异有统计学意义，其他组之间的差异无统计学意义。通过中位数比较，没有土地或将土地换取城镇户口的农业转移人口城市性评分中位数高于总数中位数，将土地换取城镇户口的农业转移人口价值观念评分最高。

表5-2-89　不同土地处理方式的农业转移人口价值观念成对比较分析

样本1—样本2	显著性水平	调整显著性
弃为荒地—换取城镇户口	0.000	0.002
承包给他人耕种—换取城镇户口	0.001	0.012
亲戚种植—换取城镇户口	0.000	0.004

（3）不同土地处理方式的农业转移人口思维特质成对比较分析

就思维特质因变量而言，没有土地的农业转移人口的评分中位数为3.628（n=362），将土地换取城镇户口的评分中位数为3.747（n=265），将土地给亲属种植的评分中位数为3.588（n=563），土地弃为荒地的评分中位数为3.516（n=107），土地承包给他人耕种的评分中位数为3.599（n=288），总的思维特质评分中位数为3.621（n=1585）。采用Bonferroni法校正显著性水平后两两比较发现，换取城镇户口与弃为荒地（P=0.003<0.05）、承包给他人耕种（P=0.005<0.05）、亲戚种植（P=0.003<0.05）的农业转移人口的差异有统计学意义，其他组之间的差异无统计学意义。通过中位数比较，没有土地或将土地换取城镇户口的农业转移人口城市性评分中位数高于总数中位数，将土地换取城镇户口的农业转移人口思维特质评分最高。

表5-2-90　不同土地处理方式的农业转移人口思维特质成对比较分析

样本1—样本2	显著性水平	调整显著性
弃为荒地—换取城镇户口	0.000	0.003
承包给他人耕种—换取城镇户口	0.000	0.005
亲戚种植—换取城镇户口	0.000	0.003

（4）不同土地处理方式的农业转移人口生活方式成对比较分析

就生活方式因变量而言，没有土地的农业转移人口的评分中位数为

3.213（n=362），将土地换取城镇户口的评分中位数为3.757（n=265），将土地给亲属种植的评分中位数为3.213（n=563），土地弃为荒地的评分中位数为3.275（n=107），土地承包给他人耕种的评分中位数为3.219（n=288），总的生活方式评分中位数为3.309（n=1585）。采用Bonferroni法校正显著性水平后两两比较发现，换取城镇户口与弃为荒地（P=0.000<0.05）、承包给他人耕种（P=0.000<0.05）、没有土地（P=0.000<0.05）、亲戚种植（P=0.000<0.05）的农业转移人口的差异有统计学意义，其他组之间的差异无统计学意义。通过中位数比较，将土地换取城镇户口的农业转移人口城市性评分中位数高于总数中位数，亦是生活方式评分最高项。

表5-2-91 不同土地处理方式的农业转移人口生活方式成对比较分析

样本1—样本2	显著性水平	调整显著性
承包给他人耕种—换取城镇户口	0.000	0.000
亲戚种植—换取城镇户口	0.000	0.000
没有土地—换取城镇户口	0.000	0.000
弃为荒地—换取城镇户口	0.000	0.000

（5）不同土地处理方式的农业转移人口行为模式成对比较分析

就行为模式因变量而言，没有土地的农业转移人口的评分中位数为3.429（n=362），将土地换取城镇户口的评分中位数为3.800（n=265），将土地给亲属种植的评分中位数为3.339（n=563），土地弃为荒地的评分中位数为3.407（n=107），土地承包给他人耕种的评分中位数为3.400（n=288），总的行为模式评分中位数为3.452（n=1585）。采用Bonferroni法校正显著性水平后两两比较发现，换取城镇户口与弃为荒地（P=0.000<0.05）、承包给他人耕种（P=0.000<0.05）、没有土地（P=0.000<0.05）、亲戚种植（P=0.000<0.05）的农业转移人口的差异有统计学意义，其他组之间的差异无统计学意义。通过中位数比较，将土地换取城镇户口的农业转移人口城市性评分中位数高于总数中位数，亦是行为模式评分最高项。

表5-2-92　不同土地处理方式的农业转移人口行为模式成对比较分析

样本1—样本2	显著性水平	调整显著性
亲戚种植—换取城镇户口	0.000	0.000
承包给他人耕种—换取城镇户口	0.000	0.000
弃为荒地—换取城镇户口	0.000	0.000
没有土地—换取城镇户口	0.000	0.000

（6）不同土地处理方式的农业转移人口人格特质成对比较分析

就人格特质因变量而言，没有土地的农业转移人口的评分中位数为3.680（n＝362），将土地换取城镇户口的评分中位数为3.981（n＝265），将土地给亲属种植的评分中位数为3.617（n＝563），土地弃为荒地的评分中位数为3.589（n＝107），土地承包给他人耕种的评分中位数为3.693（n＝288），总的人格特质评分中位数为3.704（n＝1585）。采用Bonferroni法校正显著性水平后两两比较发现，换取城镇户口与弃为荒地（P＝0.000＜0.05）、承包给他人耕种（P＝0.000＜0.05）、没有土地（P＝0.000＜0.05）、亲戚种植（P＝0.000＜0.05）的农业转移人口的差异有统计学意义，其他组之间的差异无统计学意义。通过中位数比较，将土地换取城镇户口的农业转移人口城市性评分中位数高于总数中位数，亦是人格特质评分最高项。

表5-2-93　不同土地处理方式的农业转移人口人格特质成对比较分析

样本1—样本2	显著性水平	调整显著性
弃为荒地—换取城镇户口	0.000	0.000
亲戚种植—换取城镇户口	0.000	0.000
承包给他人耕种—换取城镇户口	0.000	0.000
没有土地—换取城镇户口	0.000	0.000

综上所述，在农业转移人口城市性测评中，农村土地处理方式不同的农业转移人口在价值观念、思维特质、生活方式、行为模式和人格特质维度上都存在显著性差异，将土地换取城镇户口的农业转移人口在价值观

念、思维特质、生活方式、行为模式和人格特质维度上的评分均值都最高。因此，土地处理方式不同的农业转移人口在城市性总评分上存在显著差异。由此可见，农村土地处理方式是影响农业转移人口提升城市性的一个因素，将土地换取城镇户口的人群更易提升城市性。

3. 求职方式

在方差齐性检验中，生活方式维度的方差为齐性，而城市性及其他维度方差均不齐性，故比较不同居住环境人群之间城市性及各维度评分的分布差异，采用两种检验法。生活方式维度采用方差多重比较分析，城市性及其他维度采用 Kruskal-Wallis H 检验。从表 5-2-93 中知悉，城市性、价值观念、思维特质、行为模式和人格特质的 Kruskal-Wallis 检验结果分别为：$H = 194.579$，$P = 0.000$；$H = 99.851$，$P = 0.000$；$H = 103.016$，$P = 0.000$；$H = 222.949$，$P = 0.000$；$H = 126.247$，$P = 0.000$，各组城市性及各维度评分的分布不全相同，差异具有统计学意义。结合成对比较分析表，进行成对比较分析。

表 5-2-94　　　不同求职渠道的农业转移人口单因素差异分析

因变量	自变量	人数	中位数	H 值	P
城市性	亲友熟人老乡介绍	674	3.366	194.579	0.000
	职业介绍所	512	3.818		
	网站求职	399	3.544		
	总数	1585	3.557		
价值观念	亲友熟人老乡介绍	674	3.521	99.851	0.000
	职业介绍所	512	3.918		
	网站求职	399	3.712		
	总数	1585	3.698		
思维特质	亲友熟人老乡介绍	674	3.443	103.016	0.000
	职业介绍所	512	3.816		
	网站求职	399	3.671		
	总数	1585	3.621		

因变量	自变量	人数	中位数	H 值	P
行为模式	亲友熟人老乡介绍	674	3.235	222.949	0.000
	职业介绍所	512	3.769		
	网站求职	399	3.413		
	总数	1585	3.452		
人格特质	亲友熟人老乡介绍	674	3.522	126.247	0.000
	职业介绍所	512	3.936		
	网站求职	399	3.715		
	总数	1585	3.704		

（1）不同求职渠道的农业转移人口城市性成对比较分析

就城市性因变量而言，求职渠道为亲友熟人老乡介绍的评分中位数为 3.366（n=674），求职渠道为职业介绍所的评分中位数为 3.818（n=512），求职渠道为网站求职的评分中位数为 3.544（n=399），总的城市性评分中位数为 3.557（n=1585）。采用 Bonferroni 法校正显著性水平后两两比较发现，求职渠道为亲友熟人老乡介绍与网站求职（P=0.000<0.05）、职业介绍所（P=0.000<0.05）的农业转移人口的差异有统计学意义；网站求职与职业介绍所（P=0.000<0.05）的差异有统计学意义。其他组之间的差异无统计学意义。通过中位数比较，求职渠道为职业介绍所的农业转移人口城市性评分中位数高于总数中位数，亦为农业转移人口城市性评分最高项。

表 5-2-95　不同求职渠道的农业转移人口城市性成对比较分析

样本1—样本2	显著性水平	调整显著性
亲友熟人老乡介绍—网站求职	0.000	0.000
亲友熟人老乡介绍—职业介绍所	0.000	0.000
网站求职—职业介绍所	0.000	0.000

（2）不同求职渠道的农业转移人口价值观念成对比较分析

就价值观念因变量而言，求职渠道为亲友熟人老乡介绍的评分中位数为 3.521（n = 674），求职渠道为职业介绍所的评分中位数为 3.918（n = 512），求职渠道为网站求职的评分中位数为 3.712（n = 399），总的价值观念评分中位数为 3.698（n = 1585）。采用 Bonferroni 法校正显著性水平后两两比较发现，求职渠道为亲友熟人老乡介绍与网站求职（P = 0.000 < 0.05）、职业介绍所（P = 0.000 < 0.05）的农业转移人口的差异有统计学意义；网站求职与职业介绍所（P = 0.000 < 0.05）的差异有统计学意义。通过中位数比较，求职渠道为职业介绍所和网站求职的农业转移人口价值观念评分中位数高于总数中位数，其中求职渠道为职业介绍所的农业转移人口价值观念评分最高。

表 5 - 2 - 96　不同求职渠道的农业转移人口价值观念成对比较分析

样本 1—样本 2	显著性水平	调整显著性
亲友熟人老乡介绍—网站求职	0.000	0.000
亲友熟人老乡介绍—职业介绍所	0.000	0.000
网站求职—职业介绍所	0.000	0.000

（3）不同求职渠道的农业转移人口生活方式方差分析

就生活方式因变量而言，从表 5 - 2 - 96 中可见，通过不同求职渠道寻找到工作对农业转移人口的生活方式有影响（F = 97.777，P = 0.000 < 0.05）。通过亲友、熟人、老乡介绍工作的农业转移人口得分平均数为 3.109，通过职业介绍所的农业转移人口得分平均数为 3.651，通过网站求职的农业转移人口得分平均数为 3.209，总数得分均值为 3.309。就平均数而言，求职渠道为职业介绍所的农业转移人口生活方式得分最高。在多重比较分析表中，求职渠道为亲友熟人老乡介绍与职业介绍所（P = 0.000 < 0.05）、网站求职（P = 0.020 < 0.05）的农业转移人口的差异有统计学意义；职业介绍所与网站求职（P = 0.000 < 0.05）差异有统计学意义。由此可见，就生活方式因变量而言，求职渠道为职业介绍所的农业转移人口在生活方式上得分更高。

表5-2-97　　　不同居住环境的农业转移人口生活方式方差分析

自变量	人数	均值	F	P
亲友熟人老乡介绍	674	3.109		
职业介绍所	512	3.651	97.777	0.000
网站求职	399	3.209		
总数	1585	3.309		

表5-2-98　　不同求职渠道的农业转移人口生活方式多重比较分析

因变量	求职渠道（I）	求职渠道（J）	MD（I-J）	P
	亲友熟人老乡介绍	职业介绍所	-.5423*	0.000
		网站求职	-0.101*	0.020
	职业介绍所	网站求职	0.442*	0.000

* 　均值差值在 0.05 级别上较显著。

（4）不同求职渠道的农业转移人口思维特质成对比较分析

就思维特质因变量而言，求职渠道为亲友熟人老乡介绍的评分中位数为3.443（n=674），求职渠道为职业介绍所的评分中位数为3.816（n=512），求职渠道为网站求职的评分中位数为3.671（n=399），总的思维特质评分中位数为3.621（n=1585）。采用 Bonferroni 法校正显著性水平后两两比较发现，求职渠道为亲友熟人老乡介绍与网站求职（P=0.000<0.05）、职业介绍所（P=0.000<0.05）的农业转移人口的差异有统计学意义；网站求职与职业介绍所（P=0.000<0.05）的差异有统计学意义。通过中位数比较，求职渠道为职业介绍所和网站求职的农业转移人口思维特质评分中位数高于总数中位数，其中求职渠道为职业介绍所的农业转移人口思维特质评分最高。

表 5 - 2 - 99　　不同求职渠道的农业转移人口思维特质成对比较分析

样本1—样本2	显著性水平	调整显著性
亲友熟人老乡介绍—网站求职	0.000	0.000
亲友熟人老乡介绍—职业介绍所	0.000	0.000
网站求职—职业介绍所	0.000	0.000

（5）不同求职渠道的农业转移人口行为模式成对比较分析

就行为模式因变量而言，求职渠道为亲友熟人老乡介绍的评分中位数为 3.235（n = 674），求职渠道为职业介绍所的评分中位数为 3.769（n = 512），求职渠道为网站求职的评分中位数为 3.413（n = 399），总的行为模式评分中位数为 3.452（n = 1585）。采用 Bonferroni 法校正显著性水平后两两比较发现，求职渠道为亲友熟人老乡介绍与网站求职（P = 0.000 < 0.05）、职业介绍所（P = 0.000 < 0.05）的农业转移人口的差异有统计学意义；网站求职与职业介绍所（P = 0.000 < 0.05）的差异有统计学意义。通过中位数比较，求职渠道为职业介绍所和网站求职的农业转移人口行为模式评分中位数高于总数中位数，亦是农业转移人口行为模式评分最高项。

表 5 - 2 - 100　不同求职渠道的农业转移人口行为模式成对比较分析

样本1—样本2	显著性水平	调整显著性
亲友熟人老乡介绍—网站求职	0.000	0.000
亲友熟人老乡介绍—职业介绍所	0.000	0.000
网站求职—职业介绍所	0.000	0.000

（6）不同求职渠道的农业转移人口人格特质成对比较分析

就人格特质因变量而言，求职渠道为亲友熟人老乡介绍的评分中位数为 3.522（n = 674），求职渠道为职业介绍所的评分中位数为 3.936（n = 512），求职渠道为网站求职的评分中位数为 3.715（n = 399），总的人格特质评分中位数为 3.704（n = 1585）。采用 Bonferroni 法校正显著性水平后两两比较发现，求职渠道为亲友熟人老乡介绍与网站求职（P = 0.000 < 0.05）、职业介绍所（P = 0.000 < 0.05）的农业转移人口的差异有统计学意义；网站求职与职业介绍所（P = 0.000 < 0.05）的差异有统计学意义。通过中位数比较，求职渠道为职业介绍所和网站求职的农业转移人口人格特质评分中位数高于总数中位数，其中求职渠道为职业介绍所的农业转移人口人格特质评分最高。

表5－2－101　不同求职渠道的农业转移人口人格特质成对比较分析

样本1—样本2	显著性水平	调整显著性
亲友熟人老乡介绍—网站求职	0.000	0.000
亲友熟人老乡介绍—职业介绍所	0.000	0.000
网站求职—职业介绍所	0.000	0.000

综上所述，在农业转移人口城市性测评中，采取不同求职渠道的农业转移人口在价值观念、思维特质、生活方式、行为模式和人格特质维度上都存在显著性差异，采用职业介绍所获得工作的农业转移人口在价值观念、思维特质、生活方式、行为模式和人格特质维度上的评分均值都最高。因此，采用不同求职渠道的农业转移人口在城市性总评分上存在显著差异。由此可见，求职渠道是影响农业转移人口提升城市性的一个因素，通过职业介绍所获取工作的人群更易提升城市性。

六　社会支持

1. 进城所遇到的困难

农业转移人口从农村来到城市，其谋生方式也从向土地讨生活转为通过自己的劳动使自己在城市里生存，因此，能否获得相对稳定的工作势必影响着农业转移人口的城市适应。受到文化程度和拥有不同职业资格证书的影响，农业转移人口外出打工中遇到的困难也比较多。工作不稳定、工作比较危险在农业转移人口所遇困难中分别占19.2%和13.1%，分别位居第一和第四。困扰农业转移人口的第二大困难为住房问题，占比高达

18.1%。而生活成本高位居第三，占14.2%。随后分别为拖欠工资、思念亲人和其他原因。由此可见，农业转移人口进入城市面临的首要问题仍然是生存问题。

表5-2-102　　　　　　农业转移人口进城所遇到困难统计

困难	人数	百分比（%）
没有住房	757	18.1
工作比较危险	549	13.1
工作不稳定，生活没有保障	801	19.2
拖欠工资	487	11.7
社会地位低下，受到歧视	277	6.6
城市生活成本高	591	14.2
思念亲人和家乡	453	10.9
其他	260	6.2

2. 在城市安家的困难

稳固的经济基础是农业转移人口在城市扎根的必要条件，因此，制约农业转移人口在城市安家的最大困难仍是经济收入低，根本无法保证全家的生活开支，占比高达23.3%。薄弱的经济基础也使得农业转移人口在城市融入过程中还面临着的其他困难，如孩子读书问题，占调查统计结果的20.0%。城乡二元体制、劳动力市场分割和文化技能偏低等因素的制约使得当前的农业转移人口处于"不融入"或"半融入"城市的状态。[①] 虽然近年来随着不同地区开放政策的实施，户籍问题有所改善，但是统计结果显示户籍问题仍位居第四，占比高达16.4%，可见户籍依然是农业转移人口定居城市所关注的主要问题。从没办法融入当地的生活和对在城市生活没有信心的占比可见，农业转移人口的城市融入不仅仅包括对物质的生活的追求，还有对精神生活的向往。

---

① 李强：《中国城市化进程中的"半融入"与"不融入"》，《河北学刊》2011年第5期。

表 5 – 2 – 103 农业转移人口安家困难统计

安家困难	人数	百分比（%）
户口没法解决	524	16.4
小孩上学问题没法解决	639	20.0
没办法融入当地的生活	631	19.8
经济收入太低，根本无法保证全家人的生活开支	743	23.3
对在城市生活没有信心	268	8.4
其他	388	12.2

3. 城市人的支持

与其他群体和阶层的交往会推动自身向这些群体和阶层流动。[1] 调查结果显示，75%的农业转移人口认为城市人的支持对自身的城市适应有影响。农业转移人口的社会交往是其生活中的重要组成部分，由朋友构成的社会网络可以为农业转移人口提供交流和互动的方式，促使农业转移人口从最初与本地市民的浅层次交往向深层次交往方式过渡。这一调查结果说明，农业转移人口结识的市民越多，彼此相处得越融洽，就越容易适应城市生活，从而积累城市性。

表 5 – 2 – 104 城市人支持对农业转移人口城市适应的影响的统计

城市人的支持影响程度	人数	百分比（%）
非常大	354	22.3
一般	835	52.7
非常小	217	13.7
无所谓	179	11.3

七 制度性因素

农业转移人口之所以进行迁移有其特定的政策方面的原因。调查数据

---

① Peter M. Blau, *Inequality and Heterogeneity A Primitive Theory of Social Structure*, The Free Press, 1977.

显示，23.9%的农业转移人口十分认同国家政策对其城市适应有影响，46.9%的人群认为有影响。以上数据表明，农业转移人口自身较为关注国家对农业转移人口相关政策的制定。特别是政治因素对人口迁移有时起着十分重要的作用，其中政府通常通过制定一定的经济和人口政策以限制或鼓励人口迁移特别是促进农业转移人口流动。

表5-2-105　　国家政策对农业转移人口城市适应影响程度统计

国家政策影响程度	人数	百分比（%）
非常大	379	23.9
一般	743	46.9
非常小	243	15.3
无所谓	220	13.9

第六章

农业转移人口城市性问题及成因

第一节　农业转移人口城市性问题表征

只有以农业转移人口城市性测评体系为工具，全面了解和掌握我国农业转移人口的城市性现状，总结其城市性缺失的表现，剖析其原因，才能提出促进其城市性提升及其市民化的策略。通过上述调查，笔者发现农业转移人口城市性存在以下问题。

一　价值观念与城市性要求有差距

农业转移人口从农村迁移到城市就意味着其价值观念亦需随着周遭环境的改变而改变，其价值观念的转变体现着农业转移人口精神面貌的重塑。良好的价值观念有利于农业转移人口城市性的提升，但当前农业转移人口的价值观念与城市性价值观的要求仍存在差距。

据前述调查，农业转移人口价值观念各维度合格占比人数不足60%。具体而言，第一，在科学观方面，仍有少部分被调查者没有充分发现科学技术在个人生活中的作用。24.4%的被调查者不认为手机、电脑等科技产品可以方便日常生活，29.5%的被调查者没有发现信息技术在生活中的实际作用。第二，仍有较大部分被调查者没有感受到社会的公平与公正。15%的被调查者不认为当今的社会风气是好的，19%的被调查者否认了当前"大家都一样，没有贵贱之分"，42.1%的被调查者认为当前社会风气是一般好，24.7%的被调查者认为社会平等程度一般。第三，在法治观方面，仍有部分被调查者没有意识到法律的重要性。30.1%的被调查者认为法律知识的重要性一般或者不重要，而34.8%的被调查者在自身权益受到侵犯时，不会寻求法律的帮助。第四，在民主观方面，部分被调查者对自身权利与义务的认识还不够清晰。31.5%的被调查者认为并不是每个人都应在履行义务的基础上才能享受权利，44.6%的被调查者不会积极主动地参与政府、社区等组织的社会活动。这与齐勇针对北京农业转移人口价值观念的调查结果"政治关注度逐步提高，但政治参与行为仍然处于边缘地带"一致。① 第五，在交往观念方面，多元和包容观念有待提升。29.8%的被调查者不愿意听取他人的观点，32.5%的被调查者在尊重和考虑各方意见上并不主动。第六，在健康观念方面，较大部分被调查者需要更加注意自身健康。38.4%的被调查者不会有意识地注意自己的饮食，57.2%的被调查者不会定期检查身体。

部分被调查者得分较低。从分析结果来看，以下质性的被调查者在价值观念维度得分较低：46—60岁以及60岁以上；小学及以下学历；父母所在地、爱人所在地、子女受教育城市与自己工作地分离；生活过的城市数量较多；在城市生活时长较短；从事建筑、交通运输、家政服务行业；没有职业资格证书；工作不稳定；缺乏家人支持；通过亲友熟人老乡介绍求职；与所在地城市市民相处较少。

总体来看，农业转移人口科学观、法治观、民主观、开放观都与既定要求有差距，而公平观与健康观达到要求的比例不到被调查者的60%，亟待提升。同时，年龄较大、学历较低、职业技能缺乏、与家人分离、社会交往面窄等被调查者的价值观念转变情况应当引起关注。

二　思维特质与城市性要求有偏差

如前所述，农业转移人口思维特质各维度合格占比较低。在思维特质维度，农业转移人口的周密思维、辩证思维、分析思维、综合思维、转化思维、更新思维、预测思维、超前思维、全面思维、多元思维、求异思维

① 齐勇：《新型城镇化背景下农业转移人口价值观研究》，博士学位论文，北京科技大学，2019年。

和求新思维合格占比均低于70%，表明当前农业转移人口思维特质的缜密性、整合性、迭代性、发展性、多样性和创新性都有待提升。其中缜密性中的周密思维、整合性中的分析思维、发展性中的预测思维和超前思维、多样性中的全面思维和多元思维、创新性中的求异思维和求新思维合格占比均不及60%，也有待提高。

另外，部分被调查者得分较低。从分析结果来看，以下质性的被调查者在思维特质维度得分较低：46—60岁以及60岁以上；初中及以下学历；父母所在地、爱人所在地、子女受教育城市与自己工作地分离；生活过的城市数量较多；在城市生活时间较长或较短；从事建筑、交通运输、家政服务行业；没有职业资格证书；家中仍有土地（给亲属种植或者弃为荒地）；通过亲友熟人老乡介绍求职；与所在地城市市民相处较少。

三 生活方式与城市性要求相脱节

如前所述，农业转移人口生活方式各维度合格占比也较低。农业转移人口生活方式的所有三级指标合格占比均低于70%，表明当前农业转移人口的工作方式、消费方式、学习方式、人情交往方式和休闲方式等都有待提升，其中工作方式中的追求高效、消费方式中的过度消费、学习方式中的交互学习、交往方式中的避免投入和社会疏远及休闲方式中的多样休闲占合格比均不及50%，有待提高。

此外，部分被调查者得分较低。从分析结果来看，以下质性的被调查者在生活方式维度得分较低：60岁以上；父母所在地、爱人所在地、子女受教育城市与自己工作地分离；生活过的城市数量较多；在城市生活时间较长或较短；从事建筑、交通运输、家政服务行业；工作时长较长（大于10小时）；没有职业资格证书；家中仍有土地（给亲属种植或者弃为荒地）；通过亲友熟人老乡介绍求职；缺少家人、城市人支持。

由此可见，当前农业转移人口的生活方式与城市人口的生活方式存在相脱节的现象，尤其是消费方式和休闲方式方面，存在明显差距。这可能是由于农业转移人口曾长期浸润在农村文化之中，以农耕、畜牧等方式作为主要营生方式，加之存储优于消费的传统思想等不同的价值观念所导致。

四 行为模式与城市性要求相疏离

如前调查显示，农业转移人口行为模式各维度合格占比也较低。在行为模式维度，农业转移人口行为模式下的所有三级指标合格占比均低于70%，表明当前农业转移人口的联结模式、规范模式、参与模式、支持模式、适应模式及认同模式都有待提升，其中联结模式中的业缘联结、规范模式中的标新立异、参与模式中的深入参与、支持模式中的来源多样和认同模式中的群体认同占比均不及50%。

再者，部分被调查者得分较低。从分析结果来看，以下质性的被调查者在行为模式维度得分较低：36岁以上；父母所在地、爱人所在地、子女受教育城市与自己工作地分离；生活过的城市数量较多；在城市生活时间过长或过短（1年以下是过短，5.1年及以上是过长）；从事建筑、交通运输、家政服务行业；工作时长较长（大于10小时）；没有职业资格证书；家中仍有土地（给亲属种植或者弃为荒地）；通过亲友熟人老乡介绍求职；缺少家人、城市人支持。

由此可见，当前农业转移人口的行为模式与城市人口的行为模式存在相疏离的现象，尤其是社会归属感在农业转移人口和城市人口之间存在显著不同。为认识和改变自己，每个人从种种经历中归纳出的经验都与自己的行为模式相符。为更好适应城市，农业转移人口行为模式亦需调整。

五 人格特质与城市性要求相偏离

如前调查显示，农业转移人口的人格特质中除去崇尚法律和宽厚仁爱外其他所有三级指标合格占比均低于70%，表明当前农业转移人口人格特质的理智性、尚法性、高效性、进取性、自主性和宽容性都有待提升，其中理智性中的精明冷静和讲求实用、高效性中的遵守时间和讲求效率、进取性中的意志坚定、自主性的独立决断合格占比均不及60%。

另外，部分被调查者得分较低。从分析结果来看，以下质性的被调查者在人格特质维度得分较低：46岁以上；小学及以下学历；父母所在地、爱人所在地、子女受教育城市与自己工作地分离；生活过的城市数量较多；从事建筑、交通运输、家政服务行业；工作时长较长（大于 10 小时）；没有职业资格证书；家中仍有土地（给亲属种植或者弃为荒地）；通过亲友熟人老乡介绍求职；缺少家人、城市人支持。

由此可见，当前农业转移人口的人格特质与城市人口的人格特质存在相偏离的现象，尤其是在是否讲求高效性方面农业转移人口和城市人口之间存在显著不同。人格特质有其生理基础，本无好坏之分，仅反映个体差异，但易受社会环境的影响。因此，人格具有复杂性和独特性，[①] 拥有特定人格特质的人可以更加专注，并且掌握知识和技能也更迅速。[②] 为更好适应城市，农业转移人口人格特质也仍需不断形塑。

第二节 农业转移人口城市性问题成因

通过对农业转移人口城市性测评的问卷调查发现，农业转移人口的城市性提升受到制度性因素、文化性因素、环境性因素和农业转移人口个体主体性因素影响。剖析这些因素对农业转移人口城市性提升的影响，是提出农业转移人口城市性提升策略和保障措施的重要前提。

一 政策执行滞后

这里的政策执行滞后主要指户籍制度改革政策落实的滞后。政策执行滞后主要表现在以下两个方面：一是对接顶层设计的执行制度设计不足，二是执行政策的条件不充分。

国务院印发《关于进一步推进户籍制度改革的意见》之后，已经有十多个省份纷纷提出全面放开落户政策。当前，许多地方已经进行了取消农业户口与非农户口的改革，实行城乡户籍统一登记制度，在户籍制度改革上取得了较多成果。同时，在户籍制度改革的顶层设计上也取得了重要进

---

① 郭永玉：《人格心理学：人性及其差异的研究》，中国社会科学出版社 2007 年版，第 85 页。

② ［美］安德鲁·J. 杜布林：《人际关系：职业发展与个人成功心理学》，姚翔、陆昌勤等译，机械工业出版社 2015 年版，第 1412 页。

展：2022 年，国家发展改革委关于印发《2022 年新型城镇化和城乡融合发展重点任务》指出："城区常住人口 300 万以下城市落实全面取消落户限制政策。实行积分落户政策的城市确保社保缴纳年限和居住年限分数占主要比例。"①

本书课题组在调查中发现，70% 以上的被调查者意识到国家政策与制度对个人融入城市具有重大影响，同时，35% 的被调查者面临着户籍无法解决和子女上学困难等安家困境。此外，在农业转移人口市民化过程中仍然存在以下几个问题：一方面表现为政策执行的惯性，主要表现为：户籍制度改革的不彻底性以及现有政策推进的不全面性，许多在城镇具有稳定住所和工作的农业转移人口还没有正式落户，先赋性的农民身份使得他们不能享有与城市居民同样的基本公共服务，与之相关的子女教育、社会保障、就业服务等也不能平等享有，强烈融入城市社会的愿望和发展诉求得不到有效满足。另一方面表现为政策执行成本较高。一个非户籍人口转为户籍人口是需要成本的，主要是指提供基础设施和公共服务的成本。

从上述分析可以发现，政策执行滞后是导致户籍制度改革不彻底的重要根源。真正的户籍壁垒即是与户籍捆绑之下的社会保障、教育、医疗等福利壁垒。因此，纵然在户籍改革当前已经取得了较好的成绩的情况下，户籍改革背后捆绑的一系列公共服务与福利，仍然是后续户籍改革的重点。消除福利上的城乡与内外差异，是从制度上真正促进农业转移人口市民化的重要途径。

二 城乡文化隔阂

城乡二元结构体系将城市和农村分割成两个截然不同的社会，各自都有自己的文化土壤和社会规则。农业转移人口进入城市，不仅仅是地域空间的迁移、社会角色的转变，更是意识、行为方式和生活方式的转变。巨

---

① 国家发展改革委：《关于印发〈2022 年新型城镇化和城乡融合发展重点任务〉的通知（2022 - 03 - 10）[2022 - 6 - 21]，http://www.gov.cn/zhengce/zhengceku/2022 - 03/22/content_5680416.htm。

大的"文化震惊"① 会对他们传统的生活方式和价值观进行消解或解构，遭受猛烈的文化冲击成为一种必然。②

（一）农耕文化的局限

本书课题组发现，在土地处理方面，81.83%的农业转移人口仍然拥有土地，多用于亲属种植以及承包出让。在职业获得方面，农业转移人口地缘介绍就业占主流，占比为42.52%。在社会联结方面，78.4%的农业转移人口的同事以老乡为主。这些都是农业转移人口在"转移"过程中农耕文化被保留的体现。

城乡文化的碰撞导致农耕文化的保留。人类文明发轫于农耕社会，农村文化是传统文化的家园。在现代社会，农村文化依然是与城市工业文化并存的一种文化，许多农业转移人口生活在城市却处处以农村为归依，在其与城市融合的过程中，部分农村文化可能与城市文化相互碰撞和冲突，对两个群体产生一定程度的冲击，在融合的过程中要有所舍弃，而一部分"好"的农村文化虽然不一定能够得到传播，但是可以继续保留。③

现实的生存环境使得农业转移人口依赖于原有的生存文化。农业转移人口与城市居民的社会交往存在较大的差异性，主要表现为在交往过程中往往只涉及业缘关系，缺乏深入情感交流，功利色彩明显。农业转移人口在交往对象选择上存在针对性，49.8%的农业转移人口居住在城中村，45%的农业转移人口居住地仍以老乡集中区为主。因此，农业转移人口的交往对象主要是老乡或者从其他地区来到城市的农业转移人口，④ 进而形成血缘、地缘等农村社会关系网络，这是一种原始性的社会资本，在城市社会中形成了"二元社区"。⑤ 由此，"都市里的村庄"⑥ 孕育而生。一方

---

① 郑杭生：《社会学概论新修》，中国人民大学出版社1998年版，第98页。

② 江立华：《论农民工在城市的生存与现代性》，《郑州大学学报》（哲学社会科学版）2004年第1期。

③ 孙有然：《中国新市民公共文化服务体系研究》，南京大学出版社2018年版，第18页。

④ 朱力：《论农民工阶层的城市适应》，《江海学刊》2002年第2期。

⑤ 周大鸣：《外来工与"二元社区"——珠江三角洲的考察》，《中山大学学报》（社会科学版）2000年第00期。

⑥ 徐丙奎：《进城农民工的社会网络与人际传播》，《华東理工大学学报》（社會科学版）2007年第3期。

面，农村社会关系网络使流动的农业人口得到经济和精神上的支持，在一定程度上防止他们成为城市化的失败者，并为他们提供最基本的保护，使他们能够迅速适应城市社会。另一方面，它又使农业转移人口不断依赖于原有的亚社会生态环境，因而很难剔除原有的传统观念和小农意识，使得农村文化不断内卷，从长远看，这阻碍了农业转移人口对城市社会的认同与归属。①

（二）城市文化的壁垒

城市文化壁垒阻碍农业转移人口城市性提升主要表现为消费文化和社会参与的阻碍。

一是农业转移人口文化消费不足。课题组发现，在休闲方式方面，59.9%的被调查者不会经常去商城、电影院等场所打发时间，36.6%的被调查者经常参加打牌等赌博性质的活动。由于不具备城市居民身份，农业转移人口易遭受周期性失业的冲击，就业通常不稳定，并且收入通常较低，享受的社会保障少。② 而未被社会保障覆盖或者社会保障水平低，则会造成其对未来的不稳定预期，从而制约消费。③ 同时，多数农业转移人口由于适应困难，保留了农村的文化消费习惯。因此，农业转移人口的不稳定状况会抑制其消费动力，④ 造成在消费行为选取上与城市居民存在差异。

二是农业转移人口社会参与不足。本书课题组发现，在社会参与方面，52.3%的农业转移人口不会通过收听新闻广播关心国家大事，60.1%的农业转移人口不会积极参加社区、党团、工会组织的活动。农业转移人口是城市中各项活动的边缘群体，他们缺乏社区、工会等组织依靠，闲暇之余很少参加工会、社区组织的活动。据国家统计局调查，以农民工为例，30.4%参加过所在社区组织的活动。其中，4.0%经常参加，26.4%偶

---

① 朱力：《论农民工阶层的城市适应》，《江海学刊》2002 年第 2 期。

② 张勋、刘晓、樊纲：《农业劳动力转移与家户储蓄率上升》，《经济研究》2014 年第 4 期。

③ Feldstein, M. Social Security, Induced Retirement and Aggregate Capital Accumulation, *Journal of Political Economy*, 1974（5）：905－926.

④ 钱文荣、李宝值：《不确定性视角下农民工消费影响因素分析——基于全国 2679 个农民工的调查数据》，《中国农村经济》2013 年第 11 期。

尔参加。加入工会组织的进城农民工占已就业进城农民工的比重为14.5%。在已加入工会的农民工中，参加过工会活动的占84.5%。[①] 即使在一般性的公共设施方面，如向公众开放的图书馆、博物馆等，农业转移人口利用的频率也很低。[②]

因此，农业转移人口在休闲方式选取上与城市居民存在差异。而无论是农业转移人口的消费行为还是休闲行为与城市居民之间的差异都会影响其城市生活的融入及城市性的提升。

三　生存环境限制

农业转移人口城市化的目标是像市民一样能在城市立足，能在城市中过上体面的生活。这就要求农业转移人口至少实现两个目标，即在城市拥有属于自己的稳定住所和拥有相对稳定的收入。[③]

（一）居住环境的限制

本书课题组发现，49.8%的农业转移人口居住在城中村，77.98%的农业转移人口居住在出租房或者集体宿舍中，同时没有住房成为在城市安家困难之一的被调查者占比为18%。进城务工的农业转移人口因支付意愿和支付能力限制，低档住宅区、城市老旧社区的出租房成为其首选。因此，农业转移人口在城市的住房具有明显的空间分辨度，总体呈现拥挤和脏乱差特征，典型的如城市边缘的"城中村"，如北京丰台的"浙江村"、朝阳区的"河南村"等。居住环境、设施、安全和服务方面的差距也促成了农业转移人口与城市市民之间在空间和交流上的隔离。同时，住户变动频繁、社区人口稳定性差、社会关系网络薄弱妨碍了农业转移人口居民之间的交流和信息分享与机会，造成农业转移人口在资源分配和社会支持链中

---

①　国家统计局：《2021年农民工监测调查报告》（2022－4－29）［2022－6－21］，http://www.stats.gov.cn/xxgk/sjfb/zxfb2020/202204/t20220429_1830139.html。

②　高中建、王萌：《新生代农民工收入状况与消费》，社会科学文献出版社2016年版，第310页。

③　陈文琼：《半城市化：农民进城策略研究》，社会科学文献出版社2018年版，第161—177页。

处于孤立的境遇。[①] 因此，居住环境因素限制着农业转移人口的城市性提升。

（二）工作环境的限制

本书课题组调查发现，60%的被调查者没有职业资格证书，建筑业、制造业、批发零售业、住宿餐饮业就业人数占比均超过了被调查者的20%，总和达到了56%。同时，在收入方面，月薪在5000元以下人群占比高达86.36%，其中月薪在3000元至4000元的人口比重最大，达到28.83%。说明较大部分被调查者从事的是可替代性较强、雇佣成本较低的工作。

较大部分的农业转移人口进入了二级劳动力市场，劳动力市场的分布和个人期望的矛盾造成了农业转移人口难以获得满意的生活条件。第一代农业转移人口中的大多数是兼职工人，他们受教育程度低的限制，对工作类型和工作环境的要求不高，只要工作收入高于农业收入即可。第二代农业转移人口的受教育年限延长，对生活的追求高于第一代农业转移人口，进城务工更多是为了子女可以在城市接受更好的教育，或者是为了提高家庭生活水平。第三代农业转移人口则大多缺乏务农经验，受教育程度相比前两代都更高，对工作的期望值相对较高。[②] 但是，由于他们所受的初、中等教育无法满足城市用人单位的要求，加之又缺少吃苦精神，内外条件使得年轻一代农业转移人口中的大多数只能进入二级劳动力市场，工作稳定性较差，工资水平较低，与预期的城市生活有较大差距。[③]

四　个体重塑内卷

社会融入在个体层面体现出个人的社会身份认同感和归属感，在宏观层面体现出社会各个群体的融合程度。因此，真正意义的社会融入必然是

---

① 熊景维：《通往城市之路：农民工住房与市民化》，社会科学文献出版社2017年版，第92—93页。

② 吴红宇、谢国强：《新生代农民工的特征、利益诉求及角色变迁——基于东莞塘厦镇的调查分析》，《南方人口》2006年第2期。

③ 高中建、王萌：《新生代农民工收入状况与消费》，社会科学文献出版社2016年版，第62—63页。

建立在外来人口对迁入地有高度心理认同基础上的。[1] 农业转移人口对城市的疏离感及对自身"城市人"身份感的不认同都是阻碍其城市性提升的主体性因素。即由于一些阻碍因素的存在，农业转移人口个体重塑难以进行下去。

（一）心理疏离的限制

本书课题组发现，在公平观方面，43.7%的农业转移人口不认为大家都是一样的没有贵贱之分；在社会认同方面，60.3%的农业转移人口不认为自己是城市人，46.5%的农业转移人口未来没有在城市定居的打算。以上数据说明，被调查者对城市生活中的价值认同和心理认同度并不高。

一是城市舆论与观念的排斥导致其心理疏离。就城市市民而言，在经济上，农业转移人口进入城市冲击了城市的劳动力市场，对自身就业存在威胁；在生活上，中国的城市，尤其是大城市长期存在交通拥堵、环境污染等"城市病"。随着城市人口的增加，污染和拥堵就会随之越来越严重的观念使得迁入城市的农业转移人口成为城市市民眼中的"众矢之的"；在文化心理上，城市市民对农业转移人口的偏见和歧视普遍存在，诸如"盲流""暂住人口""农民工"等污名化标签一直存在，甚至肮脏、偷盗、不礼貌、不文明等标签，似乎可以天然正当地加在农业转移人口身上。一旦某个地方发生了刑事犯罪，人们也总是首先将怀疑的对象指向进入城市的农业转移人口。[2] 因此，不免出现城市市民对于农业转移人口产生排斥性心理的现象。在农业转移人口自身的"防御"心理和城市市民的排斥心理作用下，农业转移人口出现对城市的"归属感"疏离。

二是农业转移人口形成了一种"自我防御机制"，拉开了农业转移人口个体与城市的距离。在环境性因素的影响下不仅形成了农业转移人口与城市市民之间的居住隔离，也使得农业转移人口与城市市民之间产生了"主人"和"客人"的身份隔阂。就农业转移人口而言，从农村迁入城市，

---

[1] 崔岩：《流动人口心理层面的社会融入和身份认同问题研究》，《社会学研究》2012年第5期。

[2] 管健：《身份污名与认同融合：城市代际移民的社会表征研究》，社会科学文献出版社2012年版，第97—98页。

其价值观念、行为模式、生活习惯等与城市市民之间都存在着不同，使其被动经历了社会环境的变迁、传统农业文化受到现代化文化的冲击以及乡土性惯习的被迫重塑，而居住隔离和身份隔离又都将农业转移人口置于既"回不去"又难以融入城市的两难境地，农业转移人口成为一个边缘化的群体，加之制度性因素的隔离，农业转移人口易在心理上形成一种"自我防御机制"。① 与此同时，基于"地缘""血缘"的城中村的形成进一步加深了农业转移人口与城市市民之间的距离。②

（二）身份认同的限制

身份认同是一个包含社会关系、权力距离和群体间关系、个人身份整合经验建构的代表，是心理社会嵌入的结果。一个人认同自己是城市人还是农村人，抑或两者都认同或都不认同，表面上看是一个人的选择和认知过程，实际上反映着社会的支配性和个人的选择性之间的博弈，反映着个人的选择性与内外群体的关联性。③

本书课题组发现，在社会认同方面，60.3%的农业转移人口不认为自己是城市人，46.5%的农业转移人口未来没有在城市定居的打算。据2020年国家统计局发布的《农民工监测调查报告》统计，农业转移人口工作者中，41.4%认为自己是所居住城市的"本地人"，其中，23.8%表示非常适应，1.2%表示不太适应和非常不适应。在不同规模城市生活的归属感不同，城市规模越小，其对所在城市的归属感越强。在100万—300万人城市中，农业转移人口工作者归属感提高最多，在50万人以下城市中，农业转移人口对本地生活非常适应的比重提高最多。④

究其原因，一方面是农业转移人口面临较差的生存条件。在城市工作

① 李荣彬、袁城：《社会变迁视角下流动人口身份认同的实证研究——基于全国流动人口动态监测调查数据》，《人口与发展》2013年第6期。

② 杨菊华：《社会排斥与青年乡—城流动人口经济融入的三重弱势》，《人口研究》2012年第5期。

③ 杨宜音：《社会心态研究新进展（社会心理建设丛书）》，社会科学文献出版社2018年版，第159页。

④ 中华人民共和国中央人民政府：《2020年农民工监测调查报告》（2021 - 04 - 30）[2022 - 6 - 21]．http://www.gov.cn/shuju/2021 - 04/30/content_ 5604232.htm。

而户籍在农村的农业转移人口由于收入低、工作不稳定、社会福利差，以及家乡仍有土地等原因而难以融入城市，在城市身份认同上存在困境。如课题组调查结果显示，只有 23.8% 的农业转移人口内心真正达到了认同。另一方面，身份认同矛盾带来了较低的归属感。当农业转移人口失去了原有农村土地，而融入城市是唯一的选择时，他们将在城市身份与农村身份间更无所适从。一方面，他们必须应对当地居民的歧视性眼神和冷漠态度。另一方面，他们必须习惯于在一个不熟悉和不安全的地方进行重复和枯燥的工作。他们既是外来者，又是贡献者。这两个貌似冲突的身份让他们经常有"城市陌生人"的感觉，[①] 这种感觉会影响他们对所在城市的归属感、适应度和业余生活满意度，不利于其实现真正的城市融入。

---

① 杨瑞龙、周业安：《经济新常态下的中国经济增长：路径与机制（中国经济问题丛书）》，中国人民大学出版社 2019 年版，第 297—298 页。

第七章

城市性视域下农业转移
人口市民化策略

农业转移人口市民化包括客观市民化和主观市民化，客观市民化是前提，主观市民化是内核，两者相辅相成，缺一不可，两者相互配合、彼此协调才能促进市民化进程加速实现。具体而言，可从以下方面努力。

一 职业非农化

职业非农化意味着农业转移人口在职业获得、工作方式、职业收益方面比起原有的农业生产可以获得更大的价值，以此提高自身的城市性。

英克尔斯的研究表明，工厂是一个有效的现代性学校，工厂提供的非农化职业，为人提供了新的组织经验与训练，使人们不断地发生改变，在态度、价值观与行为方面不断靠近现代人，同时，工厂经历对现代性的增长有显著作用[1]。农业转移人口转移之后首先要实现职业转换——具有一份非农化职业，这是其在城镇生存之基本条件，也是促使其最终市民化的根本保障。否则，农业转移人口将很难在城镇立足，更枉谈最终市民化。

本书课题组发现，在职业获得方面，近43%的被调查者以亲人或朋友介绍为主要渠道获得工作；在工作方式方面，36.5%的农业转移人口对自己的岗位并不非常明确，58.7%的农业转移人口不能适应兼顾多项工作的工作方式；在工作时长方面，近73%的被调查者工作时间每日在8小时以

---

① ［美］阿列克斯·英克尔斯（Inkeles, Alex）、［美］戴维·H. 史密斯（Smith, David H.）：《从传统人到现代人——六个发展中国家中的个人变化》，顾昕译，中国人民大学出版社1992年版，第252—254页。

上；在工作收入方面，月薪在 5000 元以下人群占比高达 86.36%；同时，近 65% 的被调查者没有职业资格证书。对农业转移人口城市性影响因素进行分析表明，没有职业资格证书的被调查者在城市性的各个维度上得分较低。以上数据表明，作为被调查者的农业转移人口在职业方面实现非农化还有许多工作要做。要达成这一目标，需要从以下方面着手帮助其实现非农化就业。

（一）政策倾斜

从政策角度实现农业转移人口职业非农化主要指提高农业转移人口就业率，为农业转移人口提供并保障非农业就业。实现农业转移人口职业非农化，必须坚持实施城乡一体化就业政策，保障城乡劳动者平等就业，这是引导农业转移人口非农化就业的基本措施。同时，可以从保障用工单位以辅助农业转移人口就业的角度扩大农业转移人口就业，从保障用工单位权益的角度，以帮助招聘和录用、支持重大项目优先吸纳农业转移人口就业、大力发展生活服务业、劳动密集型产业等方式扩大农业转移人口就业；从政策向农业转移人口个体倾斜的角度，搭建企业用工余缺调剂平台，支持农业转移人口多渠道灵活就业，发展乡村产业吸纳就业，支持农业转移人口创业，从而帮助农业转移人口实现职业非农化。

（二）帮助就业

帮助就业主要指农村、农业工作部门应当做好农业转移人口与就业岗位之间的链接工作。一方面，提供便捷的求职服务，通过不同渠道发布招聘信息，促进招聘进村进户，举办专场招聘会；另一方面，畅通就业扶助渠道，建立多方扶助机制，及时帮助农业转移人口解决求职困难。此外，在失业登记与政策方面，农业转移人口可以在就业地与居住地等地进行失业登记，享受免费职业介绍与重要职业项目培训等就业服务，对存在特殊困难的农业转移人口（例如身体残疾、年龄较大），建立特殊帮助机制，实行特殊就业援助。

（三）教育培训

已有研究表明，对农业转移人口进行教育培训的积极作用主要有以下几个方面：第一，政府培训对生产操作人员劳动报酬增长的促进作用明显高于管理技术人员和商业服务人员[①]；第二，教育培训对农业转移人口市民化具有正效应，即农业转移人口市民化水平会随着教育培训水平的提高而提升[②]；第三，政府提供的培训可以增加农业转移人口收入，改善其过度劳动状况，增强就业稳定性与就业福利获得。[③] 针对农业转移人口的教育培训作为一种补偿性工程，既是提升农业转移人口城市性的基础性工程，也是帮助农业转移人口职业从农业领域转向非农业的关键一环，其主要培训项目有学历提升培训、职业技能培训、创业培训、安全生产培训等。培训目的方面，针对农业转移人口职业非农化的培训，应当以就业为导向，以再就业为中心，促进其从"体力型"就业转向"技能型""复合型"就业；培训产品提供模式方面，政府应当提供更多的职业培训公共产品服务，同时建构以企业培训为主体的合作培训模式；培训内容方面，根据就业市场和用人单位需求，结合农业转移人口爱好、兴趣、工作方向等，提供满足实际需求的内容。此外，创新培新模式和提供相应的学习平台也是提升培训效果的良好措施。总之，提供相应的教育培训可以促使农业转移人口的各项素质得到增长，将为其真正在城市留得住奠定基础。

二　户籍居民化

本书课题组在调查中发现，35%的被调查者面临着户籍无法解决和子女上学困难等安家困境。同时，与家人（父母、爱人、子女）不在同一城市生活的被调查者在城市性的各个维度上得分较低，46.5%的农业转移人口未来没有在城市定居的打算。正如前述，户籍是影响农业转移人口城市性提升的首要制度因素。一方面，户籍制度仍然影响着农业转移人口的流动，影响着农业转移人口户口迁出与迁入，影响着人力资源的配置与流动；另一方面，隐性户籍壁垒仍然存在，新居民难以平等享有城市基本公

---

①　张世伟、张君凯：《政府培训、正规就业与农民工劳动报酬》，《人口学刊》2020 年第6 期。

②　吴颖、崔玉平：《教育培训对农民工犯罪倾向性的影响：基于市民化的中介作用》，《教育与经济》2019 年第 4 期。

③　周闯、沈笑笑：《政府培训对农民工就业质量的影响研究》，《数理统计与管理》1 - 13[2021 - 02 - 13]，https://doi.org/10.13860/j.cnki.sltj.20201205 - 015。

共服务，导致户籍城市化与农业转移人口市民化步骤并不一致。

（一）提高户籍制度改革的有效性

为了增进户籍改革显性效果，今后户籍改革的主要逻辑是：争取提高政策执行效果，减少政策惯性和执行滞后性。具体而言：第一，合理设置大城市的落户条件与特大城市的居住条件。对大城市而言，根据其承载力控制城区人口规模，对于一些类似于就业年限与住所等条件可以适当严格一些，也可以根据实际情况设置积分落户制度等，以及对特大城市的居住流动条件等。第二，提高落户过程中问题解决的有效性。当前户籍改革存在一些县市不够重视、省际和省内地市改革进展不平衡、具体协调机制不完善等问题①，政策设计固然重要，但是将政策在各个行政层面不打折扣地执行下去，才是政策实现其目的的关键措施。第三，推进户籍改革，应当继续完善农村产权制度，执行好"不得以退出土地承包经营权、宅基地使用权、集体收益分配权作为农民进城落户的条件"这一政策要求②。

（二）提高基本公共服务均等化水平

从以人为核心实现城镇化的角度来看，户籍改革的另一个方向是淡化城市偏向，使户籍与社会福利逐步脱钩，最大限度地削弱户籍的限制性功能，逐步废除现存的户籍管理体制，逐步实现以户为中心的静态管理向以人为中心的动态管理过渡。③ 大中城市的户籍制度改革已经取得了一些显性成果，与户籍制度挂钩的城市基本公共服务均等化水平提升成为改革重点。为逐步破除户籍的隐性壁垒，提升户籍改革效果，今后的户籍改革重点应当是保障相应户籍的权益同等化，不仅要在政策设计上克服这一问题，同时要在政策执行过程中提升执行效果。一方面，完善农业转移人口在城市生存的一些基本保障性服务，例如完善就业失业登记制度、提供职业技能培训补贴、加大创业扶持力度等，使农业转移人口在城市"站得

---

① 李伟丛书主编，金三林：《国务院发展研究中心研究丛书　扎根城市之路　农业转移人口就近市民化的路径与政策研究》，中国发展出版社 2015 年版，第 77 页。

② 国务院：《关于进一步推进户籍制度改革的意见》（2014 – 7 – 30）［2021 – 2 – 11］，http://www.gov.cn/zhengce/content/2014 –07/30/content_ 8944. htm.

③ 王知桂、杨强、李莉：《农业转移人口市民化的制度困局及破解》，经济科学出版社 2015 年版，第 256 页。

住"；另一方面，在公共服务领域，以高质量的经济发展作为公共服务均等化的成本支撑，尽力做到公共服务全覆盖，切实保障农业转移人口与城市市民享有同等的基本公共服务和权益，包括随迁子女的受教育权、医疗保障服务等，实现社会保障权益同等化，为其顺利实现市民化创设良好的社会环境，使他们感到自己也是城市中平等的一员，是城市的主人，从而从心理上愿意改变自己，提升自己的市民意识，改变自己的社会行为，消除心理障碍，从而实现真正的市民化。

三　居住城镇化

本书课题组发现，49.8%的农业转移人口居住在城中村，77.98%的农业转移人口居住在出租房或者集体宿舍中，同时没有住房是其在城市安家困难之一的被调查者占比为18%。作为影响农业转移人口城市性提升的环境性因素，没有住房已经成为农业转移人口在城市生存的最大难题。促进其居住城镇化，有助于提升农业转移人口的就业稳定性，促进社会公平与和谐，使农业转移人口在城市定居下来，融入城市，提升城市性，实现市民化。

（一）建设好农业转移人口安居工程

住有所居是民生的基本需求，农业转移人口安居工程是关系到农业转移人口市民化过程中城市性提升的实质性工程。建设好农业转移人口安居工程要做好四方面工作：一是增加住房资源供给。政府在进行城中村改造时，应充分考虑到农转非人口的住房需求。要改造的新住宅中，应留出一定比例的住宅，出租给农业转移人口。《国务院关于解决城市低收入家庭住房困难的若干意见》也强调，城中村改造要考虑农业转移人口的住房需求，在符合城市规划和土地综合利用规划的前提下，集中建设面向农业转移人口出租的集体宿舍。二是提高农业转移人口在住房方面的支付能力，重点实施将农业转移人口纳入城市住房公积金制度管理体系的政策，落实企业对员工相关福利政策的支付。三是降低居住门槛。将农业转移人口纳入政府保障性住房体系，将更多财政资金用于保障性住房建设，制定公平合理的制度，在增加住房总量的同时将福利惠及多数人。四是探索新的安居模式：即推进"以租为主化解农业转移人口住房难题、适时有序推动将农业转移人口纳入城市住房保障体系、探索和完善农业转移人口宅基地、承包地与其城市住房的衔接置换办法"，实现农业转移人口安居。

(二) 促进失地农民村改居货币化

根据本书课题组调查，近30%的被调查者没有土地或者已经将土地置换为城镇户口了。村改居作为我国城市化的另一条路径，在快速城镇化背景下被提出，在21世纪之初就已经开始部署相关工作了，大量农村集体土地被调整为城市用地，原土地上的农民转变为"城市居民"。以"村改居货币化"的方式提升农业转移人口城市性，促进其市民化，可主要从以下方面着手：第一，做好土地征收与征用的补偿工作。地方政府作为集体土地管理与规划使用的国家代表，在土地征收与管理过程中扮演着关键角色，既要处理好为公共利益用地与商业用地的关系，同时也要做好原有农民的土地征收补偿工作，实现土地利益最大化，保障农民的利益。第二，彻底解决失地农民的生计问题与出路问题，在住房未建好之前，做好对过渡期居民的扶持，发放一定的过渡生活补贴，将"新居民"纳入城市社会保障体系，解决好新居民的"养老、医保、失业保、低保"等问题。第三，对于"村改居"过程中存在的集体资产，应当以可持续发展为原则，对其进行股份制改造，使村民有分红，保障其长远利益。虽然仍然存在"传统与现代"的文化冲突问题以及"村委与居委"的治理问题，但"货币化"的"村改居"从经济角度保障了诸多相关主体的利益，是农业转移人口在"村改居"过程中提升城市性以促进市民化的基础性路径，保障其基本的生存与发展，是"村改居"后新社区治理的基础。

(三) 实现农业转移人口社区化居住

本书课题组调查发现，49.8%的农业转移人口居住在城中村，52.3%的农业转移人口不会通过收听新闻广播关心国家大事，60.1%的农业转移人口不会积极参加社区、党团、工会组织的活动，58.5的农业转移人口认为自身没有得到社区、工会、政府等单位的关心。以上数据说明，农业转移人口在社区化居住方面的情况仍然有待改善。

社区是我国城市治理的基本单元，其基本要素包含一定的区域、一定数量固定的人口、频繁的互动与共同的社会心理基础。社区作为农业转移人口市民化的过渡甚至最终场域，对于农业转移人口市民化而言，完善的城市社区服务可以实现城市文明成果共享的最大化，发挥城市社会组织关爱救援功能。已有研究表明，社区公共空间的营造对非户籍人口市民化意愿具有明显的提升作用，同时社区治理水平是影响非户籍人口市民化意愿的社区软性力量。① 以往农业转移人口的居住场所多以宿舍、出租房甚至城中村为主，这不利于其与城镇市民进行沟通、交流，不利于其城市性提升及最终的市民化。由此，需促进农业转移人口实现社区居住，通过建设农业转移人口安居工程及进行货币化改革，以及通过对农业转移人口购买城市住房进行一定补贴或优惠等措施促进其社区化居住，尽量避免农业转移人口集中居住，通过政策倾斜（如分散购买住房、提供货币化补贴或加大补贴支持力度等）使其有机会与城市市民一同居住，参与社区共建共治共享，创设与市民沟通、交流的机会，使其耳濡目染、不自觉地受到市民文化的熏陶，习得城市生活的基本规则，养成城市的生活方式，提升市民意识，从而尽快转化为城市市民。

四 权益市民化

本书课题组发现，在法治观念方面，30.1%的农业转移人口不觉得法律知识很重要，仍有34.8%的被调查者在权益受到侵害时不会寻求法律帮助。此外，仍有30%的被调查者对遵守法律这一公民的基本责任与义务持一定程度上的否定态度。以上调查结果说明，农业转移人口对自身权益认知方面有所欠缺，城市中关于农业转移人口的权益保障机制仍有待改进。

权益是人们社会生活的基础，是个人为了获得生存与发展而从国家得到必要福利的权利，是一个人作为一个国家公民所拥有的社会身份与人格身份在权利方面的体现。② 权益的保障与实现是公民尤其是作为社

---

① 王凯、李凯、杨胜慧：《基于非户籍人口市民化意愿的社区公共空间营造研究——来自国家级新区 181 个社区的调查》，《中国人民大学学报》2020 年第 2 期。

② 杨伟民：《社会权利之根据探究——从马歇尔的范式出发》，《社会学评论》2016 年第 4 期。

会弱势群体的农业转移人口获取生存与发展资源以及实现市民化的重要基础。当前城乡分化、农工区隔、市民与农民分野是造成当前农业转移人口权益保障缺失的重要原因，长期的城乡分割造成了农业转移人口在就业权益、公民资格实现、市民权利保障、子女受教育、医疗与住房等方面缺乏社会保障，由于长期城乡分割的历史影响，短时间内这些问题仍然难以消解。从权益获得角度而言，农业转移人口市民化是一个农业转移人口不断获取权益、最后取得与市民同等权益的过程，而城市适应与城市融入等问题则是权益问题的衍生问题。因此，权益问题将伴随农业转移人口市民化这一过程始终，是实现以人为核心的城镇化不可回避的问题。

（一）确证公民资格

一般意义上的公民资格包括平等的公民身份、公民权利、政治权利、社会权利、公共精神五个方面。① 公民身份是国家认同的基础；公民权利是政治和经济领域平等待遇的基础；政治权利的实现是公民通过参与公共事务实现发展的基础；社会权利是行使所有权利的物质和精神保障；公共精神以实现公民责任为核心。全面发展的公民资格一方面要确保各项权利同步发展；另一方面，它面向全体社会成员，包括在一定程度上被排斥在城乡户籍制度下的所有社会权利之外的农业转移人口，以及各种弱势群体，并有相应的制度保障，以确保不同利益群体有合法途径维护自己的合法权益。通过保障公民资格权利促进农业转移人口市民化，应当以公民资格权为价值基础，构建农业转移人口权益保护体系，可从以下方面着手：第一，建立城乡统一的户籍制度，从制度上消除身份隔阂带来的权益阻碍；第二，完善城乡统一的劳动就业政策，加强农业转移人口职业技能培训，使职业的变动真正带动权益的保障；第三，构建农业转移人口政治权利保障机制，清理涉及农业转移人口不公平与歧视性法律法规，加强农业转移人口中不同群体的组织建设，以组织为基础，发挥群团作用，保障农业转移人口政治参与权利；第四，针对农业转移人口公民意识与公民责任

---

① 褚松燕：《论公民资格的构成》，《上海行政学院学报》2006 年第 1 期。

提升，应当发挥政府、企业、社区多方社会力量的教育作用，明确公民意识教育内容，推进公民文化建设，促进农业转移人口主体性价值观念与行为习惯的养成，从而成为参与社会治理的主体性力量。

（二）保障市民权利

农业转移人口市民权利作为一项农业转移人口在城市这一场域中生存的特殊的社会权利，主要指一种生存以及资源获取的能力。一方面，应当保障农业转移人口相关的劳动权益。除了法规方面的劳动权益保障措施以外，还应建立分层分类的劳动社会保障政策，"按照工伤保障优先、特殊救助与疾病保障随后、养老保险分类分层设计的思路来落实农业转移人口的社会保障权"[1]。另一方面，根据权利经营理论框架，市民权利和公共服务被"商品化"与"财政化"，农业转移人口则根据自身情况购买流入地政府定价出售的"商品"[2]，因此，地方政府在市民权利经营方面扮演着重要角色，实现市民权利的普及化，应当完善市民权利获得的成本分担机制与地方督查机制，杜绝地方政府的市民权利"商品化"经营行为，回归权利本原，让农业转移人口享有均等化的市民权利。

（三）确保子女就学

此次调查发现，20%左右的被调查者认为子女受教育问题难以解决成为在城市安家困难的原因之一，而与家人分离的被调查者群体，往往在城市性各维度上得分不高。

"家庭化"已经成为农业转移人口"转移"的趋势，家长对子女的教育寄予了极大的希望——通过子女教育改进家庭未来的命运，子女的教育情况影响着农业转移人口的市民化进程。已有研究表明，随迁对随迁子女成绩有显著正向影响，家庭教育对随迁子女学业成绩的正向作用大于负向作用，但是随迁对农业转移人口随迁子女学业成绩的改善更多的是通过学

---

① 高红：《公民权视域下农民工权益保护的社会政策支持》，《南京师大学报》（社会科学版）2009 年第 5 期。

② 杨富平：《权利经营：流动人口市民权利获得的一个分析框架》，《城市发展研究》2020 年第 6 期。

校教育这一影响路径来发挥作用的。① 子女就学问题是农业转移人口在市民化过程中最为关心的一项权益，中央政府以"以流入地政府为主，以公办学校为主"为主要指导方针解决这一问题，但是不同地方政府出台了不同的办法，尤以"积分入学"政策为代表，根据人口的学历、技能与贡献大小来"出售"不同的子女教育权利。绝大多数的农业转移人口是这一规则的遵从者，也由于这一权利"购买者"的能力不同，子女就学这一项权益成为有等级划分的公共服务。除了面临入学困难以外，农业转移人口在随迁子女教育方面还面临升学困难、学校投入不足、家庭教育环境待改善等问题。改善农业转移人口随迁子女教育状况，主要可从如下方面着手：一是强化地方政府的责任与权利，保证随迁子女义务教育的公共产品属性，将其纳入财政保障范围，改善学校布局，提供公平的教育服务，同时完善全国中小学生学习信息管理系统，掌握其流动状况，创造条件促进其转学与升学。二是继续支持社会力量办学与教学，办好"民办公助"的利民学校，例如社会组织、高等院校与企业等社会力量组织办学，社区提供课外服务。三是明确学校与教师责任，学校要合理规划，做好招生计划、入学区域与毕业安排等工作，为随迁子女入学、升学与结业做好充分准备，营造公平公正的学习环境。同时，教师应当平等对待学生，在教育教学方面进一步了解随迁子女的学习需求与心理状况，加强个别化指导。四是作为家长的农业转移人口，应当通过提升学历、技能与增加收入来改善家庭教育资源，为子女提供良好的家庭环境，同时，农业转移人口应增加对子女的时间投入，改善教育方法，投入精力照顾子女。此外，还应当培育随迁子女成长的内生力，调整自身心态，树立自信心，努力提高成绩，使其主动融入班级。

五 观念城市化

价值观的城市化与价值观的现代化相类似，指的是人类心理和心理

---

① 刘华、于爱华、王琳：《随迁对农民工子女学业成绩影响的实证研究——基于 PSM 和家校教育的视角》，《湖南农业大学学报》（社会科学版）2020 年第 6 期。

态度对现代化的演变过程。观念和心理的现代化是社会现代化的重要条件，是人的现代化的灵魂，是顺应我国社会主义市场经济体制的现实需要，是社会持续发展、社会进步的内在要求。① 农业转移人口价值观念城市化作为农业转移人口市民化的重要条件，引导着农业转移人口个体的行为和人格重塑。

本书课题组发现，被调查者价值观念得分总体较低。具体来看，主要表现为：第一，各维度合格占比不足60%。例如在科学观方面，仍然有少部分被调查者没有充分认识到科学技术在个人生活中的作用。24.4%的被调查者不认为手机、电脑等科技产品可以方便日常生活，29.5%的被调查者没有发现信息技术在生活中的实际作用。在健康观念方面，较大部分被调查者需要更加注意自身健康；38.4%的被调查者不会有意识地注意自己的饮食；57.2%的被调查者不会定期检查身体。第二，部分被调查者得分较低。主要表现为年龄较大，无职业资格证书，与所在地居民相处较少等农业转移人口城市性价值观念得分较低。

农业转移人口价值观念城市化的主要逻辑在于：一是理念，应当以人为本，以促进农业转移人口全面发展为主导，既注重价值观念培养的工具性，也注重价值观念培养的人文性；二是目标，在社会生存方面使农业转移人口具备科学与开放的观念，在政治观念方面重点培养其民主法治观念，在经济方面重点培养其公平与竞争观念，在生活方面重点培养其健康与积极的生活态度；三是前提，应当致力于价值观"冲突"的消解，形成符合时代的主流思想价值态势；四是方法，致力于价值观的重塑，实现社会主导价值观念的内化；五是路径，增进全方位的关怀，保障农业转移人口价值观念的平稳城市化。具体应从以下方面努力。

（一）培养科学、开放的现代化生存观念

科学观念指的是人们尊重和爱戴科学，追求客观事物规律性的态度和思想，这里主要指农业转移人口的科技观念和信息观念。培养农业转移人

---

① 郑永廷等：《人的现代化的理论与实践》，人民出版社2006年版，第429—435页。

口的科学观念，一定程度上可以克服其认识方面的盲目性，使其在城市生活中正确认识客观规律的基础上按规律办事，减少挫折和失误，降低认知方面的市民化成本，提高市民化效率与效益。开放观念主要指多元与包容的生存态度与思想。

培养农业转移人口科学观念，一要提升农业转移人口的学历和职业技能水平，完善学历提升机制，加强职业技能培训，二要提升农业转移人口信息意识，提高农业转移人口积极利用各种信息媒介处理信息、改善生活、创造财富的能力。培养农业转移人口开放观念，其本质就是要消解各类价值观念的冲突与矛盾，促进多种价值观念和谐共生，一是要通过消解文化层面的制约与排斥，帮助其克服市民化进程中的社会心理困境，二是通过构建新的融入机制，满足其市民化过程中的价值观重塑需求，帮助其拓展视野，实现多元共生。

（二）培养民主、法治的现代化政治观念

民主是社会主义的本质属性和内在要求。培养农业转移人口民主观念，一方面要做好民主知识的宣传以提高其民主意识，注意阐明社会主义民主的含义，分清与资本主义民主的区别，以提高农业转移人口民主素养。另一方面，以实际行动创造民主环境，在用工单位中，重要会议或者职工代表大会，要有相应的农业转移人口参加以保障其权益。同时，农业转移人口户籍地在换届选举或者其他重大事项决策时，应当告知相应的农业转移人口。此外，提供参与居住地重要事项管理的机会，探索农业转移人口参与当地事务管理的新形式（例如联合党建工作站等）、新渠道，更好地激发农业转移人口的主人翁意识。法治是现代政治文明的重要标志，其特点是依法治国，法律高于一切。《国务院关于解决农民工问题的若干意见》对加强和改进农民工工作强调，"要在农民工中开展普法宣传教育，引导他们增强法制观念，知法守法，学会利用法律、通过合法渠道维护自身权益"①。因此，应当重视农业转移人口的法治教育，引导农业转移人口

① 《国务院关于解决农民工问题的若干意见》，《中华人民共和国国务院公报》2006年第10期。

遵守法律，积极行使法律赋予的权利，践行法律要求的义务。对此，要善于结合农业转移人口的学习特点进行普法宣传，不仅要利用新媒体进行专题性的线上普法，还可以采取在节假日农业转移人口流动频率较高的情况下发放相应简单有趣的普法宣传手册进行线下宣传，同时，还可以在进行技能培训的同时开展普法讲座等，引导农业转移人口树立法治观念，通过合法的方式帮助其解决面临的问题。

（三）培养竞争、效率的现代化经济观念

农业转移人口的经济价值观念指的是该群体以自身为价值主体，对经济生活领域中的政策、竞争、金钱、收入以及消费等经济事务、经济行为及结果的基本评价和根本态度，以及由此采取的行为取向。[①] 受市场经济以及当前生活状况的影响，农业转移人口的经济价值观念引导着其行为选择与价值追求，对其在市场经济体制中主体性的发展起着关键作用。培育农业转移人口现代化的经济观念，一方面要充分挖掘和利用我国传统价值观中的有利因素，摒弃消极因素诸如轻商贱商、小富即安的小农思想。另一方面，培育其竞争意识与效率意识：做好物质帮扶与技能培训工作，使他们有信心面对市场竞争，参与市场竞争，同时通过参与市场竞争来学习别人的长处，发挥自身潜能，增加自己的人力资本。同时，通过不断提升自身的工作和生活效率，适应城市工作节奏，培养珍惜时间、讲求效率的意识，在市场竞争中赢得一席之地。

（四）培养健康、积极的现代化生活观念

健康是促进人的全面发展的必然要求，是经济社会发展的基础条件。[②] 对农业转移人口而言，健康是其参与生产劳动、创造个人财富，实现个人发展的重要资本。调查结果显示，农业转移人口的健康保健意识并不强，同时，农民工作为农业转移人口主要组成部分，其中有抑郁

---

① 陈昌兴、李俊奎：《农民工的经济价值观透视——基于浙江台州 804 个样本的调查分析》，《社科纵横》2014 年第 1 期。

② 国务院：《"健康中国 2030"规划纲要》，《人民日报》2016 年 10 月 26 日第 1 版。

倾向的比例在 50% 左右，约 20% 的农民工心理不健康。^① 农业转移人口作为"十三五卫生与健康规划"中健康促进行动的重点人群^②，其健康素养的提升对其融入城市有较大的促进作用。培养农业转移人口的健康观念，可从以下方面着手。第一，确立农业转移人口为自我健康管理第一责任人的意识，每个人是自己健康的第一责任人，对家庭和社会都负有健康责任^③。农业转移人口个人应当主动学习与掌握健康理念与健康知识，养成健康的生活方式，关注健康信息，掌握必备的保健技能，积极地融入生活，积极参与健康行动，依法保护自身劳动与健康权利，维护自身健康权益，出现相应的身体或者心理问题时要及时求助。第二，社会和政府做好健康知识普及工作。政府做好权威健康信息数据库的建立，医院根据自身特色做好健康科普专栏，同时鼓励社会媒体开设健康科普栏目，以及鼓励更多社会力量参与健康知识普及，共同致力于农业转移人口健康素养的提升。

六 思维现代化

农业转移人口思维现代化的过程就是一个经验思维转变为理论思维的过程，重点应提高思维的缜密性、整合性、迭代性、发展性、多样性与创新性。农业转移人口的思维现代化是其新的人格塑造的重要内在因素，是其城市性提升的基础，同时也决定和控制着其融入城市的行为。

本书课题组发现，被调查者中思维特质的各个维度得分较低，多数测评指标合格占比低于 60%，例如缜密性中的周密思维、整合性中的分析思维、发展性中的预测思维和超前思维、多样性中的全面思维和多元思维、创新性中的求异思维和求新思维合格占比均不及 60%。同时，没有职业资格证书、与城市居民相处较少、工作地与家人分离、行为上保留了乡土特

① 尚越、石智雷：《城乡迁移与农民工心理健康——基于中国劳动力动态调查数据的分析》，《西北人口》2020 年第 4 期。

② 国务院：《国务院关于印发"十三五"卫生与健康规划的通知》（2017 – 01 – 10）［2021 – 02 – 16］，http://www.gov.cn/zhengce/content/2017 – 01/10/content_ 5158488. htm。

③ 国务院：《"健康中国 2030"规划纲要》，《人民日报》2016 年 10 月 26 日第 1 版。

征的被调查者在思维特质维度上得分较低。

农业转移人口思维提升的特殊性在于，他们不像在校学习者可以通过课堂教学与系统性的思维训练来培养需要的思维品质，而是更多地在以往经验基础上，结合实践问题，实现自己思维品质的提升。具体而言，农业转移人口可从以下方面努力。

（一）养成分析思维，提升思维缜密性与整合性

分析思维即抽象逻辑思维。农业转移人口具有较为丰富的生活与工作经验，较多惯用自觉思维或者形象思维，为分析思维的养成提供了扎实的经验基础。农业转移人口的分析思维养成应特别注重其思维的缜密性和整合性。具体而言，在农业转移人口日常生活与工作中，应当学习分析事物的科学方法，善于分析、整合自己已有的真实经验，注重对具体问题的认识与分析，将问题解决经验上升到抽象的认识。例如，明确自己的工作与岗位职责，明确自己的角色与他人角色的关系；根据自己以往的工作经历，提前规划好未来有可能发生的事情；在遇见困难时，避免根据经验直接作出判断，而是对眼前问题逐一进行分析，认清各方利弊与得失再作出决策等。

（二）养成决策思维，提升思维发展性与迭代性

决策思维的目的就是对未来进行规划和预测[1]，其中较为注重思维的发展性和迭代性。思维的发展性与迭代性，要求农业转移人口关注与自己切身相关事物的发展变化历程，根据以往经历总结经验以及规划未来。具体而言，在自己的生活与工作中，农业转移人口应当以长远眼光认识问题，注重自身以及身边因素的变化与发展，例如在规划消费问题时，应当考虑到自己收入与支出的多面性以及动态性，处理好月工资与月消费的关系。同时，规划自己生活与工作中的重要事务，注重身边因素的动态变化，提高自己预见未来生活的科学性和准确性。

（三）养成创造思维，提升思维多样性与创新性

创造思维指的是在思维过程中获得新的知识或者新的体验，并且产生

---

① 邵志芳：《思维心理学　第2版》，华东师范大学出版社2007年版，第9页。

新的思维成果的过程。多样性与创新性是创造思维的重要特质。具体而言，农业转移人口应当在解决问题时，抓住自己的直觉与面前的机遇，避开定势思维的束缚，善于联想相关的知识与经验，善于出主意、想点子，产生与别人不一样的解决办法。此外，根据语言与思维的生理机制，语言是相互交流的工具，同时也是思维的武器，农业转移人口应当多与身边的人交流，在与别人特别是市民进行语言交流过程中，学习别人的长处，拓宽自己的视野，为提升思维的多样性与创新性奠定基础。

七 社会行为市民化

本书课题组发现，在行为模式维度，农业转移人口的行为模式下的所有三级指标合格占比均低于70%，表明当前农业转移人口的联结模式、规范模式、参与模式、支持模式、适应模式及认同模式都有待提升，其中联结模式中的业缘联结、规范模式中的标新立异、参与模式中的深入参与、支持模式中的来源多样和认同模式中的群体认同占比均不及50%。同时，36岁以上，父母所在地、爱人所在地、子女受教育城市与自己工作地分离，工作时长较长（大于10小时），没有职业资格证书，家中仍有土地（给亲属种植或者弃为荒地），通过亲友熟人老乡介绍求职，缺少家人、城市人支持等质性的被调查者在行为模式维度上的得分较低。

农业转移人口的行为模式作为其人格特质重塑的基础，与城市性提升是统一的。提升其城市性需要在农业转移人口的社会联结、社会规范、社会参与、社会支持、社会适应、社会认同方面做出改变。具体而言，包括以下方面。

（一）适应次级化社会联结模式

农业转移人口初级社会联结模式指的是农业转移人口传统的家庭纽带、地域团体的组织关系对转移生活起作用的一种模式，与次级社会联结模式相对。课题组发现，仍有37%的农业转移人口不能在工作中结交到很多朋友。次级社会联结模式则指以职业关系为主的一种作用模式。在农业转移人口市民化过程中，其社会联结模式主要从初级的社会联结模式转变为次级社会联结模式，非血缘以及职业关系在日常生活中发挥着重要作用。在这样的背景下，农业转移人口应当意识到社会联结模式的转变，加强自己在城市的业缘关系，将行为出发点、行为过程纳入这样的模式中，主动适应次级社会联结模式带来的变化，主动调适次级社会联结模式对自身产生的作用，主动接受这种模式带来的有利影响，积极提升城市性，促进市民化。

（二）包容反常规社会规范模式

城乡在常规与反常规、传统与反传统的程度上是存在持久差异的，越是城市的地方，反常规率越高。[①] 反常规的社会规范模式主要指农业转移人口在生活与工作中，能突破传统因素的限制，不墨守成规，在生活和工作中以独特的、适宜的方式选择自己的行为。农业转移人口反常规的社会规范模式的本质在于其能主动接受流入地文化对自身的影响，根据自身情况塑造自己的行为。农业转移人口应当在包容反常规社会规范模式的同时增加自己行为选择的包容性与创新性。具体而言，一方面，农业转移人口在城市生活中应当不断思考，思考自己原有的行为是否适合当前需要，思考当前外界给定的常规的问题解决思路是否适合自身需要；另一方面，注重自主行为选择，不墨守成规，在实事求是的基础上以新的行为选择来解决问题。

（三）接受广泛式社会参与模式

社会参与指的是农业转移人口参与群体或者公共事务的投入过程与行为，体现了农业转移人口对自身期待在社会中实现的追求。课题组发现，60.1%的农业转移人口不会积极参加社区、党团、工会组织的活动。社会参与作为农业转移人口与城市连接的通道，是农业转移人口介入城市的重要途径，影响着农业转移人口的身份认同。[②] 在社会参与模式方面提升农业转移人口的城市性，一方面，应当健全社会参与模式，为农业转移人口的社会参与提供制度支持与组织支持，加强农业转移人口社会参与的动

---

① 王兴周、张文宏：《城市性：农民工市民化的新方向》，《社会科学战线》2008 年第12 期。
② 王晓莹、罗教讲：《农民工的社会支持、社会参与和身份认同》，《中国劳动关系学院学报》2017 年第 2 期。

员；另一方面，农业转移人口应当摒弃封闭性的社会交往模式，主动适应广泛的社会参与，主动加入政党组织、工会组织以及其他正式的城市社会组织，主动参与社区、党团、工会组织的活动，在广泛的社会参与模式中提升自己的城市性，增加身份认同。

（四）参与多元化社会支持模式

农业转移人口的社会支持指的是接受以及寻求他人来自物质与精神上的关心、支持和帮助。社会支持影响着农业转移人口的社会融合度：正式的社会支持网络更能促进理想城市融入的实现，而过多依靠非正式的社会支持网络，则更易导致城市融入的失败。[①] 本研究发现，农业转移人口在遇见困难时，近40%的被调查者没有建立起多元的社会支持体系。

优化农业转移人口的社会支持模式，应当建立政府、组织（单位）以及社区一体化的城市社会支持体系，加强宣传与管理创新，提供多样化的支持服务，并惠及更多的农业转移人口。同时，农业转移人口自身在求职、工作以及生活方面应当在维持原有非正式支持网络的基础上，更多地转向寻求正式社会支持网络，优化自己的社会支持模式，更好地融入城市社会。

（五）认可规则式社会适应模式

社会规则作为一定社会系统中所有成员必须遵守的准则和规范，是一定社会系统正常发展的基础，主要指法律、制度、道德、习俗等方面的秩序要求。农业转移人口转移到城镇生活之后，由于经济收入上的差距、城市管理体制缺位、城乡文化的冲突会产生不同程度的越轨行为，这影响着农业转移人口在城市的适应状况。课题组发现，近40%的被调查者在遵守规则和遵守契约方面持有较低的认可度。

认可规则式社会适应模式，一方面农业转移人口应当学习与了解相关的法律与法规，增强法律意识，提升在生活和工作中的规则适应性；另一方面，要注重对非正式规则的学习与适应，提升文化素养，增进对流入地

[①] 朱考金、刘瑞清：《青年农民工的社会支持网与城市融入研究——以南京市为例》，《青年研究》2007年第8期。

文化的了解，适当调适自己的观念与行为，从而适应不同规则指引下的城市生活。

（六）接纳归属性社会认同模式

农业转移人口的社会认同指的是其知晓自己归属于某一城镇，或者对获得的市民资格赋予一种情感和价值意义。农业转移人口的归属性社会认同模式影响着农业转移人口与城市居民的互动，是影响农业转移人口适应城市和融入城市的重要因素。而是否定居、工作稳定程度、居住年限、工资待遇、公共服务满意度等因素以不同方式影响着农业转移人口的归属性社会认同程度。课题组发现，60.3%的农业转移人口不认为自己是城市人，同时46.5%的农业转移人口未来没有在城市定居的打算。

提升农业转移人口归属性的社会认同程度，从客观条件来看，应当加强城镇化进程的稳定性，使农业转移人口在城镇有长期稳定的工作，逐步融入城镇生活。同时，改善农业转移人口的城市生活条件，通过完善就业方面的政策法规以及改善公共服务等提升农业转移人口的城市生活满意度。此外，支持有经验、有知识、有能力以及有意愿的农业转移人口就地创业或者返乡创业，使流动的人口成为定居居民或者返乡时有基本的生活保障。

八　生活方式市民化

本书课题组发现，工作方式中的追求高效、消费方式中的过度消费、学习方式中的交互学习、交往方式中的避免投入、休闲方式中的多样休闲合格占比均不及50%。同时，部分被调查者得分较低，主要为：60岁以上；父母所在地、爱人所在地、子女受教育城市与自己工作地分离；生活过的城市数量较多；在城市生活时间过长或过短（5.1年及以上是过长，1年以下是过短）；工作时长较长（大于10小时）；没有职业资格证书；缺少家人、城市人支持等。以上数据说明，农业转移人口的生活方式与市民化要求还有一定的距离。

生活方式市民化的实现，是农业转移人口城市性提升的重要外在表现，反映了农业转移人口在处理自身与物质生产、自身的社会互动、身边资源利用以及自身发展这几个方面是否实现了由农民到市民的转变。具体而言，包括以下方面。

（一）践行平行且高效工作方式

从农业转变为非农业，农业转移人口的劳动方式发生了较大变化。非农产业的工作操作方式更加复杂，分工更加明确。英克尔斯指出，现代人的两个特征是"乐于接受新的经验"以及"了解生产及其过程"①。农业转移人口的职业从农业转向非农业时应当注意：第一，应主动学习新的工作岗位的操作规范，明确自己的岗位职责，通过练习尽快熟悉工作方式，学会将一定的技能迁移到不同的岗位；第二，要逐步适应分工明确、工作时间规律的工作方式，并逐步提高自己的工作效率。

（二）适应超前化多样化消费方式

当前农业转移人口消费模式主要分为两种，一种是在城市赚钱，主要回农村消费，另一种则是在城市赚钱，主要在城市消费。消费作为农业转移人口增强社会认同的重要手段，通过消费其获得的不仅是商品价值，更是商品附属的符号性质的价值即城市融入的价值。调查发现，不同年龄的农业转移人口的消费方式存在差异，新一代的农业转移人口追求超前与时尚消费，相对而言，其市民化程度较高。因此，为促进城市性的提升，农业转移人口应当在消费方面做如下转变：一方面，学会合理规划自己的收入，加强消费的计划性，增强理性意识；另一方面，减少攀比与拜金观念，以多元化的消费满足多样化的生活需求，争取在消费方面获得独特的城市融入价值。

（三）适应超负荷去人情化社交方式

本书课题组发现，46%的被调查者选择避免投入人情交往，43.8%的被调查者选择社会疏远。从乡村转移到城镇，农业转移人口的人际交往圈不断扩大，异质人际交往逐步增加，其中伴随着人情交往数量变少、程度减轻以及自身角色与身份的不断转变。在城镇化快速发展的背景下，农业

---

① ［美］阿列克斯·英克尔斯（Inkeles, Alex）、［美］戴维·H. 史密斯（Smith, David H.）：《从传统人到现代人——六个发展中国家中的个人变化》，顾昕译，中国人民大学出版社1992年版，第25—31页。

转移人口需要不断发展与现代经济相适应的人际交往方式，在延续传统交往方式的基础上，重构新型的人际社交模式。① 一方面，农业转移人口应主动学习与适应陌生城市社会的人际交往规则，增强对陌生人的契约信任、宽容以及道德责任感；另一方面，减轻对熟人社会交往思维的依赖，增加工具性以及契约性的社会交往网络，拓展自己的人际交往圈，将亲缘式交往逐步扩展为业缘式交往，适应新型社会交往方式。

（四）构建立体化交互式学习方式

本书课题组发现，在学习方式方面，47.3%的农业转移人口不会通过上网、看电视、听讲座等多种方式进行学习，54.1%的农业转移人口并不经常一边看书一边看视频来学习。简而言之，参与调查的农业转移人口在学习方式上还有待改善。学习行为对生存境遇具有改善和提升作用——对客观生存境遇有改善作用，对主观生存境遇有提升作用。② "乐于接受新的经验"是现代人一项重要特征③，无论是在职业技能还是主观素质上要实现质的提升，都必然要学习，从而改善生存状况。学会参与立体化交互式的学习，农业转移人口应当：第一，准确识别与发现自己的学习需求，激发内在的学习动力；第二，积极寻找相应的学习资源，主动参与各项自己需要的职业技能培训；第三，适应多种场域以及多种方式的学习，掌握不同的学习策略，例如移动学习、分享学习、在工作场所中学习等。第四，将自己的学习成果运用在自己的工作与生活中，不断提升自己的学习素养。

（五）构建多样化文明化休闲方式

本书课题组发现，仅有40.2%的农业转移人口会选择多样的休闲活动，仍有36.6%的农业转移人口经常参加打牌等赌博性质的活动。随着物

---

① 张红霞：《场域变迁与规则重构：新生代农民工人际交往的微观机理》，《中国青年社会科学》2019年第1期。

② 崔铭香：《青年农民工的生存境遇与学习行为研究》，博士学位论文，华东师范大学，2010年。

③ ［美］阿列克斯·英克尔斯（Inkeles，Alex）、［美］戴维·H.史密斯（Smith，David H.）：《从传统人到现代人——六个发展中国家中的个人变化》，顾昕译，中国人民大学出版社1992年版，第25—31页。

质文明和精神文明发展水平的提高，人们拥有的闲暇时间越来越多。[①] 农业转移人口不仅仅可以满足个人娱乐需求，更是通过闲暇融入城市化的生活方式、个性发展以及自我实现的价值工具。[②] 构建农业转移人口多样化文明化的休闲方式：一方面，城市管理的各个主体应当以促进社会物质与精神建设为主要目的，创造以及完善更多健康、高尚的健康休闲产品，聚拢休闲资源，搭建闲暇休闲时间利用平台，加强对于农业转移人口闲暇时间以及休闲生活的教育与指导工作；另一方面，农业转移人口个体应当做好闲暇时间规划，减少不文明的闲暇时间消耗，在闲暇内容的选择上，以促进自身发展为主要目的，选择文明、高效的闲暇时间利用方式，例如读书看报、体育锻炼、参与培训学习、旅游等，以此来提升自己的精神文明水平。

九　人格市民化

本书课题组发现，在人格特质维度，农业转移人口的人格特质中除去崇尚法律和宽厚仁爱外，其他所有三级指标被合格占比均低于70%，其中理智性中的精明冷静和讲求实用、高效性中的遵守时间和讲求效率、进取性中的意志坚定、自主性中的独立决断合格占比均不及60%。同时，部分被调查者得分较低，主要为学历较低、与家人分离、没有职业资格证书、从业于二级劳动市场、缺少家人与城市人支持的调查参与者。以上数据说明，农业转移人口在人格特质的重塑上，与市民化要求还有一定的距离。

农业转移人口人格市民化是其城市性提升的重要条件，在其城市性提升中发挥着关键作用。多数学者将新的人格形成作为市民化的内在结果，认为农业转移人口完成市民化的真正标志是新的人格重塑的完成。对于城市化而言，农业转移人口人格的嬗变与重塑就是加速城市化进程以及城市发展的先决条件。

[①] 吴增基、吴鹏森、孙振芳主编：《现代社会学》，上海人民出版社2018年版，第285页。

[②] 郑欣、高梦媛：《媒介化体验：新生代农民工闲暇生活研究》，《山西大学学报》（哲学社会科学版）2017年第4期。

（一）养成理智性与尚法性人格

本书课题组发现，40.6%的农业转移人口不会沉着冷静地处理问题，仍有29.9%的农业转移人口不认为遵守国家法律是公民的基本责任和义务。农业转移人口理智性与尚法性人格的养成主要指养成一种在个人认知与实践中遵守客观规律与显性规则、减少感情与定势思维因素的心理态度与行为方式。养成理智性与尚法性人格，农业转移人口应当积极学习市民文化，了解城市生活规则，积极参加新市民学习，主动学习与生活息息相关的法律法规。同时，在工作与生活中理智思考与解决问题，多结合事物发展规律，减少感情与思维定式因素，换句话说，即在待人接物中少用感情多用理智，"用头脑代替良心"对他人做出反应①。当然，减少情感性因素并非指抛弃情感因素，而是应当减少情感中的盲目、冲动与被动，发挥情感对理性的激活作用。此外，在工作与生活中加强自省与自查，积极总结经验，将感性经验上升为理智认识。

（二）养成高效性与进取性人格

本书课题组发现，47.2%的农业转移人口的时间观念不强、不喜欢制定详细的计划，仍有38.3%的农业转移人口不喜欢接触新鲜事物。农业转移人口高效性与进取性人格的养成主要指养成遵守时间、讲求效率、积极与坚定进步的一种工作或者生活态度。养成高效性与进取性人格，一方面，农业转移人口在工作与生活中应当认清自身情况，积极树立生活与工作目标，养成制定计划的习惯，以适合的目标来激励自己前进，发挥能动性，不断进取以改善自己的生存状况；另一方面，以坚定意志完成计划中的项目，严格要求自己，逐步在工作与生活中锻炼意志，增强执行计划与做决定的果断性，提高自制力。此外，为了在经济生活中不被淘汰，农业转移人口还应当养成高效思维与行为习惯，以有效的投入换取高质量的回报，提高自己的工作效率。

（三）养成自主性与宽容性人格

本书课题组发现，在自主性方面，32.5%的农业转移人口在独立自主

---

① 王兴周、张文宏：《城市性：农民工市民化的新方向》，《社会科学战线》2008年第12期。

的人格特质上持有否定的选择，46.2%的农业转移人口遇到事情时对外界依赖较多；在宽容性方面，27.9%的农业转移人口不能与朋友友好融洽地相处，34.4%的农业转移人口难以接受与其不同的观点和意见。以上结果说明，农业转移人口在人格塑造方面仍有一定的困难。

农业转移人口自主性人格养成主要指两个方面，一是摒弃传统人格中的顺从、权利崇拜、悲观、迷信、固执等障碍性心理因素，二是养成自主性，学会自主选择，自主做决定。宽容性人格养成主要指养成一种能容纳不同性质的人际网络关系，增加对不同价值观的包容度。第一，养成自主决定的习惯。在做决定时正确认识自己与客观情况，把握自己的需要，不盲从也不随意。第二，养成宽容的态度。在工作与生活中，接受与自己不同的观点和意见，不把自己的观点强加给别人。第三，积极自我提升、自我完善、自我发展、自我超越，以开阔视野来认识身边事物，指导实践，处理与身边人与物的关系。此外，应当注意的是，宽容与自主并不冲突，自主强调个人从传统与权威中解放出来，确立自己的主体性，重视自我价值，而宽容强调在处理自己与他人关系时的宽度与广度，重视他人与他物的价值。

提升农业转移人口城市性，推进市民化是一个循环往复的过程。当前不同管理制度、不同经济环境、多元文化、不同职业性质等多方面因素，以及复杂的影响机制，不仅在宏观上影响着整体的市民化，同时也在微观上刻画着市民化的细节。提升农业转移人口城市性，推进市民化不仅需要政府、企业（单位）、组织、社区、乡村、市民多方面的协同，更需要农业转移人口个体在观念、思维、行为以及态度方面的自我提升与塑造，从而在形式与质量上顺利实现市民化，逐步提高城市性，实现"以人为中心"的城镇化，进而为实现高质量的城镇化与现代化奠定基础。

第八章

研究结论与展望

第一节 主要研究结论（一）：农业转移人口城市性
是农业转移人口全面现代化的核心

一 城市性视角下农业转移人口市民化的本质

第一，城市性视角下农业转移人口市民化是人的现代化与人的全面发展的问题。人的现代化可以理解为与现代社会相联系的人的素质的普遍提高和全面发展，人的思维方式、生活方式、价值观念、行为模式由"传统"转向"现代"的过程。人的全面发展可以理解为人的素养、能力、社会关系、个性、需要等内容的全面发展，其中人的素养是全面发展的核心，社会关系和需要作为全面发展的重要条件，个性作为发展的结果。城市性视角下的农业转移人口市民化一方面通过实现农业转移人口身份与角色的转变，形成全体社会成员身份与角色平等的局面；另一方面通过外部赋权与内部增能来提升素养，形成一定的价值观念与行为模式，在新的生活方式与行为模式指引下，提高在城市中适应与发展的能力，以新的角色履行社会责任与享受权利。由此，城市性视角下农业转移人口市民化就是人的现代化与人的全面发展的问题。

第二，城市性视角下农业转移人口市民化是农民的终结问题。农业转移人口市民化包括退出农村或农业、进入城市、融入城市三个过程，在这三个过程中，实现职业、地域等的转移，再实现各个方面的融合或者融入。现实中，农民原有稳定的价值观念、行为模式、社会联结、生活方式在一定程度上成为市民化的阻碍因素。由此并产生了诸如有研究者早已提

出的 "都市乡民"① 问题，以及虽然身份上已经成为市民，但整体素质未完成重塑所导致的半城镇化等问题。伴随着中国城市化的发展，"农民"的终结将是一个漫长且滞后于城市化发展的问题。

第三，城市性视角下农业转移人口市民化是实现以人为核心的新型城市化问题。中国的城镇化是以人为核心的城镇化。城镇化就是各种生产要素向城镇集聚的过程，原有的城镇从农村演变而来，经济的发展促进了各种经济要素的流动，城镇化就是这些要素流动的结果。即城镇化就是社会化的过程，其主体与核心是人。城镇化与现代化的问题归根结底是人的问题，是人与社会自由发展的诉求问题，其核心价值在于人对自由发展理想生活的追求。② 发展经济的根本目的，就是为了满足人民群众不断增长的物质和文化需要，实现人的全面发展。这一 "以人为本" 的传统理念与人的自由而全面发展的价值理念不谋而合，关怀人的生存，重视人的价值，一切为了人的发展。

第四，城市性视角下农业转移人口市民化是在特定环境中重塑人的特质与属性的问题。从城市性与市民化的逻辑关系来看，城市性视角下的农业转移人口市民化即一方面通过实现农业转移人口身份与角色的转变，形成全体社会成员身份与角色平等的局面；另一方面通过外部赋权与内部增能来提升素养，形成一定的价值观念与行为模式，在新的生活方式与行为模式指引下，提高农业转移人口在城市中的适应与发展能力，以新的角色履行社会责任与享受权利。由此，城市以及独特的工作环境成为农业转移人口特质重塑的重要场域，实现特质重塑的重要条件都来自于城市和独特的职业环境，从而农业转移人口通过调适内外刺激形成自身独特的行为和心理模式，更新自身的属性。

二 农业转移人口城市性体系的逻辑

从城市性与市民化的逻辑关系来看，城市性视角下的农业转移人口市民化即一方面通过实现农业转移人口身份与角色的转变，形成全体社会成员身

---

① 王兴周：《都市乡民的终结——新市民城市性积累与市民化》，科学出版社 2016 年版，第 168 页。

② 张沐：《统筹城乡的城镇化研究》，硕士学位论文，中央民族大学，2012 年。

份与角色平等的局面；另一方面通过外部赋权与内部增能来累积城市性，形成一定的价值观念与行为模式，在新的生活方式与行为模式指引下，提高农业转移人口在城市中适应与发展的能力，以新的角色来履行社会责任与享受权利。由此，农业转移人口评价体系的各个维度均有其独特的意义。

农业转移人口的价值观念是城镇化过程中农业转移人口自身经过内外影响塑造而成的价值体系，是农业转移人口对自身过往生活与城市社会的总体评价和认识。农业转移人口从农村转移到城市工作、生活，生活空间、生产方式和社会交往的逐渐变化引起其价值观念的变化，带来价值认知、选择等的冲突，推动他们不断在价值整合中扬弃原有价值观念，逐步形成新的适应市民化生活的价值观念。

农业转移人口的生活方式为行为模式的形成提供了物质基础，为行为模式的展现提供了特定的环境。生活方式为农业转移人口的发展提供了物质与精神条件，形成了特定的社会环境和活动舞台。

生活方式与个人特质是和谐统一的，生活方式是个人特质养成的途径。按照主题的不同，可以将生活方式分为个体的生活方式、群体的生活方式与社会的生活方式。不同的生活方式对人产生不同的影响。生活方式是人社会化的途径，个人的社会化是通过个人和社会环境相互作用实现的，个人的社会化是个人内化与外化的统一，人的外化则通过含有社会生活方式的个人生活方式来发展人的个性，个人的个性只有在人的生活活动中才能得到发展。个人特质与生活方式好比内容与形式的关系，个人的特质必须在一定的生活方式中才能得到发展，个性的发展才能在社会中得以实现。

农业转移人口行为模式与人格特质的养成相互联系、相互作用。生活在特定社会生活件下、具有独特的文化的人，有着完整的人格结构。人格是个人所具有的有特征的总和，它不等于行为，但却是决定社会行为发生及怎样发生的内在因素，它为社会行为即人对社会刺激的反应提供了稳定、统一的模式。[1] 即人格的存在使得行为不仅成为了对某种具体情境的

---

[1] 周晓虹：《现代社会心理学 多维视野中的社会行为研究》，上海人民出版社 1997 年版，第 13 页。

反应，同时也可以说明行为中有某种稳定性。

三 农业转移人口城市性与农业转移人口全面现代化

农业转移人口城市性提升与农业转移人口全面现代化的实现是辩证统一的。一方面，农业转移人口城市性的提升是农业转移人口全面现代化的核心内容和必经阶段。农业转移人口全面现代化的核心就是人的素质的全面现代化，于农业转移人口这一群体而言，既要调和原有的带乡土性的特质，也要培养"城市化"的特质。通过城市性的提升，农业转移人口在价值观念、思维特质、生活方式、行为模式以及人格特质上逐步摆脱不适应当前社会发展的因素，更加适应当前社会发展，从而为全面现代化奠基。另一方面，农业转移人口全面现代化的实现是农业转移人口城市性提升的最终归宿。农业转移人口城市性提升的本质是人在社会转型过程中养成适应现实生活的个人特质，即个人在价值观念、行为方式、生存方式等方面的全面现代化。

第二节　主要研究结论（二）：提升农业转移人口城市性将成为农业转移人口市民化的重要抓手①

农业转移人口市民化是一种状态，一种程度，最终应当实现制度身份、社会身份、职业、生活方式、基本权利、价值观念的根本转变，达到城市化要求的一种程度。从过程的角度来看，农业转移人口市民化包括退出农村或农业、进入城市、融入城市三个过程，在这三个过程中，实现职业、地域等的转移，再实现各个方面的融合或者融入。农业转移人口市民化作为一种结果来认识的时候，强调其静态，重点关注其程度；作为一种过程来认识的时候，强调其过程中的动态因素，重点关注其变化。

基于对于市民化内涵的认识，破解农业转移人口市民化困境就是提升

---

① 该部分以"终身学习视域下农业转移人口城市性提升与市民化策略研究"为题，发表在《职教论坛》2021年第1期。

农业转移人口的城市性，就是在特定条件下塑造人的属性。

一　城市性视角下农业转移人口市民化的主要困境

根据本书课题组调查，农业转移人口城市性提升的主要困境如下：

第一，职业非农化难以深入。主要表现为职业获得带有"乡土性"，农业转移人口从事的职业具有较强的可替代性，工作时长较长，收入偏低，工作方式上"脱农"不够。

第二，户籍居民化制度改革执行有效性较低。主要表现为落户过程中问题解决的有效性较低，政策执行滞后，针对新市民的公共服务均等化水平有待提升。

第三，居住城镇化实现难度较大。主要表现为农业转移人口没有固定住所、住房开销较大，以及居住环境非社区化等。

第四，农业转移人口价值观念、思维方式重塑困难。主要表现为农业转移人口乡村性的价值观念较为稳定，对新的生活和工作方式影响下的价值观念和思维方式难以选择、接受和整合，难以满足外界环境的要求。

第五，农业转移人口社会行为、生活方式调适滞后。在社会行为方面主要表现为多数被调查者维持着原有的社会联结、社会参与与社会支持模式，对由职业转变和环境转变带来的新的要求不适应；在生活方式方面，学习和工作方式改变较慢，对社区活动参与较少。

第六，农业转移人口人格重塑矛盾重重。原有具有依附性、从众性、保守性的人格特质，在外界环境的刺激下，面临着保留与转向自主性、理智性、宽容性的矛盾。同时也面临在方式上采取完全主动还是模仿的矛盾。此外，对于来自外界影响的因素，诸如经济条件、家庭支持、工作方式等的刺激，也存在接受此或者彼的矛盾。

二　城市性作为农业转移人口市民化的主要抓手

根据对于上述困境进行分析可以发现，从城市性与市民化的逻辑关系来看，城市性视角下的农业转移人口市民化即一方面通过实现农业转移人口身份与角色的转变，形成全体社会成员身份与角色平等的局面；另一方面通过外部赋权与内部增能来提升素养，形成一定的价值观念与行为模式，在新的生活方式与行为模式指引下，提高在城市中适应与发展的能力，以新的角色来履行社会责任与享受权利。

（一）城市性：铲除差异，破解制度性障碍的重要抓手

长期以来，我国奉行二元经济政策，新时期要解决"三农"问题，必须从改革二元户籍制度着手，打破城乡壁垒，实现城乡一体化。[①] 李克强总理在 2014 年政府工作报告中提出，改革城乡二元户籍制度，推进城乡户籍制度统一，取消城乡差别，促进城乡共同发展。这一政策的实施也是一个渐进的过程，因为多年来的双重户籍制度已经严重阻碍了农村和城市的同步发展。

农业转移人口长期居住生活在城市却无法得到城市的认同，无法享受与城市居民相同的基本公共服务，如养老金、医疗和教育，这严重限制了农业转移人口整体生活质量和水平的提升，并阻碍了他们的市民化进程。而当二元户籍等制度性障碍被破解后，城市性提升将成为农业人口市民化的重要抓手。以城市性的提升来弥补原有的户籍分类下的农业转移人口生活方式的不足，也可以使其在教育、医疗、政治和文化等方面共同享受城市的便捷、高效服务。

（二）城市性：以人为本，促进"人的城市化"的重要抓手

城市化新理念强调"以人为本"，将人作为城市化发展的重要因素，初衷就是为了人类更好的生活，目标也是为了让人们更方便和幸福。在农业转移人口进入城市的过程中，在社会待遇和心理认同中，会被差别化对待甚至被歧视，这是不利于和谐的人际发展的。促进"人的城市化"，就要以提高人的城市性为抓手，在经济、政治、文化等方面让农业转移人口积极主动参与，通过文明层次的逐步提高和言谈举止接洽，让农业转移人口在融入过程中有获得感，真正体会到心理满足感，达到真正的"人的城市化"。

---

① 顾海英：《改革二元户籍制度 实现城乡一体化》，《农业经济问题》2002 年第 9 期。

（三）城市性：角色转换，自身增能适应城市的重要抓手

农业转移人口转变为新市民，首先需要完成职业的转变需要从事新的职业，融入城市生活。并且，农业转移人口会放下一些陈规旧俗，接纳所在城市的文明因子。农业转移人口被城市社会双向牵引，通过外部赋能与自身增能，提高城市适应能力，逐步获得城市性，完成角色的逐渐转变，有利于实现真正市民化。逆水行舟，不进则退，只有顺应潮流和趋势，才能与时俱进，农业转移人口才会成为城市社会中的合格一员。

（四）城市性：民主参与，促进社会和谐稳定的重要抓手

农业转移人口进行政治参与是有难度的，是需要有制度保障，应给予其公平参与政治的权利，促使其真正参与到政治生活中，促进社会和谐。而农业转移人口通过对城市公约和政策法规等的学习，可以解决城市中由于人口大量涌进带来的社会问题，维护社会的稳定。在人口格局变化中，农业转移人口的城市性积累越多，其素质越高，不稳定因素就会越少。在城市化的发展和建设过程中，促进农业转移人口的城市性提升，有利于国民整体素质的提高，有利于国家经济的发展，有利于社会的和谐稳定。

（五）城市性：缩小差距，促进城乡区域协调发展的重要抓手

推动区域协调发展，城乡协调是至关重要的一环，在我国城市化高速发展过程中，衍生出来的城乡差距过大问题是影响城乡和谐发展的重要因素。新型城镇化建设的目标从单纯追求经济发展向缩小城乡差距、推进城乡一体化改变。[1] 提高农业转移人口的城市性，使其逐渐缩小与城市人口各方面的差距，是实现可持续发展重要的一环。贫富差距过大，是滋生犯罪的温床，同样，在政治和文化领域，也要保证城乡的平衡态势，促进共同参与，共同营造和谐的文化氛围。

第三节　农业转移人口市民化研究的反思与展望

对农业转移人口市民化已有研究进行反思，有助于把握当前研究的成

---

[1]　岳欣：《城乡协调发展视研究域下新型城镇化评价体系构建及实证研究》，《北京邮电大学学报（社会科学版）2019 年第 3 期。

就与缺憾，明确下一步的研究方向，为农业转移人口市民化的实践发展做好理论准备。

一 反思：已有成就与面临的挑战

通过对文献进行梳理、分析与反思，发现当前农业转移人口市民化研究取得了不菲的成就，热点聚焦迅速，但是也面临诸多挑战。

（一）从研究内容看，相关内容已有基本认识，研究已具备基本形态，但面临更加复杂的问题

首先，明晰了对农业转移人口市民化内涵的认识。对农业转移人口包含的群体基本形成一致意见，在职业转移、地域转移与入城方式上都有类似观点；对市民化过程的认识基本趋近，以退出农村、进入城镇、融入城镇为主；对农业转移人口市民化问题的实质有了不同角度的解析，是总体的发展不平衡不充分问题，是人的自由全面发展的问题，是人的现代化问题。其次，明确了农业转移人口市民化这一项工程的实践与理论综合性。从理论上来说，不仅需要对影响因素与多种现状进行研究，更要注重对其中综合性作用机制的研究，从实践上来说，这是一个政府、社会各界与个体都需要共同发力的综合工程。最后，对农业转移人口市民化的实现路径有了深刻的探讨。学者们基于博弈视角、过程视角、主体性视角并结合政策学、经济学、社会学与教育学等各学科的理论基础，采用不同的方法给出了政府、企业、社区、转移人口个体、职业院校等各个主体的实践措施。因此，从研究内容来看，已然涵盖到农业转移人口市民化的基本问题，也具备了基本形态。

但是由于社会的快速发展，当前的研究面临着更加复杂的问题。这些问题产生于政府政策与制度改革加快、经济领域发展日新月异、全球化进程加快、农业转移人口自身动态发展诸如数量增加与内部分化等。从21世纪初至今的研究可以看出，2012年之前，本领域的研究问题较为简单，因为面临的问题不复杂，实践发展也较为单一，而2012年至今以后，各方面发展更加迅速，出现了以往未曾遇见的问题，包括诸如第一代农民工的社会保障问题、不同行业农业转移人口市民化问题、已有研究数据支撑不足、信息化时代新的市民化影响因素问题等。因此，基于发展背景与农业转移人口主体的变化，更加复杂化的研究问题将形成新的挑战。

（二）从研究历程来看，理论跟随实践，实践推动理论，但面临更加迫切的研究需求

从农业转移人口市民化问题产生至今，理论研究与实践发展相互推进。农业转移人口大规模出现于改革开放后，政策上经历了允许流动到控制流动再到控制盲目流动的过程，这一阶段的研究集中于简单的工作状况与流动状况的调查。到 20 世纪末 21 世纪初，政府政策偏向于规范化管理，诸如各种凭证制度与费用制度，该阶段的研究聚焦于各种制度的设计与执行，从 2006 年至今，政府政策以服务为导向，即"以人为核心"，市民化研究也就更加注重多方主体的影响与作用，其研究涉及与人相关的多方面。从这个角度来看，已有研究在实践的推动下取得了进步，理论研究也为实践的进步做好了理论准备。

但是目前实践的发展，使得农业转移人口市民化的研究需求比以往更加迫切。主要表现如下：首先是市民化进程的推动，部分农业转移人口已在城市生活较长时间，是否完全融入城市，如何终结"乡村性"，"都市乡民"如何转为市民十分重要；其次是经济与产业的发展，带来了职业的发展变化，新职业的出现，原有职业的变革，对农业转移人口市民化的影响是一个新问题；最后从宏观上来看，区域经济发展状况不同，城镇化的规划与设计不同，城镇化发展的水平与进度不同，这将导致不同区域不同成熟度的经济与市民化关系的研究，尤其是不同经济状况下如何与社会实现平衡的问题①。此外，当前乡村振兴的脚步已然加快，必会带动乡村经济、社会与文化的发展，乡村的回拉力量对农业转移人口市民化的影响也将是一个崭新问题。

（三）从研究结果来看，凸显人文价值，趋近理性与成熟，但需要更高实践导向的研究成果

20 世纪末 21 世纪初期，已有研究中的人文关怀逐步增加，已有研究

---

① 齐红倩、席旭文：《分类市民化：破解农业转移人口市民化困境的关键》，《经济学家》2016 年第 6 期。

在价值取向与研究结果上趋近成熟。"以人为本"的城镇化彰显了对人的关怀，旨在实现人的提升与幸福的造就。[①] 市民化的本质意义是在发展基础上人的发展问题。在已有研究中，多数研究关注到了人为的影响因素、转移人口的幸福感与满足感、整体生命历程的发展、转移人口的教育问题等。以一定的市民化标准特征来衡量市民化水平的研究较多，但是其内部标准逐步减少了单一经济指标，增加了比如价值观念、思维方式、自我认同等以个人为核心的指标要素。这些特征都体现了人文关怀。此外，在对市民化水平与程度的测量、多因素相互作用对市民化的影响、多角度多主体突破市民化障碍等体现了已有研究在研究方法上的突破，在研究结论上的进一步深化，为下一步构建体系化研究和系统实践路径奠定了良好的基础。

诚然，研究结果的成熟与进步，同样要面临实践的检验，今后的研究要更加重视实践价值。已有研究对基本问题的认识已经达到了一定的高度，农业转移人口市民化的综合性研究诸如各因素相互作用的影响、多个利益相关主体在实践上的推荐等已经逐步凸显，但是对于诸如制度与政策设计如何结合信息化发展、农业转移人口市民化成本分担如何更加简便、企业与社区的协助作用如何更加优质、农业转移人口培训内容的更新、培训体系的构建、培训效果的评估、乡村振兴中乡村优质文化对市民化的影响等问题，当前的研究显得较为乏力，因此，随着信息化发展，农业转移人口市民化问题如何利用现有手段去推进，将是一个值得深入研究的问题。

二 展望：未来研究路向

农业转移人口市民化在研究内容上需要更加深入，其实践需求较强，研究结果价值有待提升，未来的研究可以从如下方面有所倾重。

（一）研究内容：研究广度的拓展与研究问题的深入

基于实践的发展，鉴于政府改革效率提高、经济发展迅速、转移人

---

① 江波：《"以人为核心"的城镇化：内涵、价值与路径》，《苏州大学学报》（哲学社会科学版）2017 年第 3 期。

口流动与分化特征复杂等原因，今后的研究问题将更加深入，研究面将进一步拓宽，以此应对更加复杂的问题。应当从如下几个方面着手：一是学科与视角的融合。将社会学、人口学、经济学、统计学、教育学等已有研究作为基础，继续拓展信息学、心理学等相关研究，并且在此基础上实现跨学科的结合，例如当前部分区域与部分群体的市民化水平已经较高，外在层面的市民化条件已经基本达到，已有研究多从宏观角度来协调制度与政策，而微观层面的诸如价值观念问题、如何发挥个人主观能动性等问题受到的关注并不多，这就需要教育学、管理学、心理学等学科的综合介入。二是综合研究与专题研究结合。在已有研究的基础上，实现研究的外部综合与内部综合，外部综合即针对同一问题的多方面进行系统性的研究，融合多个视角寻找最优解；内部综合即问题内部相关要素的结合例如农业转移人口市民化影响因素的相互作用机制构建问题。同时以专题性研究为导向，对某一问题进行深入探讨或就某一视角对某问题进行深入研究，主要凸显对问题的深入解构与剖析。三是经验与本土并重。农业转移人口问题是人类共有问题，英国与美国的经验值得借鉴。诚然，中国农业转移人口市民化问题有其特殊背景，因此，本土部分省份的市民化经验将成为学习重点。四是增加研究机构与研究团队的合作。从 Citespace 的作者与研究机构分布可以看出，研究机构合作甚少，作者之间的合作学科趋同，带来的问题即是研究力量单薄，学科力量不大，因此，借鉴自然科学发展经验，加强研究人员与研究机构合作，才是取得突破性进展的基础。

（二）研究方式：更快的研究脚步与更强的研究力度

从实践与理论的关系来看，理论源于实践，指导实践，实践检验理论、发展理论，农业转移人口市民化研究理论与实践的关系也应当如此。当前随着经济与社会的发展，城镇化速度加快，市民化进程加快，而出现了区域不平衡、政策失灵、农业转移人口内部群体分化速度快类别多等诸多问题，需要理论准备更及时、更充分。应当从如下几个方面着手：一是利用大数据技术进行农业转移人口各方面数据的实时监测与动态追踪，提高决策的及时性与科学性。已有研究多针对某一区域进行，缺乏全面系统的数据研判和比较研究，也缺少实时与动态监测，因此利用现有大数据技术进行实时变化趋势追踪与监测，有利于提高决策的科学性与及时性，也有利于区域的比较研究与科学评价指标的构建。二是增加不同类别与不同层面的研究人员组成，增加不同研究人员与不同研究机构的合作。面对庞大的工作量与复杂的研究问题，难以取得进步，主要原因还是研究人员力量不够。因此，协调不同研究者相关研究，可以加速研究进程，在研究质量上取得进步。

（三）研究导向：整合度更高的研究体系与实践性更强的研究成果

构建整合度更高的研究体系，需要实现宏观与微观的整合、学科的整合、多种多类研究方法与研究角度的整合。

第一，宏观与微观的整合，构建点面俱到、理论与实践并驱的研究体系。农业转移人口难以市民化是新时代人民对美好生活的需要与发展不平衡不充分的主要矛盾的表现之一[①]，在实践中是一个综合的、联动的、系统的问题，而当前的研究学科独立性较为明显，宏观结论较多。例如，当前已有研究可以从微观上说明农业转移人口市民化成本分担已有相应的实践机制，也能说明个人资本、社会资本、文化资本等单一要素对市民化的影响。但是农业转移人口市民化问题以城乡二元体制、农村农民发展为根本背景，融合了城镇化过程中户籍体制、保障体制、就业政策、公共财政等多种复杂元素的影响。比如，农业转移人口市民化一方面面临较高综合成本的障碍，但是另一方面又局限于无法处置自己农村的限制财产与土地，已有研究很少将农村产权与土地制度联系起来进行联动研究，也无法与农村闲置财产与土地制度相联系，即已有的研究视角缺乏城乡统筹的系统性与综合性。党的十八大侧重对农业转移人口的优益制度供给，党的十九大侧重从城市发展与建设体系和城乡空间格局对农业转移人口市民化路径进行规划。由此可以发现，农业转移人口市民化不是一个单一的成本或者政策与制度性问题，而是一个多方元素共同作用的复杂综合性问题，农

---

① 刘鸿渊、梁娟利、彭新艳：《中国农民工市民化的知识图谱分析——基于 2004 - 2018 年 CNKI 核心期刊和 CSSCI 数据》，《西南民族大学学报》（人文社科版）2018 年第 11 期。

业转移人口市民化难的本质是多方利益冲突难以协调。基于此，接下来的研究将以更加细致而深入的方式去接近农业转移人口市民化这个综合性问题，结合微观与宏观角度构建多方利益协调机制。同时，体系化的研究也将逐步为满足诸如成熟的市民化需要社会领域与经济要素的平衡等迫切问题奠基。

第二，多学科与多种研究方法整合，构建全面理论与细微实践相融合的研究体系。已有研究中，从某个角度对某个问题的认识与研究，已经达到一定的深度，完成了对问题的基本解析，针对今后更加综合性的研究需求与更高的实践导向，例如农业转移人口的人力资本提升与就业和市民素质提升息息相关，需要多方合作，这既需要以管理学的方法构建其提升体系，又需要以经济学的方法来计量其投入成本与收益，也需要以教育学与心理学方法对培训教学过程与教学质量进行规划与测量。因此，基于研究体系构建的需要与实践要求，今后的研究不仅需要多学科合作，也需要实现宏观理论与微观实践结合、个人与社会的结合、主体与客体的结合。

第三，扩张研究团队，增加不同学科、不同层面的研究人员。面对更高的要求，仅凭现有研究人员通过调查或者已有权威数据进行研究力量比较单薄。因此，理论研究人员要与一线实践工作人员进行合作，包括政策制定者、实践调研者等，提高研究成果的科学性与实践性。

总之，农业转移人口市民化研究目前主要聚焦于农业转移人口市民化内涵、现状、影响因素与实现路径方面，体现在社会学、人口学、经济学、政治学等多个学科中。已有研究在部分问题上已经形成大体一致的观点，部分研究已初步具备固定范式，目前农业转移人口市民化研究仍然在不同学科中持续拓宽与深化。逐步凸显人文关怀、增加实践性是其亮点所在。面对更加复杂的研究问题、更加迫切的实践与理论需求、实践性更高的诸多挑战，需要通过大数据等新技术辅助、不同学科整合、研究人员合作、研究团队扩张等措施保驾护航，以期在理论研究方面实现进步与突破，为农业转移人口市民化的实践做好理论准备。

第四节　农业转移人口城市性研究的反思与展望

对农业转移人口城市性研究过程与内容的回顾，重在从宏观上把握其主要研究方向，从微观上明了其现实问题，以探寻未来可能的研究路向。

一　农业转移人口城市性研究的总体评述

农业转移人口城市性的研究从诞生至今，研究成果较为丰富，研究节奏较为迅速，取得了不菲的成绩，同时也存在需要继续完善的空间。具体成就与反思如下。

（一）研究队伍逐步扩大，团队研究较少

农业转移人口城市性研究队伍具备两个特征。一方面，研究队伍与研究机构数量呈增长趋势，从 21 世纪初的爆炸性增长到 2012 年以后的缓慢增加；另一方面，研究队伍组成多元化，很多相关学科的学者也逐步加入。研究队伍的增长与扩大为该领域的研究提供了足够的智力支持。但无论是学者数量上的增加还是研究队伍的扩展，该领域研究仍呈现出"单兵作战"的特征：一是不同学科之间合作较少；二是跨机构之间的合作较少；三是缺乏与实践工作者的合作。

（二）研究方法逐渐多元化，跨学科成果有待增加

已有研究在社会学、人口学与经济学等学科支持下，得到了不同研究方法与理论的共同助力，出现了思辨与实践的结合、质性与量化的方法协调、博弈理论与共生理论的深入等特点。一方面，社会学、人口学、经济学、教育学等学科研究方法的使用，丰富和扩大了研究视角，使得该类研究逐步关注时代问题；另一方面，心理学、信息学、统计学等学科研究方法的应用，为该领域的研究注入了活力。

然而，面对城镇化的迅速发展与信息化时代的到来，研究问题随着时代的变迁而不断嬗变，出现了诸如都市乡民城市性问题、新的影响因素如成人教育与高等职业教育等新问题。由此，不仅要充分利用社会学、人口学、经济学、教育学等学科的已有理论与方法，更要结合新问题，将心理

学、统计学、信息学等理论元素融入其中，并且组建跨学科研究团队开展相关研究，以推进新的研究问题的解决。

（三）研究价值凸显人文关怀，操作性强的研究较为缺乏

人文关怀将人作为核心，肯定人的价值与人的主体性，重视人的内心感受，体现社会对人的关爱。已有研究从以下角度体现了人文关怀。首先，战略高度的人文关怀，农业转移人口市民化对实现我国经济健康快速发展，推进现代化建设具有重大意义；其次，从劳动力转移的角度而言，既提高了已有劳动力的生产效率，也缓解了农村的人地矛盾等问题；再次，从农民主体角度而言，与市民享有同等的权利与待遇是农民社会权利实现的体现，市民化事关农民个体的生存与发展，市民化是农民全面发展的重要途径。人文关怀在该研究领域的注入，既彰显了人文情怀，也为该领域的研究注入了温度。

人文关怀是一根贯穿全程的主线，研究的最终目标是推动实践问题的解决。在已有研究中，一方面偏重对该问题的理论认识与现状描述，另一方面由于研究条件与实践条件的限制，仍缺乏理论与实践的对接机制。例如，由于政府分工不同而导致户籍与城市管理体制难以对接，公共资源与外来人口难以对接、城乡交流平台难以搭建，同时也由于就业与务工的管理分工不同而导致就业与工作维权等问题难以统一规制等。面对复杂的实践问题，可操作性强的研究成果仍较为缺乏。因此，今后研究者依然任重道远，同时，结合时代条件，全方位、多角度推出农业转移人口市民化与城市性提升的可操作性强的研究成果，仍是今后的重中之重。

（四））研究结论较为深入，系统性研究有待增加

现有研究从不同学科、不同视角，通过调研、分析和模型构建等，对诸如市民化成本测算与分担机制、社会资本与个人心理资本测量等实践中复杂问题给出了较为精确而深刻的解答方案。

但系统性研究仍较为缺乏，主要体现在以下三点：第一，在影响因素认识方面，重宏观而轻微观。已有研究较多关注户籍制度、保障制度、城乡管理制度等宏观要素，而在对转移人口个人自身的微观要素方面，偏重于对个人人力资本与心理资本的量化，而对个人特质、生命历程、价值观、生活方

式、行为方式等微观要素的质性研究相对较少并且不够系统。第二，在实现路径方面，宏观与微观不协调。偏重制度结构的宏观改善，对农业转移人口自身能动性的提升有所忽略，或者较为重视个人的社会资本与人力资本的积累，而轻视该积累所需要的宏观环境。第三，在研究结论方面系统性不足。城市性的提升是一个系统的、联动的过程，例如，农业转移人口市民化的同时面临较高综合成本和无法处置自己农村土地的问题，已有研究很少将农村产权、土地制度与市民化成本联系起来进行联动研究等。

因此，一要平衡宏观与微观要素，将两者协调起来；二要将对单一问题的关注纳入动态过程，以实现全面系统的结论产出。

二 转折与生长：农业转移人口城市性研究的增长点

在"现代化"战略及"三农"政策指引下，农业转移人口城市性研究，将会随着实践进步与时代发展，出现以下增长点。

（一）研究基本点：构建中国特色的农业转移人口"城市性"研究体系

农业转移人口在城镇的流动与发展既关系到经济体制改革和现代化建设，也关系到农业农村问题的解决。农业转移人口市民化与城市性的提升问题，有其特殊的国情背景，在经济、文化、心理等各方面差异明显的多元化城市社会中，这是一个长期工程，不是一朝一夕即能实现的，在现代化全面建成前，该问题将一直以不同状态延续下去。

面对经济"新常态"，农业转移人口市民化与城市性提升，出现了新的次生问题与新特征：第一，农业转移人口在城镇的就业问题。就业问题不仅事关民生和市民化的提升，更关乎城乡劳动力市场的统一和通过消费增长、产业创新而增加投资需求等来促进国民经济持续健康发展。因此，通过合适的制度引领实现顺利就业、解决"市场失灵""政府失灵""培训失灵"问题[1]，增加就业机会，提升就业质量，并促进农业转移人口市

---

[1] 孙友然、凌亢、张新岭、白先春：《我国农业转移人口市民化研究综述》，《西北农林科技大学学报》（社会科学版）2016年第2期。

民化，将成为研究的重点。第二，农业转移人口的内部群体分化研究。除了已有的第一代农民工、新生代农民工的划分和研究，当前家庭式迁移的趋势较为明显，这就要求今后要拓展思路，除了深化劳动人口的相关问题研究，也要加强对转移过程中的非劳动人口例如在读学生、随迁老人等的市民化和城市性提升的研究。第三，区域差异的研究。当前城市的发展已经区分出了特大城市、大城市、中等城市与小城镇等，不同的城市在人口管理、人口流动特征、公共资源分配、就业保障等各方面均有自己的特色，以往研究较偏重中东部城市，而当前从流向地域来看，中部地区增加较快，如何探索出符合城市实情又能调动与协调各方利益相关者的发展路径，将成为一个重要课题。

因此，随着中国城乡关系的变迁，城镇化的发展，关于农业转移人口城市性研究的基本问题将保续不变，面对经济"新常态"，与实践紧密相关的问题将会进一步被拓展与深化，农业转移人口"城市性"研究将更具中国特色。

（二）研究转折点：跨学科合作与研究方法现代化并行

在统筹城乡发展的实践背景下，研究问题的复杂性和综合性有所提高，对今后的研究方法提出了更高的要求。

一方面是跨学科的加强。一要实现研究视野的跨学科，利用社会学、人口学、法学、经济学、教育学、政治学等的学科基础来夯实对于基本问题的研究，更要融入心理学、政治学、统计学、信息学等元素来实现突破；二要努力实现如自然科学研究般的研究团队打造，实现跨机构与跨学科结合，进行深入系统的多学科综合研究。

另一方面是研究方法将更加现代化。常用的数据调查、统计、分析手段与方法，面对新的研究问题和研究目标已经难以实现突破，研究农业转移人口劳动保障、劳动就业、子女教育、老人养老、住房保障等与公共服务相关问题时，不仅需要新的方法，在研究工作方面更要追上时代步伐。而这一"突破"与"跟上"需要的不仅是当前研究理念的变革，更是方法和技术手段的创新。而当前大数据、移动互联网、云计算和物联网等新兴技术平台为解决这一问题提供了机会，这些研究手段的使用，可以对一些以前无法明确和深入的农业转移人口城市性提升问题进行更加全面和透彻的研究，也可以对一些传统研究方法难以企及的领域进行探索。①

（三）研究创新点：农业转移人口市民化与城市性提升的信息化研究

我国的信息化发展已经迈入第三阶段，以物联网和云计算为代表，并日益成为新兴生产力。今后信息化作为一种手段和发展趋势，在该领域将会发挥关键作用。

信息化技术将研究对象的要素汇集到数据库中，用于分析各种与人类相关的行为，如特定人群的生活、工作、学习和决策支持。信息化成为"新五化"的纽带，将城市化、新型工业化和农业现代化联系在一起，成为现代化与城市化的重要内容。信息化促进了城市化的发展，而城市化可以加速信息化进程。

从信息技术的角度看，农业转移人口市民化和城市化的主要障碍是信息不足、信息不良和信息不畅问题，并且，一系列相关问题正在出现：信息化如何助力农业转移人口突破市民化的外部障碍？例如，成本障碍、制度障碍、社会资本障碍？又如何助力农业转移人口更新发展观念、素质提升？信息化如何将职业技能学习、就业、劳动保障联动起来？毫无疑问，信息化的力量已经在城镇化过程中凸显，这些问题的解决，将继续得益于信息化的发展，关于农业转移人口城市性的信息化研究，将成为该领域的创新点。

（四）研究生长点：农业转移人口城市性的测评与提升机制研究

"市民化程度测量"与"城市融合度"等研究成为2012年之后的新兴研究视域，在方法和思路上都实现了一定程度上的创新，为该领域的研究带来了新思路。农业转移人口城市性的测评与提升研究也将在今后继续受到关注。农业转移人口市民化是一个长期、复杂、动态过程，农民在城镇生活或者务工，需要经历生活方式的转变，受到制度、经济、环境等影响。当前，一方面，职业和地域上初次转移的农业转移人口增

---

① 孙友然、凌亢、张新岭、白先春：《我国农业转移人口市民化研究综述》，《西北农林科技大学学报》（社会科学版）2016年第2期。

加，另一方面，已经进入城市生活与工作但是还未完成市民化的农业转移人口在增加，部分学者称之为"非农化农民"①"市民城市社会中的农民"②、都市乡民③。因此，该问题新的复杂性在于如何研究后者这一分化群体的市民化水平和进程。如果将城市性的养成作为市民化的最后一个步骤，那么用城市性的高低即可进一步衡量市民化水平的高低。因此，探寻城市发展轨迹和方向，评判我国城市性发展现状，构建具有中国特色的城市性指标体系④，将成为该领域的一个重要生长节点。研究新生长点的出现，是推进该领域研究更进一步深化的关键，这既需要以往丰硕研究的奠基，也需要将来研究的艰辛探索。

总之，目前关于农业转移人口城市性的研究经过了漫步摸索、纵深发展、积极创新三个发展阶段，研究视角逐渐多元而精细，研究价值逐步融入人文关怀，研究成果较为丰富多样，并且随着新问题的出现，研究仍在继续。今后的研究将以实践问题为导向，以跨学科与现代化的研究方法为支撑，以信息化为切入点，建立中国特色的"农业转移人口城市性"的研究体系，推进以人为核心的城镇化和现代化。

---

① 蓝宇蕴：《都市里的村庄》，硕士学位论文，中国社会科学院研究生院，2003 年。

② 张京祥、赵伟：《二元规制环境中城中村发展及其意义的分析》，《城市规划》2007 年第 1 期。

③ 王兴周：《都市乡民的终结——新市民城市性积累与市民化》，科学出版社 2016 年版，第 37 页。

④ 王兴周：《都市乡民的终结——新市民城市性积累与市民化》，科学出版社 2016 年版，第 168 页。

结　语

　　经济高速发展、社会急剧转型是人口区域流动的根本原因，人类自然而然会追求更加方便、更加舒适的生活。"城市，让生活更美好"，上海世博会的宣传标语表征着城市化在人类生存生活中的重大意义。在城市化过程中，提升人的城市性是贯穿人的城市化过程始终的牵引线，人的无形城市化就体现在人的城市性的提升过程中。总之，应当树立全面意识，在提升农业转移人口城市性的过程中给予必要的指导，以及制度保障和物质保障，通过逐步积累城市性，促进农业转移人口市民化，从而为我国的城市化浪潮助力，带动经济繁荣发展，为早日实现"两个一百年"奋斗目标奉献力量。

参 考 文 献

（一）著作、译著

（明）田艺蘅著，朱碧莲点校：《留青日札》（上册），浙江古籍出版社
　　2012 年版。

陈文琼：《半城市化：农民进城策略研究》，社会科学文献出版社 2018
　　年版。

储著斌：《人的观念现代化研究》，中国社会科学出版社 2015 年版。

杜齐才：《价值与价值观念》，广东人民出版社 1987 年版。

高中建、王萌：《新生代农民工收入状况与消费》，社会科学文献出版社
　　2016 年版。

管健：《身份污名与认同融合：城市代际移民的社会表征研究》，社会科学
　　文献出版社 2012 年版。

郭永玉：《人格心理学：人性及其差异的研究》，中国社会科学出版社 2007
　　年版。

乐国安主编：《社会心理学理论新编》，天津人民出版社 2009 年版。

李美华主编：《心理学与生活》，湖南师范大学出版社 2017 年版。

李伟丛书主编，金三林：《国务院发展研究中心研究丛书　扎根城市之
　　路　农业转移人口就近市民化的路径与政策研究》，中国发展出版社
　　2015 年版。

李艳春：《新生代女性农民工城市适应性研究》，社会科学文献出版社 2016
　　年版。

祁晓玲、罗元青、宋周等：《农业转移人口市民化理论及政策研究》，人民

出版社 2019 年版。

邱皓政:《量化研究与统计分析》,重庆大学出版社 2009 年版。

邵志芳:《思维心理学 第 2 版》,华东师范大学出版社 2007 年版。

孙逊、杨剑龙主编:《都市文化研究 第 3 辑 阅读城市 作为一种生活方式的都市生活》,上海三联书店 2007 年版。

孙有然:《中国新市民公共文化服务体系研究》,南京大学出版社 2018年版。

汪民安、陈永国、张云鹏主编:《现代性基本读本》,河南大学出版社 2005年版。

王兴周:《都市乡民的终结——新市民城市性积累与市民化》,科学出版社 2016 年版。

王雅林:《人类生活方式的前景》,中国社会科学出版社 1997 年版。

王雅林主编:《生活方式概论》,黑龙江人民出版社 1989 年版。

王玉波、王雅林、王锐生:《生活方式论》,上海人民出版社 1989 年版。

王知桂、杨强、李莉:《农业转移人口市民化的制度困局及破解》,经济科学出版社 2015 年版。

吴增基、吴鹏森、孙振芳主编:《现代社会学》,上海人民出版社 2018年版。

夏征农、陈至立:《大辞海·心理学卷》,上海辞书出版社 2015 年版。

熊景维:《通往城市之路:农民工住房与市民化》,社会科学文献出版社 2017 年版。

杨瑞龙、周业安:《经济新常态下的中国经济增长:路径与机制(中国经济问题丛书)》,中国人民大学出版社 2019 年版。

杨宜音:《社会心态研究新进展(社会心理建设丛书)》,社会科学文献出版社 2018 年版。

张鸿雁:《侵入与接替——城市社会结构变迁新论》,东南大学季出版社 2003 年版。

张乐天主编:《进城农民工文化人格的嬗变》,华东理工大学出版社 2011年版。

郑杭生：《社会学概论新编》，人民大学出版社 1987 年版。

郑杭生：《社会学概论新修》，中国人民大学出版社 1998 年版。

郑永廷等：《人的现代化的理论与实践》，人民出版社 2006 年版。

周晓虹：《现代社会心理学　多维视野中的社会行为研究》，上海人民出版社 1997 年版。

［美］伯格（Jerry M. Burger）：《人格心理学（第八版)》，陈会昌译，中国轻工业出版社 2014 年版。

［美］阿列克斯·英克尔斯（Inkeles，Alex）、 ［美］戴维·H. 史密斯（Smith，David H.）：《从传统人到现代人——六个发展中国家中的个人变化》，顾昕译，中国人民大学出版社 1992 年版。

［美］安德鲁·J. 杜布林：《人际关系：职业发展与个人成功心理学》，姚翔、陆昌勤等译，机械工业出版社 2015 年版。

［美］乔纳森·H. 特纳：《现代西方社会学理论》，范伟达主译，天津人民出版社 1988 年版。

［英］安东尼·吉登斯（ANTHONY GIDDENS）：《现代性与自我认同：晚期现代中的自我与社会》，夏璐译，中国人民大学出版社 2016 年版。

（二）期刊

《国务院关于解决农民工问题的若干意见》，《中华人民共和国国务院公报》2006 年第 10 期。

蔡璐、黄兴华：《"互联网＋"时代农民工市民化的社区教育支持》，《继续教育研究》2018 年第 1 期。

蔡瑞林、陈万明、李剑：《农业转移人口主动性人格、留城创业与工作嵌入研究》，《华中农业大学学报》（社会科学版）2014 年第 6 期。

曹兵、郭玉辉：《论农民工市民化的社会成本构成》，《经济论坛》2012 年第 8 期。

曹宗平：《农村剩余劳动力转移的成本分析及路径选择》，《山东社会科学》2009 年第 4 期。

陈昌兴、李俊奎：《农民工的经济价值观透视——基于浙江台州 804 个样本的调查分析》，《社科纵横》2014 年第 1 期。

陈广桂：《房价、农民市民化成本和我国的城市化》，《中国农村经济》
　2004 年第 3 期。

陈广桂、徐汝琦：《从农民市民化成本角度看我国的城市化发展》，《农
　村·农业·农民》2003 年第 9 期。

陈嘉明：《"现代性"与"现代化"》，《厦门大学学报》（哲学社会科学版）
　2003 年第 5 期。

陈锡根、吴志冲：《试论农业劳动力转移与城镇建设的关系》，《农业经济
　问题》1993 年第 8 期。

陈向阳：《人的全面现代化刍议》，《华南师范大学学报》（社会科学版）
　1995 年第 4 期。

陈延秋、金晓彤：《新生代农民工市民化意愿影响因素的实证研究——基
　于人力资本、社会资本和心理资本的考察》，《西北人口》2014 年第
　4 期。

陈永燊、周彬、张仲伍：《临汾市农民工出租车司机市民化问题研究》，
　《山西大同大学学报》（社会科学版）2018 年第 3 期。

谌新民、周文良：《农业转移人口市民化成本分担机制及政策涵义》，《华
　南师范大学学报》（社会科学版）2013 年第 5 期。

褚松燕：《论公民资格的构成》，《上海行政学院学报》2006 年第 1 期。

崔铭香、段寅雪：《学习与超越：农民工学习行为探究》，《教育学术月刊》
　2013 年第 11 期。

崔铭香、刘建坤：《城市适应：农民工之转化学习》，《现代远距离教育》
　2014 年第 1 期。

崔铭香、刘建坤：《论成人教育与农民工"城市性"的提升》，《河北师范
　大学学报》（教育科学版）2013 年第 1 期。

崔岩：《流动人口心理层面的社会融入和身份认同问题研究》，《社会学研
　究》2012 年第 5 期。

崔玉平、吴颖：《非货币化收益视角下教育培训对农民工市民化水平的效
　应——基于苏州市农民工样本的实证研究》，《华东师范大学学报》（教

育科学版）2019 年第 2 期。

戴凌：《我国农业剩余劳动力转移的特征及成因》，《改革》1991 年第
3 期。

单菁菁：《农民工市民化研究综述：回顾、评析与展望》，《城市发展研究》
2014 年第 1 期。

单笑笑：《农民工市民化成本测算及其分担方式研究——以昆山市为例》，
《江南论坛》2019 年第 6 期。

邓睿、冉光和：《健康自评和社会网络资本对农民工就业质量的影响》，
《城市问题》2018 年第 2 期。

丁金宏、孙小铭、戴淑庚、黄晨熹：《试论民工潮的形成机制和治理对
策》，《科技导报》1994 年第 7 期。

丁静：《农业转移人口市民化政策运行的逻辑起点与理性回归》，《求实》
2018 年第 6 期。

董辉：《我国农业劳动力转移模式与城镇化道路》，《人口学刊》1989 年第
6 期。

费茸：《农民工市民化供求决定机理——基于公共产品理论模型》，《学术
论坛》2015 年第 7 期。

傅东平、李强、纪明：《农业转移人口市民化成本分担机制研究》，《广西
社会科学》2014 年第 4 期。

高红：《公民权视域下农民工权益保护的社会政策支持》，《南京师大学报》
（社会科学版）2009 年第 5 期。

顾海英：《改革二元户籍制度 实现城乡一体化》，《农业经济问题》2002
年第 9 期。

郭强、黄华玲：《城市性及其获致》，《创新》2012 年第 5 期。

郭正林、周大鸣：《外出务工与农民现代性的获得》，《中山大学学报》
（社会科学版）1996 年第 5 期。

韩雨诗、王宇雄：《"城中村"居民城市融入问题研究》，《长治学院学报》
2019 年第 1 期。

何爱霞、刘雅婷：《我国农民工城市融入与教育培训研究进展评析》，《职

教论坛》2016 年第 3 期。

何光全：《现代化视野下的我国农民教育问题》，《现代远程教育研究》2018 年第 1 期。

洪玉、周众帏、张全跃、庞静：《浙江省农民工市民化进程研究》，《浙江经济》2016 年第 23 期。

胡宏伟、李冰水、曹杨、吕伟：《差异与排斥：新生代农民工社会融入的联动分析》，《上海行政学院学报》2011 年第 4 期。

胡杰成：《以分类治理推进农民工市民化》，《宏观经济管理》2015 年第 11 期。

胡艳辉：《农民工城市融入：基于政治意识与行为的维度》，《求索》2014 年第 1 期。

黄佳豪：《社会排斥视角下新生代农民工市民化问题研究》，《中国特色社会主义研究》2013 年第 3 期。

黄进：《本土性与再生性社会资本对农民工市民化的影响研究》，《中国劳动》2015 年第 22 期。

黄进：《人力资本对农民工市民化的影响研究》，《中国劳动》2016 年第 10 期。

江波：《"以人为核心"的城镇化：内涵、价值与路径》，《苏州大学学报》（哲学社会科学版）2017 年第 3 期。

江立华：《城市性与农民工的城市适应》，《社会科学研究》2003 年第 5 期。

江立华：《论农民工在城市的生存与现代性》，《郑州大学学报》（哲学社会科学版）2004 年第 1 期。

姜作培：《从战略高度认识农民市民化》，《中国城市经济》2002 年第 11 期。

姜作培：《农民市民化：制约因素及突破思路分析》，《浙江社会科学》2003 年第 6 期。

姜作培：《农民市民化必须突破五大障碍》，《中共杭州市委党校学报》2002 年第 6 期。

金代志、高洁：《新生代农民工市民化的户籍制度障碍及应对策略》，《中国市场》2019 年第 7 期。

康就升：《农业劳动力转移与农村人口城镇化》，《人口学刊》1985 年第 3 期。

康就升：《亦工亦农人口与农业劳动力转移》，《人口研究》1984 年第 4 期。

康涌泉：《农业转移人口市民化的成本及收益解析》，《河南师范大学学报》（哲学社会科学版）2014 年第 6 期。

孔祥利、卓玛草：《农民工城市融入的非制度途径——社会资本作用的质性研究》，《陕西师范大学学报》（哲学社会科学版）2016 年第 1 期。

黎红、杨聪敏：《农民工市民化的成本分担与机制构建》，《探索》2018 年第 4 期。

李根强、谭银清、陈益芳：《人力资本、社会资本与农民工工资差异》，《华中农业大学学报》（社会科学版）2016 年第 2 期。

李亮、贺艺、李兴华：《城镇化进程中湖南农民工市民化评价指标体系研究》，《湖南农业科学》2018 年第 12 期。

李强：《中国城市化进程中的"半融入"与"不融入"》，《河北学刊》2011 年第 5 期。

李强、李凌：《农民工的现代性与城市适应——文化适应的视角》，《南开学报》（哲学社会科学版）2014 年第 3 期。

李荣彬、袁城：《社会变迁视角下流动人口身份认同的实证研究——基于全国流动人口动态监测调查数据》，《人口与发展》2013 年第 6 期。

李士慧：《关于农业剩余劳动力转移模式及其理论分歧》，《农业经济问题》1987 年第 1 期。

李斯玺：《新时代背景下工会服务农民工工作的路径探析——基于广西情况的思考》，《天津市工会管理干部学院学报》2018 年第 1 期。

李晓丽：《影响农民工城市融入的推力和拉力因素分析》，《山东省农业管理干部学院学报》2006 年第 5 期。

李云新、吴智灵：《农业转移人口市民化的社区支持机制研究》，《农村经济》2016 年第 3 期。

梁鹤年：《城市人》，《城市规划》2012 年第 7 期。

梁土坤：《二律背反：新生代农民工生育意愿的变化趋势及其政策启示》，《北京理工大学学报》（社会科学版）2019 年第 3 期。

林竹：《农民工就业：人力资本、社会资本与心理资本的协同》，《农村经济》2011 年第 12 期。

刘传江：《当代中国农民发展及其面临的问题（二）　农民工生存状态的边缘化与市民化》，《人口与计划生育》2004 年第 11 期。

刘传江：《中国农民工市民化研究》，《理论月刊》2006 年第 10 期。

刘传江、徐建玲：《第二代农民工及其市民化研究》，《中国人口·资源与环境》2007 年第 1 期。

刘奉越：《基于新生代农民工城市适应主体性障碍的质变学习》，《现代远程教育研究》2012 年第 6 期。

刘鸿渊、梁娟利、彭新艳：《中国农民工市民化的知识图谱分析——基于2004—2018 年 CNKI 核心期刊和 CSSCI 数据》，《西南民族大学学报》（人文社科版）2018 年第 11 期。

刘华、于爱华、王琳：《随迁对农民工子女学业成绩影响的实证研究——基于 PSM 和家校教育的视角》，《湖南农业大学学报》（社会科学版）2020 年第 6 期。

刘辉武：《文化资本与农民工的城市融入》，《农村经济》2007 年第 1 期。

刘丽：《新生代农民工"市民化"问题研究——基于社会资本与社会排斥分析的视角》，《河北经贸大学学报》2012 年第 5 期。

刘巧红、范晓非：《中国农业转移人口市民化的路径选择》，《东北财经大学学报》2018 年第 3 期。

刘世锦、陈昌盛、许召元、崔小勇：《农民工市民化对扩大内需和经济增长的影响》，《经济研究》2010 年第 6 期。

刘卫星：《城市农民工与农民市民化》，《贵州师范大学学报》（社会科学版）2004 年第 5 期。

刘向辉：《基于英国经验借鉴的中国农业人口转移问题研究》，《世界农业》

2016 年第 7 期。

刘小年：《农民工市民化非均衡现象分析——社会交换的视角》，《农业经济问题》2018 年第 1 期。

刘雅婷、黄健：《心理资本对农民工城市融入的作用机制及教育规导路径》，《现代远程教育研究》2018 年第 3 期。

刘亚玲：《论以财政改革推进农业转移人口市民化进程》，《公共经济与政策研究》2018 年第 1 期。

刘莹：《城市文化与农民工心理资本契合过程分析》，《农业经济》2010 年第 4 期。

鲁强：《农民工市民化问题研究综述——研究范式、现实障碍与路径趋势》，《山东财经大学学报》2017 年第 3 期。

吕柯：《浅议"农民工"市民化存在的主要障碍》，《中共成都市委党校学报》（哲学社会科学）2004 年第 2 期。

吕朔：《新生代农民工政治参与的路径研究——以武汉市农民工调查为例》，《荆楚学刊》2017 年第 6 期。

吕炜、谢佳慧：《农业转移人口市民化：重新认知与理论思辨》，《财经问题研究》2015 年第 11 期。

罗竖元、李萍：《社区文化：农民工随迁子女城市融入的现实载体》，《广西社会科学》2013 年第 12 期。

马红梅、罗春尧：《人力资本、社会资本及心理资本对农民工创业意愿影响研究——基于贵州省 953 个农民工创业样本》，《吉林工商学院学报》2016 年第 4 期。

马晓河、胡拥军：《一亿农业转移人口市民化的难题研究》，《农业经济问题》2018 年第 4 期。

梅建明、袁玉洁：《农民工市民化意愿及其影响因素的实证分析——基于全国 31 个省、直辖市和自治区的 3375 份农民工调研数据》，《江西财经大学学报》2016 年第 1 期。

孟凡华：《农民工市民化：职业教育何为》，《职业技术教育》2014 年第 27 期。

孟祥远、邓智平：《个人的城市性与城市的发展》，《城市问题》2009 年第
　　9 期。

宁吉喆：《我国农业劳动力转移及乡村人口变动分析》，《经济研究参考》
　　1993 年第 Z7 期。

齐红倩、席旭文：《分类市民化：破解农业转移人口市民化困境的关键》，
　　《经济学家》2016 年第 6 期。

钱文荣、李宝值：《不确定性视角下农民工消费影响因素分析——基于全
　　国 2679 个农民工的调查数据》，《中国农村经济》2013 年第 11 期。

秦陈荣：《四川省农民工市民化影响因素及路径探析》，《决策咨询》2018
　　年第 1 期。

尚越、石智雷：《城乡迁移与农民工心理健康——基于中国劳动力动态调
　　查数据的分析》，《西北人口》2020 年第 4 期。

申继亮：《论成人思维的发展变化》，《北京师范大学学报》1993 年第
　　1 期。

沈诗杰：《心理资本调节下新生代农民工就业质量影响因素研究——基于
　　吉林省调查数据的分析》，《学习与探索》2018 年第 6 期。

苏丽锋：《中国流动人口市民化水平测算及影响因素研究》，《中国人口科
　　学》2017 年第 2 期。

粟娟：《基于消费视角的农民工市民化效应测评及对策》，《中国流通经济》
　　2014 年第 4 期。

孙步忠、张乐天、曾咏梅、张文：《进城农民工文化人格重塑对城市化进
　　程的影响》，《西北人口》2010 年第 2 期。

孙友然、凌亢、张新岭、白先春：《我国农业转移人口市民化研究综述》，
　　《西北农林科技大学学报》（社会科学版）2016 年第 2 期。

孙正林、佐赫：《农民工市民化成本估算与分担机制》，《学术交流》2016
　　年第 10 期。

谭日辉：《社会认同视角下失地农民的市民化研究》，《湖南社会科学》
　　2014 年第 6 期。

唐秀英：《我国农民工城市适应问题略论》，《中共桂林市委党校学报》

2003 年第 3 期。

滕瀚、黄洪雷：《城镇化进程中农业转移人口的社会融入——基于环境心理的视角》，《江淮论坛》2014 年第 1 期。

田凯：《关于农民工城市适应性的调查与思考》，《人口学刊》1996 年第 4 期。

田凯：《关于农民工的城市适应性的调查分析与思考》，《社会科学研究》1995 年第 5 期。

王桂芳：《城市农民工市民化问题研究综述》，《中共山西省委党校学报》2008 年第 5 期。

王桂新、沈建法、刘建波：《中国城市农民工市民化研究——以上海为例》，《人口与发展》2008 年第 1 期。

王家庭、赵一帆、倪方树、冯树：《新型城镇化进程中农民工市民化的净成本测度——以中国五大城市群为例》，《城市观察》2016 年第 2 期。

王凯、李凯、杨胜慧：《基于非户籍人口市民化意愿的社区公共空间营造研究——来自国家级新区 181 个社区的调查》，《中国人民大学学报》2020 年第 2 期。

王婉婉：《从"文化消费"到"身份建构"——新生代农民工城市融入的文化策略》，《东北农业大学学报》（社会科学版）2019 年第 2 期。

王晓莹、罗教讲：《农民工的社会支持、社会参与和身份认同》，《中国劳动关系学院学报》2017 年第 2 期。

王兴周、张文宏：《城市性：农民工市民化的新方向》，《社会科学战线》2008 年第 12 期。

王莹：《农业转移人口市民化过程中的企业行为研究——基于博弈论的视角》，《安徽农业科学》2016 年第 19 期。

王映健：《我国农业人口城镇化的主要途径》，《四川财政》1995 年第 5 期。

王竹林、范维：《人力资本视角下农民工市民化能力形成机理及提升路径》，《西北农林科技大学学》（社会科学版）2015 年第 2 期。

魏永利：《2018 年浙江省农民工监测调查报告》，《浙江经济》2019 年第

5 期。

吴波：《农业转移人口逆市民化：现象辨析、潜在影响及扭转路径》，《东北农业大学学报》（社会科学版）2017 年第 6 期。

吴红宇、谢国强：《新生代农民工的特征、利益诉求及角色变迁——基于东莞塘厦镇的调查分析》，《南方人口》2006 年第 2 期。

吴颖、崔玉平：《教育培训对农民工犯罪倾向性的影响：基于市民化的中介作用》，《教育与经济》2019 年第 4 期。

吴越菲：《农业转移人口的"选择性市民化"：一项类型学考察》，《中国农业大学学报》（社会科学版）2016 年第 2 期。

伍雪媚、李学坤、李鹤、宗玉萍、李彦蓉、李萍、姜明慧：《重庆市农民工市民化成本模型构建及测算》，《重庆文理学院学报》（社会科学版）2016 年第 5 期。

肖日葵：《人力资本、社会资本对农民工市民化的影响——以 X 市农民工为个案研究》，《西北人口》2008 年第 4 期。

谢宇、谢建社：《缩差、并轨与融合：G 市农民工市民化路径探索》，《福建论坛》（人文社会科学版）2016 年第 8 期。

熊光清：《新生代农民工社会排斥问题分析——基于五省市的实地调查》，《学习与探索》2014 年第 6 期。

熊辉、杨金平：《社会资本与农民工市民化》，《理论与现代化》2009 年第 1 期。

熊远来、陈微：《农业转移人口自我重塑与城市适应》，《兰州学刊》2009 年第 9 期。

徐丙奎：《进城农民工的社会网络与人际传播》，《华东理工大学学报》（社会科学版）2007 年第 3 期。

徐建役、姜励卿、谢海江：《心理资本与农民工工资收入的相互影响——以浙江省为例》，《浙江社会科学》2012 年第 9 期。

徐美银：《人力资本、社会资本与农民工市民化意愿》，《华南农业大学学报》（社会科学版）2018 年第 4 期。

徐增阳、付守芳：《改革开放 40 年来农民工政策的范式转变——基于 985

份政策文献的量化分析》，《行政论坛》2019 年第 1 期。

许世刚：《新型城镇化背景下农民工市民化的困境与路径优化》，《社会福利》（理论版）2018 年第 8 期。

许玉明：《重庆市农民工市民化的成本约束与制度创新》，《西部论坛》2011 年第 2 期。

许月恒、任栋：《山东省农业转移人口市民化问题研究》，《宏观经济管理》2018 年第 4 期。

颜铭、权琨：《基于人力资本理论的新型农民工继续教育体系构建》，《中国成人教育》2017 年第 21 期。

杨富平：《权利经营：流动人口市民权利获得的一个分析框架》，《城市发展研究》2020 年第 6 期。

杨菊华：《流动人口（再）市民化：理论、现实与反思》，《吉林大学社会科学学报》2019 年第 3 期。

杨菊华：《农业转移人口市民化的维度建构与模式探讨》，《江苏行政学院学报》2018 年第 4 期。

杨菊华：《社会排斥与青年乡—城流动人口经济融入的三重弱势》，《人口研究》2012 年第 5 期。

杨丽莎、周亚蕾：《包容性发展视角下农业转移人口市民化问题研究》，《农场经济管理》2019 年第 3 期。

杨伟民：《社会权利之根据探究——从马歇尔的范式出发》，《社会学评论》2016 年第 4 期。

杨先明：《构建农民工市民化的社会成本分摊机制》，《经济界》2011 年第 3 期。

杨轾波：《江西农民市民化"成本—收益"分析》，《商业文化》（学术版）2007 年第 6 期。

姚先国、孙景蔚：《我国农民市民化进程中的人力资本投资分析》，《中国劳动经济学》2006 年第 3 期。

叶中强：《齐美尔、沃思的都市社会学及其在当代中国的影响》，《江苏行政学院学报》2002 年第 3 期。

于宏、周升起：《社会资本对失地农民市民化进程的影响》，《城市问题》2016 年第 7 期。

于米：《人力资本、社会资本对女性农民工体面劳动的影响——心理资本的调节作用》，《人口学刊》2017 年第 3 期。

余昆：《关于随迁老人社会融入的文献综述》，《社科纵横》（新理论版）2013 年第 4 期。

岳欣：《城乡协调发展视研究域下新型城镇化评价体系构建及实证研究》，《北京邮电大学学报》（社会科学版）2019 年第 3 期。

曾福生：《我国农业劳动力转移的困境与战略抉择》，《科技导报》1995 年第 8 期。

张红霞：《场域变迁与规则重构：新生代农民工人际交往的微观机理》，《中国青年社会科学》2019 年第 1 期。

张金萍：《提高农业转移人口市民化质量》，《宏观经济管理》2020 年第 9 期。

张京祥、赵伟：《二元规制环境中城中村发展及其意义的分析》，《城市规划》2007 年第 1 期。

张静：《少数民族农民工市民化中文化适应问题研究》，《理论探讨》2014 年第 6 期。

张世梅、高双、李凯鹏：《人力资本视角下吉林省农民工市民化能力分析》，《河南科技大学学报》（社会科学版）2019 年第 1 期。

张世伟、张君凯：《政府培训、正规就业与农民工劳动报酬》，《人口学刊》2020 年第 6 期。

张勋、刘晓、樊纲：《农业劳动力转移与家户储蓄率上升》，《经济研究》2014 年第 4 期。

张永丽、王博：《农民工内部分化及其市民化研究》，《经济体制改革》2016 年第 4 期。

张悦玲、高彦：《基于人力资本培训的农民工市民化问题研究》，《农村经济与科技》2012 年第 2 期。

张智：《社会主义现代化与人的现代化的协同发展》，《重庆社会科学》

2014 年第 8 期。

章丽萍、王娅莉：《大学生"农民工"城市融入问题浅析——以合肥市为例》，《行政事业资产与财务》2019 年第 2 期。

赵呈晨：《传播学视角下的新生代农民工城市适应研究综述》，《新闻界》2015 年第 5 期。

赵立新：《社会资本与农民工市民化》，《社会主义研究》2006 年第 4 期。

赵排风：《城乡二元就业制度对农民工市民化的影响分析》，《学理论》2016 年第 4 期。

赵迎军：《从身份漂移到市民定位：农民工城市身份认同研究》，《浙江社会科学》2018 年第 4 期。

赵智、郑循刚、李冬梅：《土地流转、非农就业与市民化倾向——基于四川省农业转移人口的调查分析》，《南京农业大学学报》（社会科学版）2016 年第 4 期。

郑琪、汪雯：《社会资本对农民工工会参与的影响研究——以苏州市为例》，《中国林业经济》2019 年第 3 期。

郑欣、高梦媛：《媒介化体验：新生代农民工闲暇生活研究》，《山西大学学报》（哲学社会科学版）2017 年第 4 期。

郑欣、章译文：《"消费式融入"：新生代农民工的城市生活实践及其抗争——基于长三角地区的实证研究》，《中国地质大学学报》（社会科学版）2016 年第 1 期。

郑洋：《江苏农业转移人口市民化进程的现状与难点》，《邢台学院学报》2019 年第 1 期。

钟德友、陈银容：《破解农民工市民化障碍的制度创新——以重庆为例证的分析》，《农村经济》2012 年第 1 期。

周春山、杨高：《广东省农业转移人口市民化成本——收益预测及分担机制研究》，《南方人口》2015 年第 5 期。

周大鸣：《外来工与"二元社区"——珠江三角洲的考察》，《中山大学学报》（社会科学版）2000 年第 00 期。

周君璧：《新型城镇化背景下农业转移人口市民化路径障碍及对策分析》，

《求实》2014年第9期。

周晓虹：《流动与城市体验对中国农民现代性的影响——北京"浙江村"与温州一个农村社区的考察》，《社会学研究》1998年第5期。

朱健、李子芳：《市民化方式对农业转移人口消费需求的影响研究》，《财经理论与实践》2022年第3期。

朱考金、刘瑞清：《青年农民工的社会支持网与城市融入研究——以南京市为例》，《青年研究》2007年第8期。

朱力：《论农民工阶层的城市适应》，《江海学刊》2002年第2期。

（三）论文报纸杂志

习近平：《决胜全面建成小康社会 夺取新时代中国特色社会主义伟大胜利》，《人民日报》2017年10月28日第1版。

（两会受权发布）《政府工作报告》（2021－03－12）［2022－06－21］，http://www.xinhuanet.com/politics/2021－03/12/c_1127205339.htm。

《中共中央关于制定国民经济和社会发展第十四个五年规划和二〇三五年远景目标的建议》，《人民日报》2020年11月4日第1版。

成姗珊：《新型城镇化进程中农民工市民化的问题研究》，硕士学位论文，吉林大学，2018年。

崔铭香：《青年农民工的生存境遇与学习行为研究》，博士学位论文，华东师范大学，2010年。

丁红艳：《新疆少数民族农民工的城市适应性研究》，新疆农业大学，2015年。

葛信勇：《农民工市民化影响因素研究》，博士学位论文，西南大学，2011年。

谷乐：《户籍制度改革背景下农民工市民化问题研究》，硕士学位论文，海南大学，2018年。

郭倩倩：《农民工城市融入影响因素研究》，硕士学位论文，西南大学，2014年。

国家发展改革委：《关于印发〈2022年新型城镇化和城乡融合发展重点任

务〉的通知》[EB/OL]（2022 - 03 - 10）[2022 - 6 - 21]，http://www.gov.cn/zhengce/zhengceku/2022 - 03/22/content_ 5680416. htm。

国家统计局：《2021 年农民工监测调查报告》[EB/OL]（2022 - 4 - 29）[2022 - 6 - 21]，http://www.stats.gov.cn/xxgk/sjfb/zxfb2020/202204/t20220429_ 1830139. html。

国家统计局：《第七次全国人口普查主要数据情况》[EB/OL]（2021 - 5 - 11）[2022 - 6 - 21]，http://www.stats.gov.cn/xxgk/sjfb/zxfb2020/202105/t20210511_ 1817195. html。

国务院：《2019 年政府工作报告》[DB/OL]（2019 - 03 - 15）[2021 - 02 - 01]，http://www.gov.cn/zhuanti/2019qglh/2019lhzfgzbg/。

国务院：《"健康中国 2030"规划纲要》，《人民日报》2016 年 10 月 26 日第 1 版。

国务院：《关于进一步推进户籍制度改革的意见》[DB/OL]（2014 - 7 - 30）[2021 - 2 - 11]，http://www.gov.cn/zhengce/content/2014 - 07/30/content_ 8944. htm。

国务院：《国务院关于印发"十三五"卫生与健康规划的通知》[DB/OL]（2017 - 01 - 10）[2021 - 02 - 16]，http://www.gov.cn/zhengce/content/2017 - 01/10/content_ 5158488. htm。

韩亚辉：《农业转移人口市民化的制度困境及对策研究》，硕士学位论文，西南交通大学，2017 年。

洪玉婷：《社会资本对农民工市民化的影响研究》，硕士学位论文，山东财经大学，2019 年。

胡少云：《职业院校新生代农民工教育培训对策研究》，硕士学位论文，湖南师范大学，2010 年。

黄华玲：《农民市民化与市民现代化》，硕士学位论文，苏州大学，2006 年。

蓝宇蕴：《都市里的村庄》，硕士学位论文，中国社会科学院研究生院，2003 年。

李佳楠：《职业技术教育对我国新生代农民工职业选择的影响研究》，硕士学位论文，郑州大学，2017年。

李玲：《人力资本投资对农民工市民化的影响研究》，硕士学位论文，辽宁大学，2018年。

林燕：《二元结构下的劳动力非家庭化转移研究》，博士学位论文，浙江大学，2009年。

林祝琼：《基于基本公共服务均等化的农业转移人口市民化成本测算分析》，浙江财经大学，2015年。

刘剑文：《建筑业农民工市民化制度研究》，硕士学位论文，河北工业大学，2016年。

刘天平：《长春市餐饮业新生代农民工职业保护现状及对策研究》，硕士学位论文，长春工业大学，2012年。

刘小果：《制造业农民工就业质量及其影响因素研究》，硕士学位论文，福建农林大学，2017年。

马红玉：《社会资本、心理资本与新生代农民工创业绩效研究》，博士学位论文，东北师范大学，2016年。

马颖杰：《心理资本对农民工工资的影响研究》，硕士学位论文，暨南大学，2014年。

毛隆凤：《马克思主义人学视阈下新增城市人口"市民化"研究》，硕士学位论文，江西理工大学，2015年。

潘晓红：《社区教育视角下新生代农民工城市融入对策研究》，硕士学位论文，西华师范大学，2017年。

彭璇：《京津冀城镇化质量综合评价与提升路径研究》，硕士学位论文，首都经济贸易大学，2016年。

齐勇：《新型城镇化背景下农业转移人口价值观研究》，博士学位论文，北京科技大学，2019年。

曲佳霖：《政府培训对农民工人力资本提升的影响》，硕士学位论文，东北财经大学，2018年。

任靖：《新媒体使用对新生代农民工城市融入的影响研究》，硕士学位论文，郑州大学，2017年。

任旭：《经济新常态下中小企业新生代农民工培训研究》，硕士学位论文，陕西科技大学，2018 年。

宋璐怡：《新生代农民工城市融入过程中的思想政治教育》，硕士学位论文，南京理工大学，2015 年。

苏映宇：《城镇化进程中女性农民工劳动权益保障研究》，博士学位论文，福建师范大学，2016 年。

谭小示：《湖北省农业转移人口市民化的思路与实现路径》，硕士学位论文，湖北省社会科学院，2016 年。

王浩宇：《郑州城市餐饮业农民工参加体育健身活动状况调查研究》，硕士学位论文，河南大学，2016 年。

王俊沾：《子女入城就读的农村户籍人口市民化研究》，硕士学位论文，兰州大学，2018 年。

魏雪琴：《农民工市民化进程中社会保障的制度困境及优化研究》，硕士学位论文，华中师范大学，2014 年。

吴瑞瑞：《城镇化背景下农民创业环境评价研究》，硕士学位论文，大连工业大学，2015 年。

吴轩：《新生代农民工市民化影响因素的实证研究》，硕士学位论文，广西大学，2017 年。

吴颖：《教育培训对农民工收入和市民化水平影响的实证研究》，硕士学位论文，苏州大学，2017 年。

肖振钦：《新生代农民工人力资本、心理资本对工作绩效的作用研究》，硕士学位论文，福州大学，2014 年。

徐晖：《农民人力资本提升在市民化过程的作用探析》，硕士学位论文，东北师范大学，2011 年。

演讲吴志强，整理本报记者徐蓓：《从 8 亿农民到 8 亿城市人，下一程怎么走》，《解放日报》2020 年 4 月 17 日第 9 版。

姚德超：《"共生"视域下农业转移人口市民化问题治理研究》，硕士学位论文，华中师范大学，2014 年。

张德彭：《农业转移人口再社会化叙事研究》，硕士学位论文，江西师范大学，2020 年。

张付远：《江苏省农民工市民化程度评价体系的构建与实证研究》，硕士学位论文，南京财经大学，2017 年。

张慧琪：《农民工城市适应性研究》，硕士学位论文，南京师范大学，2006 年。

张沐：《统筹城乡的城镇化研究》，硕士学位论文，中央民族大学，2012 年。

张元昭：《宁波市成人高等院校参与新生代农民工培训研究》，硕士学位论文，宁波大学，2017 年。

赵阳：《公共文化服务均等化视角下新生代农民工市民化研究》，硕士学位论文，山东师范大学，2017 年。

赵一凡：《我国农民工市民化问题及其影响因素研究》，硕士学位论文，北京工业大学，2018 年。

郑玲玲：《中国农业转移人口市民化的政策与路径研究》，博士学位论文，东北师范大学，2017 年。

中共中央国务院：《国家新型城镇化规划（2014—2020 年）（2014 – 03 – 16）〔2021 – 02 – 01〕，http://www. gov. cn/zhengce/2014 – 03/16/content_ 2640075. htm。

中华人民共和国中央人民政府：《2020 年农民工监测调查报告（2021 – 04 – 30）〔2022 – 6 – 21〕，http:// www. gov. cn/shuju/2021 – 04/30/content_ 5604232. htm。

周闯、沈笑笑：《政府培训对农民工就业质量的影响研究》，数理统计与管理：1 – 13〔2021 – 02 – 13〕，https：//doi. org/10. 13860/j. cnki. sltj. 20201205 – 015。

周密：《新生代农民工市民化程度的测度及其影响因素》，博士学位论文，沈阳农业大学，2011 年。

周庆林：《安徽省农民工市民化代际差异研究》，硕士学位论文，安徽财经大学，2015 年。

朱佳琳：《农民工市民化影响因素研究》，硕士学位论文，浙江农林大学，

2017 年。

朱洁琼:《新生代农民工社会排斥研究》, 硕士学位论文, 江苏师范大学, 2018 年。

佐赫:《农民工市民化成本分担机制研究》, 博士学位论文, 东北林业大学, 2018 年。

(四) 外文

Anderson, N. , "Urbanism andurbanization", *American Journal of Sociology*, Vol. 65, No. 1, 1959, 68 – 73.

Beals, R. L. , "Urbanism, urbanization and acculturation", *American Anthropologist*, Vol. 53, No. 1, 1951, 1 – 10.

Clinard, M. B. , "A cross-cultural replication of the relation of urbanism to criminalbehavior", *American Sociological Review*, Vol. 25, No. 2, 1960, 253 – 257.

Driedger, L. , "Toward a perspective on Canadian pluralism: Ethnic identity in-Winnipeg", *Canadian Journal of Sociology/Cahiers canadiens de sociologie*, 1977, 77 – 95.

Feldstein, M. , "Social Security, Induced Retirement and Aggregate Capital Accumulation", *Journal of Political Economy*, 1974 (5): 905 – 926.

Fischer, C. S. , "Toward a Subcultural Theory ofUrbanism", *American Journal of Sociology*, Vol. 80, No. 6, 1975, 1319 – 1341.

Ibrahim, S. E. , "Over-urbanization and under-urbanism: The case of the Arab-world", *International Journal of Middle East Studies*, 1975, 29 – 45.

Park, R. E. , *Human communities: The city and humanecology*, 1952.

Park, R. E. , *The city as a social laboratory*, Chicago: An experiment in social science research, 1929, 1 – 19.

Peter M. , *Blau, Inequality and Heterogeneity A Primitive Theory of Social Structure*, The Free Press, 1977.

Petersen, K. K. , "Villagers in Cairo: hypotheses versusdata", *American Jour-*

nal of Sociology, Vol. 77, No. 3, 1971, 560 – 573.

Tittle, C. R. , "Influences on urbanism: A test of predictions from threeper-spectives", *Social Problems*, Vol. 36, No. 3, 1989, 270 – 288.

Wirth, L. , "Urbanism as a Way of Life", *American Journal of Sociology*, Vol. 44, No. 1, 1938, 1 – 24.

附　　录

农业转移人口城市性调查问卷

总编号：

小组编号：

尊敬的朋友，您好：

　　本次问卷调查的目的是深入了解农村籍员工在城市生活的基本现状。问卷共由两个部分组成，每题选项均无对错之分，请您放心填写。本次调查以匿名形式开展，您的个人信息将会被严格保密！问卷获取的信息仅供课题研究之用，请您认真阅读并作出回答，注意不要漏答。十分感谢您在百忙之中予以帮助！

　　填表说明：

　　（1）回答问题时，根据您的实际情况填写，请不要与他人商量。

　　（2）请您所选择相应的答案并打"√"

　　（3）无特殊说明的，每个问题只选择一个答案。

农业转移人口城市性课题组

2019 年 5 月

第一部分　个人基本情况

1. 您的性别是：

A. 男　　　B. 女

2. 您的年龄是：

A. 18 岁以下　　 B. 19—25 岁　　 C. 26—35 岁　　 D. 36—45 岁

E. 46—60 岁　　 F. 60 岁以上

3. 您的学历是：

A. 小学及以下　　 B. 初中　　 C. 高中（包含中专、技校、职高）

D. 大专　　 E. 本科及以上

4. 您的婚姻状况是：

A. 未婚　　 B. 已婚

5. 您父母目前生活在：

A. 老家　　 B. 您工作所在城市　　 C. 其他城市　　 D. 以上均不符

6. 您爱人目前生活在：

A. 老家　　 B. 工作所在城市　　 C. 其他城市　　 D. 以上均不符

7. 您子女读书学习的地方是：

A. 老家　　 B. 工作所在城市借读　　 C. 其他城市借读

D. 以上均不符

8. 您居住过的城市数量为：

A. 2 个及以下　　 B. 3—5 个　　 C. 6—8 个　　 D. 19 个及以上

9. 您在城市的居住时间为：

A. 1 年及以下　　 B. 1.1—3 年　　 C. 3.1—5 年　　 D. 5.1 年及以上

10. 您目前所从事的行业是：

A. 建筑业　　 B. 制造业　　 C. 批发零售业　　 D. 住宿餐饮业

E. 家政服务业　　 F. 交通运输业　　 G. 美容美发业

H. 自主创业

I. 其他

11. 您目前的月收入水平是：

A. 2000 元及以下　　 B. 2001—4000 元　　 C. 4001—6000 元

D. 6001—8000 元　　 E. 8001 元及以上

12. 您每天的工作时长是：

A. 8 小时及以下　　 B. 8.1—10 小时　　 C. 10.1—12 小时

D. 12. 1 小时及以上

13. 您拥有的职业资格证书或者技术等级证书为：

A. 无　　　B. 初级（五级）　　　C. 中级（四级）

D. 高级（三级）　　　E. 技师（二级）　　　F. 高级技师（一级）

14. 您工作的居住环境是：

A. 集体宿舍　　B. 出租房　　C. 购买住房　　D. 其他

15. 您农村土地的处理方式是：

A. 没有土地　　B. 换取城镇户口　　C. 亲属种植　　D. 弃为荒地

E. 承包给他人耕种

16. 您的求职渠道是：

A. 亲友熟人老乡介绍　　　B. 职业介绍所　　　C. 网站求职

D. 其他

17. 您的求职目的是（多选题）：

A. 大城市能更好地施展自己　　　B. 挣钱多，机会多　　　C. 见世面

D. 学本事　　E. 向往城市生活　　F. 其他

18. 您进城以后遇到的困难是（多选题）：

A. 没有住房　　　B. 工作比较危险　　　C. 工作不稳定，生活没有保障

D. 拖欠工资　　　E. 社会地位低下，受到歧视　　　F. 城市生活成本高

G. 思念家乡和亲人　　　H. 其他

19. 您认为在工作地所在城市安家最大的困难是（多选题）：

A. 户口没法解决　　　B. 小孩上学问题没法解决

C. 没法融入当地的生活

D. 经济收入太低，根本无法保证全家人的生活开支

E. 对在城市生活没有信心　　　F. 其他

20. 家人的支持对您城市使用的影响程度是：

A. 非常大　　B. 一般　　C. 非常小　　D. 无所谓

21. 城市人的态度对您城市适应的影响程度是：

A. 非常大　　B. 一般　　C. 非常小　　D. 无所谓

22. 国家政策对您城市适应的影响程度是：

A. 非常大　　B. 一般　　C. 非常小　　D. 无所谓

23. 您的家乡是：＿＿＿省＿＿＿市

24. 您目前居住的城市是：＿＿＿省＿＿＿市

第二部分　农业转移人口城市性测评量表

从下列选项中选择最符合您目前情况的选项，并在数字上打"√"。

1 = 非常不符合　2 = 比较不符合　3 = 一般符合　4 = 比较符合　5 = 非常符合

序号	题　项	完全不符合	比较不符合	一般符合	比较符合	完全符合
1	我认为电脑、手机等科技产品可以方便日常生活	1	2	3	4	5
2	我觉得信息技术在实际生活中很有用	1	2	3	4	5
3	我觉得当今社会风气是好的	1	2	3	4	5
4	我认为大家都是一样的，没有贵贱之分	1	2	3	4	5
5	我觉得学习法律知识很有必要	1	2	3	4	5
6	权益受到侵害时，我会寻求法律帮助	1	2	3	4	5
7	每个人都应在履行义务的基础上才能享受权利	1	2	3	4	5
8	我会积极主动参与政府、社区等组织的社会活动	1	2	3	4	5
9	我愿意听取他人不同的观点	1	2	3	4	5
10	我尊重并考虑各方面不同意见和想法	1	2	3	4	5
11	我会有意识地注意自己的饮食	1	2	3	4	5
12	我会定期检查身体	1	2	3	4	5
13	思考问题时我会把各种因素都考虑进去	1	2	3	4	5
14	我会借鉴经历过的类似事件来解决新问题	1	2	3	4	5
15	遇到问题时我会冷静思考并提出多种备选方案	1	2	3	4	5
16	我会比较、分析以抉择出解决问题的最优方案	1	2	3	4	5
17	遇到挫折时，我会及时调整自己	1	2	3	4	5

序号	题　项	完全 不符合	比较 不符合	一般 符合	比较 符合	完全 符合
18	我会更新自己的思想观念来适应时代的变化	1	2	3	4	5
19	我会从长远的角度看待问题	1	2	3	4	5
20	我会提前计划好未来可能会发生的事情	1	2	3	4	5
21	解决问题时我会设想好可能会出现的突然状况	1	2	3	4	5
22	遇到问题时，我会想到很多种解决办法	1	2	3	4	5
23	我和别人的想法经常不一样	1	2	3	4	5
24	我善于出主意、想点子	1	2	3	4	5
25	我对自己的岗位职责非常明确	1	2	3	4	5
26	我能同时兼顾多项工作	1	2	3	4	5
27	我每个月的工资经常都不够消费	1	2	3	4	5
28	我曾经多次借贷透支信用卡	1	2	3	4	5
29	我通过上网、看电视、听讲座等多种方式学习	1	2	3	4	5
30	我经常一边看书一边看视频来学习	1	2	3	4	5
31	我居住在城中村	1	2	3	4	5
32	我居住的地方以老乡为主	1	2	3	4	5
33	对我有帮助的人，我才会去结交	1	2	3	4	5
34	我从不关心跟我不相关的人和事	1	2	3	4	5
35	我经常去商城、电影院等场所打发时间	1	2	3	4	5
36	我很少参加打牌等赌博性质的活动	1	2	3	4	5
37	我在工作中结交了很多新朋友	1	2	3	4	5
38	我的同事以老乡为主	1	2	3	4	5
39	我对流行词并不陌生	1	2	3	4	5
40	我会关注时尚潮流	1	2	3	4	5
41	我会收听新闻广播，关心国家大事	1	2	3	4	5
42	我积极参加社区、党团、工会组织的活动	1	2	3	4	5
43	遇到事情，我会向家人、老乡、同事等多方力量寻求帮助	1	2	3	4	5
44	社区、工会、政府机构等单位会关心我的生活	1	2	3	4	5

续表

序号	题项	完全 不符合	比较 不符合	一般 符合	比较 符合	完全 符合
45	我习惯照章办事	1	2	3	4	5
46	答应别人的事我都会努力做到	1	2	3	4	5
47	我认为自己是个城市人	1	2	3	4	5
48	我未来有在城市定居的打算	1	2	3	4	5
49	我沉着冷静地处理困难	1	2	3	4	5
50	我更倾向于和对我有益的人相处	1	2	3	4	5
51	我认为遵守国家法律是公民的基本责任和义务	1	2	3	4	5
52	我认为所有人都要照章办事,不能例外	1	2	3	4	5
53	我的时间观念特别强,喜欢制定详细的计划	1	2	3	4	5
54	我做事不喜欢拖拉	1	2	3	4	5
55	我喜欢接触新鲜事物	1	2	3	4	5
56	我不太容易改变已经作出的决定	1	2	3	4	5
57	我喜欢独立自主,讨厌别人指手画脚	1	2	3	4	5
58	遇到事情时,我习惯自己做决定	1	2	3	4	5
59	我与朋友相处友好融洽	1	2	3	4	5
60	我能够接受与我不同的观点和意见	1	2	3	4	5

再次感谢您的支持与合作,祝您生活愉快!

后　记

　　2018 年，得益于全国哲学社会科学规划办的支持，课题"农业转移人口城市性测评及其提升路径研究"得以立项，后得益于研究团队的团结协作、中国社会科学出版社的鼎立支持、所在单位江西师范大学及教育学院的得力资助，该课题才得以完成及能够得到出版。

　　依稀记得，课题立项之初，研究团队便召集学术研讨会，研讨课题进展，进一步聚焦研究主题，明确研究思路，确立各项任务分工，明确完成时间节点，之后开始资料查找、确立研究指标、制作调查问卷、进行问卷调研、分析处理数据等一系列工作……。在此，特别感谢课题组成员的精诚合作及我所带的研究生的努力，包括张德彭、吴颖、曾浩、樊小星、彭芳芳、尧莉萍等，他们在查找资料、问卷调研、研究讨论等环节都作出了重要贡献。非常难忘，为课题进展需要，课题组所进行的激烈讨论甚至挑灯夜战的时刻，非常感谢你们为课题研究所贡献的才智、付出的辛劳及汗水！课题组成员的团结协作是课题能够得以完成的中坚力量！

　　除此之外，还要首先特别感谢全国哲学社会科学规划办的领导及有关专家给予本课题研究团队学术锻炼及提升的机会、充足的研究经费，夯实了本研究的根基；其次，特别感谢本课题的研究对象——农业转移人口，他们在被调查过程中所给予的积极支持与配合，使得调查研究能够顺利完成；再次感谢研究过程中引用资料的各位学术前辈及同行的智慧与辛劳，感谢你们给予本研究的启迪与借鉴；最后，特别感谢中国社会科学出版社的相关领导及工作人员，你们的大力支持及帮助，促使课题研究成果能够顺利出版；同时，也要特别感谢江西师范大学教育学院所给予的研究过程及出版经费的大力支持，研究平台及出版经费的支持，打通了研究成果面世的"最后一公里"！

诚然，尽管已尽力仔细、认真，但仍不免有引用不周全、研究不精准、调查不深入等疏漏之处，敬请各位读者海涵与包容！

"常怀感恩之心，力行所能之事"！本项课题研究能够顺利完成并出版，凝聚着很多人的辛劳与汗水、支持与帮助、鼓励与关心……在此，对您们的帮助与付出，一并表示我最真诚的感谢！感谢您们对本课题研究及成果出版所作出的贡献！

崔铭香

2023 年 7 月 1 日